Carl Naughton

AQ: Warum Anpassungsfähigkeit die wichtigste Zukunftskompetenz ist

ÖKOLOGISCHE VERANTWORTUNG

Wir übernehmen Verantwortung! Ökologisch und sozial!

- Verzicht auf Plastik: kein Einschweißen der Bücher in Folie
- Nachhaltige Produktion: Verwendung von Papier aus nachhaltig bewirtschafteten Wäldern, PEFC-zertifiziert
- Stärkung des Wirtschaftsstandorts Deutschland: Herstellung und Druck in Deutschland

CARL NAUGHTON

AQ

Warum Anpassungsfähigkeit die wichtigste Zukunftskompetenz ist

GABAL

Externe Links wurden bis zum Zeitpunkt der Drucklegung des Buches geprüft. Auf etwaige Änderungen zu einem späteren Zeitpunkt hat der Verlag keinen Einfluss. Eine Haftung des Verlags ist daher ausgeschlossen.

Bibliografische Information der Deutschen Nationalbibliothek

Die Deutsche Nationalbibliothek verzeichnet diese Publikation in der Deutschen Nationalbibliografie; detaillierte bibliografische Daten sind im Internet über http://dnb.d-nb.de abrufbar.

ISBN 978-3-96739-096-4

Lektorat: Anke Schild, Hamburg
Umschlaggestaltung: Buddelschiff, Stuttgart | www.buddelschiff.de
Titelabbildung: https://commons.wikimedia.org/wiki/File:Haeckel_Ctenophorae.jpg?uselang=de
Autorenfotos: Kristina Mehlem
Satz und Layout: Das Herstellungsbüro, Hamburg | www.buch-herstellungsbuero.de
Druck und Bindung: Salzland Druck, Staßfurt

Wir drucken in Deutschland.

www.gabal-verlag.de
www.gabal-magazin.de
www.facebook.com/Gabalbuecher
www.twitter.com/gabalbuecher
www.instagram.com/gabalbuecher

PEFC
PEFC/04-31-2251

PEFC zertifiziert
Dieses Produkt stammt aus nachhaltig bewirtschafteten Wäldern und kontrollierten Quellen.
www.pefc.de

Inhalt

#1_Alles anders? Big Dislike!

If you don't like change, you're going to like irrelevance even less. – General Eric Shinseki

Im Bauch der Cap San Diego lässt es sich vorzüglich denken. Kaum einem anderen als Peter Sloterdijk wäre diese Einschätzung als glaubwürdig abzunehmen. Im sanften Auf und Ab des Hamburger Hafenwassers saßen wir mit ihm in einer zum Meetingraum umdekorierten Kajüte. Es war die Vorbereitungsrunde zu seinem Vortrag; er sollte an jenem Abend im Jahr 2016 zu den Themen Globalisierung und Digitalisierung sprechen. In meiner Vorbereitung auf unser Interview las ich u.a. eines seiner Bücher, dessen lange Gedankenketten bis in diese Seiten reichen: *Du mußt dein Leben ändern*. Vom »Planeten der Übenden« schreibt er dort, von der »Hinaufpflanzungslehre«. Dabei seziert er den Drang des Wandels. Eine Folge dessen ist der übende Mensch, der sich entwickelnde Mensch. Mittendrin in diesem andächtigen Lauschen der Gedanken eines Über-Philosophen wurde mir deutlich, wie sehr wir jeden Tag alle immer wieder üben, Dinge anders zu machen, üben, um mit dem Neuen, dem Anderen zurechtzukommen. Wir üben für das Andere. Und uns beschleicht dabei das Gefühl, dass dieses »Andere« einfach »alles« betrifft. Alles anders.

»Alles anders? Super!« – Wenn wir jemanden das sagen hören, fragen wir uns im Stillen, was dieser Mensch an illegalen Substanzen zu sich genommen hat. Permanenter Wandel bockt nicht. Er bringt zu viel Ungewissheit. Das gilt für einen Großteil dieser zwangsagilisierten Gesellschaft. Veränderungsbereitschaft ist eben auch nur normalverteilt. Veränderungskompetenz ebenso. Den Gang wechseln, die Richtung ändern und dabei trotzdem Zusammenhalt und Sinn erleben und erzeugen? Kurioserweise mögen wir das nicht wirklich, dieses permanente Sich-neu-Ausrichten zwischen dem Feiern des Gestern – »Machen wir so wie immer« – und dem abgeklärten Globalisierungs-Hangover – »Lass mich, ich hab ›New Normal‹«. Aber wir erzeugen dieses Spannungsfeld in einem solchen Speed, als gäbe es einen Weltpokal zu gewinnen. Mittendrin steckt unser 21st-Century-Anspruch: »Musste dich eben anpassen. Darwin und so. Survival of the fittest.« Ohne es zu merken oder wahrhaben zu wollen, erschaffen wir eine Zukunft, in der der Intelligenzquotient und die emotionale Intelligenz beide viel weniger bedeuten als unsere Fähigkeit zur schnellen Anpassung.

Warum ist das so erwähnenswert? Viel zu oft stecken wir den Kopf in den mentalen Sand und schütten noch ein wenig emotionalen Kies obendrauf, damit wir die Rübe erst recht nicht mehr erheben können, um der Zukunftsungewissheit intelligent ins Gesicht zu lachen. Dieses Buch will das ändern. Es stärkt Menschen in der zentralen Kompetenz des 21. Jahrhunderts, in ihrer Anpassungsfähigkeit, ausgedrückt in dem entsprechenden Quotienten: dem AQ. Denn per Definition soll dieser uns helfen, uns an eine sich verändernde und/oder anspruchsvolle Umwelt anzupassen, und so zu unserem Überleben beitragen. Es gibt nur ein Problem: Die »Anpassung« hat ein Imageproblem, sie klingt nach einem Glücksdefizit. Sie scheint Menschen zu fordern, die sich mit weniger zufriedengeben sollen. Noch unglücklicher im Sprachmarketing steht aktuell wohl nur »Veränderung« da. Die beiden Begriffe sind Bonny und Clyde unserer gesellschaftlichen Fortentwicklung; hassgeliebte Radikalinskis, mentale Unruhestifter, zu denen wir uns tagtäglich positionieren müssen.

Per Hammelsprung zur Entscheidung

Um die Allgegenwärtigkeit unserer Permanent-Positionierung in diesem Spannungsfeld zwischen Anpassung und Beharrung deutlich zu machen, habe ich einmal einen waghalsigen kleinen Kniff konzipiert. Vor einigen Jahren, als ich eine Museumsausstellung entwickeln durfte, habe ich ein wenig forscherischen Schabernack getrieben. Ich erdachte dazu für den Eingang zur Ausstellung das Pendant des bundestaglichen Hammelsprungs. Der Hammelsprung, so wie er im Bundestag praktiziert wird, ist nichts anderes als eine forcierte Entscheidungsmethode. Das wesentliche Instrument sind drei Türen, die mit »Ja«, »Nein« und »Enthaltung« beschildert sind. Der Gang durch eine der drei Türen erzeugt eine Abstimmung. Das wollte ich nun nutzen, um eine spielerische Auseinandersetzung mit der Frage der eigenen Anpassungsfähigkeit zu erzeugen. Denn die Ausstellung drehte sich um die Entwicklung unseres Verhaltens über die Jahrmillionen. Dementsprechend gab es zwei alternative Eingänge. Der eine trug den Titel »Die Welt zwingt den Menschen, sich zu verändern«, der andere die Überschrift »Veränderung ist ein natürlicher Teil des Menschseins«. In dieser Zweiteilung steckt einiges an Sprengstoff. Menschen, die durch Tür eins gehen würden, sähen sich eher als Opfer der Umstände, würden lieber so bleiben, wie sie sind, wenn die böse Welt sie nur lassen würde. Die Folge ist das, was wir Veränderungsresistenz nennen. Menschen, die durch die zweite Tür gehen würden, sähen die Sache etwas gelassener. Sie würden denken, dass Anpassungsfähigkeit in allen von uns angelegt und damit ein Pluspunkt bei permanenter Umweltveränderung ist. Die Folge wäre eine ausgeprägte Offenheit für Veränderung. Wie hätten Sie sich entschieden?

Egal, wie, das Dilemma und die Auseinandersetzung damit sind klar. Es wird sinnfällig, dass wir unser Menschsein auf zwei sehr unterschiedliche Arten verstehen können. Und um genau den Gang durch die eine der Türen geht es jetzt, im 21. Jahrhundert; es ist eine Entscheidung, die jeder für sich trifft. Diese Entscheidung zu einer guten zu machen hat sich dieses Buch zum Ziel gesetzt.

Natürlich ist der in diesen Zeilen mitschwingende darwinsche Selektionsvorteil eher metaphorisch. Auch diejenigen unter uns mit weniger Anpassungsfähigkeit siechen nicht dahin. Sie kommen gut über die Runden. Aber die anpassungsfähigen Menschen wie auch Unternehmen kommen eben besser zurecht. Nun ist diese Art von AQ aber ein Zustand und nicht per se ein Kontinuum. Wir sind angepasst an eine bestimmte Umwelt. Wenn die sich ändert, ändern sich die Anpassungsanforderungen. Der AQ beschreibt daher eine dynamische Eigenschaft von Menschen, die sich an immer wieder ändernde Umstände und Gegebenheiten anpassen können. Eigentlich ist das also so eine Art Flex-Fit.

Aber das klingt ein wenig zu sehr nach Gesundheitsschuhen oder elastischem Hosenbund. In der Arbeit in meinem Open Mind Lab gehe ich der Sache mit geschätzten Kollegen wie Achim Wortmann, Professor für Wirtschaftspsychologie, etwas subtiler nach. Wir fragen uns: Welche einzelnen veränderbaren Fähigkeiten hat ein Mensch, die seinen AQ erhöhen? Welche Merkmale müssen diese Menschen mitbringen? Wie können diese Merkmale sichtbar und messbar werden? Wie finden und entwickeln Unternehmen diese Menschen, die ihre Zukunftsfitness sicherstellen?

Das Thema drängt sich so sehr auf, dass es alles andere vor sich her zu schubsen scheint. Und es ist nicht einmal neu. Karl-Heinz Oehler (2015) formulierte schon vor einigen Jahren: »Die seltensten Persönlichkeitseigenschaften in der ganzen Welt sind Robustheit, intellektuelle Beweglichkeit und Anpassungsfähigkeit – mit anderen Worten, die Fähigkeit, mit einer sich verändernden Situation umzugehen und dadurch nicht gelähmt zu werden.«[1] Da war von beschleunigten Entwicklungen aufgrund von Pandemien noch keine Rede, regierungsbeglückte Homeoffice-Regulatorien in weiter Ferne, »New Normal« kein Schimpfwort, sondern ein soziologischer Nischenbegriff.

Dann das. Virus hält Welt im Griff. Alles anders. Jetzt. Jetzt war März 2020. Seitdem scheint immer »jetzt« zu sein. Schulen zu, auf, zu, Restaurants, Theater, Kinos auf, zu, zu, zu. Büros auf, zu, leer, zu einem Viertel voll, ungewollt und von manchen heiß ersehnt, aber nicht ohne Test betretbar. Knapp sechs Monate später, am 1.9.2020, kommt die *Süddeutsche Zeitung* mit direktem Bezug zu den coronabedingten Umbrüchen zu dem Schluss: Der Grund, warum Digitalisierung funktioniert, ist nicht nur eine Frage der Technik, sondern vor allem eine Fra-

---

1 Das Originalzitat lautet: »The rarest personality traits throughout the world are resilience, adaptability, intellectual agility, versatility – in other words, the ability to deal with a changing situation and not get paralyzed by it.«

ge der Anpassungsfähigkeit der Menschen.[2] Diese Anpassungsfähigkeit zahlt dabei auf drei Konten ein:

Anpassungsfähigkeit ist eine Voraussetzung. Im Wechselspiel von Stabilität und Wandel sind Menschen mit mehr Anpassungsfähigkeit offener und weniger resistent dem Wandel gegenüber. Sie tragen mehr zur Umsetzung der Veränderung bei. Und sie fokussieren stärker auf die neue Situation. Der AQ ist also ein individuelles Merkmal, das die Basis für die Reaktionen von Mitarbeitern auf dynamische Arbeitsumfelder bildet.

Anpassungsfähigkeit ist ein Bindeglied. Sie wirkt darauf, wie Menschen den Impact einer Veränderung aufnehmen. Dabei hat sie eine proaktive und eine reaktive Komponente. Es geht also sowohl darum, wie Menschen sich neu ausrichten, als auch darum, wie sie ihr Umfeld, ihren Arbeitsplatz und dessen Abläufe an Anforderungen anpassen, und um alle sich daraus ergebenden Mischformen.

Anpassungsfähigkeit ist, wie der Begriff schon sagt, eine Fähigkeit. Zentral ist hier unser Vermögen, mit Veränderung umzugehen und sie zu gestalten. Das verändert sich natürlich im Laufe der Zeit. Erlebnisse aus unserem privaten und beruflichen Umfeld haben darauf ebenso Einfluss wie Trainings und Coachings. Diese Veränderlichkeit macht es möglich, dass wir unter sich permanent verändernden Bedingungen wirksam handeln. Die Forschung zu diesem Thema ist taufrisch und bisher weitgehend in Fachartikeln vergraben. Jeder von uns hat jedenfalls die Fähigkeit, anpassungsfähiger zu werden. Anpassungsfähigkeit ist wie ein Muskel.

2 Vgl. https://www.sueddeutsche.de/wirtschaft/arbeitswelt-die-menschen-waren-s-1.5017056.

#2_Warum der AQ entscheidend wird

Instead of constantly adapting to change, why not change to be adaptive? – Fred Emery

Natalie Fretto ging 2019 jede Menge Zukunftswetten ein; 273 Zukunftswetten hätten es werden können, denn so viele Investitionsanfragen für Start-up-Ideen hat sie in jenem Jahr erhalten. Der Einsatz der Technologieinvestorin und Risikokapitalgeberin ist in der Regel recht hoch, und die Chancen sind, na ja, nicht ganz so schlecht wie beim Wetten, aber eben doch abhängig von Zufällen. Wenn sie eine solche Zukunftswette eingeht, schaut sie dementsprechend sehr genau hin, um den Zufall möglichst zu minimieren. Das ist jetzt nicht so überraschend. Was allerdings erstaunt, ist, worauf sie schaut. Es ist die Anpassungsfähigkeit der Gründer. Mit drei Techniken versucht sie, den AQ dieser Menschen einzuschätzen. Denn für sie ist dieser AQ das aussagestärkste Maß, um die Erfolgschancen der Gründer vorauszusagen. Er schlägt in ihren Augen den IQ, also unseren Intelligenzquotienten, wie auch den EQ, also unsere emotionale Intelligenz. Ihre Techniken sind ein Wunder an Praxisnähe. So sehen sie aus: Zuerst stellt Natalie Fretto den Kandidaten eine sog. 3-W-Frage, »Was wäre, wenn ...«, zum Beispiel »Was wäre, wenn eine Hitzewelle sämtliche Kunden davon abhält, Ihren Laden zu besuchen?«. Warum gerade eine solche Simulationsfrage? Aus Frettos Sicht zwingt sie das Gehirn, sich multiple Versionen der Zukunft vorzustellen. Die Stärke dieser Vision und die Anzahl unterschiedlicher Ideen einer Person sagen ihr viel. Nach dieser Fragerunde macht sie sich auf die Suche nach dem »Verlernen«. In ihren Augen versuchen aktive Verlerner, das Bekannte infrage zu stellen und stattdessen mit neuen Infos zu überschreiben. Fast so wie ein Computer, der sich neu formatiert. Es geht ihr daher nicht so sehr um die Frage »Was haben Sie Neues gelernt?«, sondern eher um die Frage »Bei welcher Fähigkeit haben Sie umgelernt?«. Schließlich stellt sie Menschen vor die »Exploit-versus-explore«-Situation. Es ist die Entscheidung, ob wir lieber eine bestehende Lösung weiter nutzen oder uns auf die Suche nach anderen Lösungen machen wollen. Dieses letztgenannte Denken in Alternativen fordert uns permanent heraus. Es zwingt uns zum Experimentieren und Herumlavieren. Das ist es, was uns in Frettos Augen so anpassungsfähig macht: selbst Auslöser von Veränderung zu sein. Der AQ ist also der »hot shit« bei den Venture-Capitalists. Aber wie sieht es der Rest der Welt?

Anpassungsfähigkeit messen

Anpassungsfähigkeit ist eine Superkompetenz. Das theoretische Modell des AQs fing, wie so viele spannende Erkenntnisse rund um unsere Persönlichkeit, ganz klein an. Am Beginn stand die Frage, welche Fähigkeiten und Eigenschaften einen Menschen beschreiben, der ausgenommen gut mit schneller Veränderung zurechtkommt und sich sogar proaktiv auf sie vorbereitet. So ein Modell ist aber eben nur das: eine theoretische Verbindung von Erklärungen. Darum muss die Psychologie solche Modelle empirisch testen. Dafür werden Fragebögen entwickelt und vielen, vielen Menschen vorgelegt. Diese ausgefüllten Assessments werden statistisch ausgewertet, und dann zeigt sich, ob das theoretische Modell auch die Wirklichkeit abbildet. Das alles ist bereits geschehen. Und voilà, die holländische Kollegin Karen van Dam und Michel Meulders (2021) haben die empirische Bestätigung dafür vorgelegt, dass wir den AQ bei Menschen messen können. Einziges Dilemma: Die Skala ist in englischer Sprache verfasst. Also haben Achim Wortmann, Leon Vahlkamp und ich die deutsche Version im Jahr 2021 formuliert, sie ebenfalls empirisch geprüft, und, wieder voilà, sie befindet sich in diesem Buch (Kap. 5). Natürlich sind wir nicht stehen geblieben. Wir haben auch herausgearbeitet, was alles von dieser Anpassungsfähigkeit beeinflusst wird.

Der Karriereforscher Douglas T. Hall bezeichnete Anpassungsfähigkeit bereits 2002 als eine Karriere-Metakompetenz. Der Grund für diese Krönung ist, dass der AQ das Ausmaß wiedergibt, in dem wir uns verändern können. David O'Connell et al. (2008) haben auf den Punkt gebracht, was ihn so begehrenswert macht: Er setzt sich zusammen aus unserer Kompetenz und unserer Motivation, diese Veränderung auch in die Tat umzusetzen. Und das gilt für unser Reagieren auf und unser Schaffen von Veränderungen. Reaktiv sind wir, wenn wir auf eine bereits eingetretene Veränderung reagieren, wenn wir unser Verhalten und unsere Kompetenzen modifizieren können. Proaktiv sind wir, wenn wir uns bereits für eine sich erst abzeichnende anbahnende Veränderung im Vorfeld rüsten.

Der AQ meint also weit mehr als ein bloßes Zurechtkommen mit der Welt. Er umfasst sowohl stabile als auch formbare Eigenschaften unserer Persönlichkeit. Training, Alltagserfahrungen, Impulse anderer Menschen, all das kann sich messbar auf unsere Anpassungsfähigkeit auswirken. Bereits 2005 zeigten Rose Mueller-Hanson et al. von den Personnel Decisions Research Institutes auf, dass die Fähigkeiten des »adaptable leader« trainiert werden können. David O'Connell et al. (2008) beobachteten, wie eng der AQ mit dem Leisten-Können und dem Leisten-Wollen von Mitarbeiterinnen und Mitarbeitern verwoben ist.

Wie genau das vor sich geht und was im Einzelnen passiert, zeigen die kommenden Kapitel. Sie sind dabei immer eine Mischung aus Anekdoten aus dem Unternehmensalltag und aus wissenschaftlicher Erkenntnis, die diesen Anekdoten eine Fundierung gibt und sie nicht als bloße nette Geschichten in der Luft hängen lässt. Die Story macht den Kern der Sache greifbar. Die Wissenschaft gibt uns die Chance, Erlebnisse und Ergebnisse zu vergleichen. In den letzten Jahren, in denen ich mich mit dem AQ beschäftigt habe, habe ich dessen Auswirkungen auf mich und andere hautnah erlebt. Daher gibt es aus meiner Sicht aus beiden Bereichen Interessantes zu berichten. Das heißt, es wird jede Menge Material zu finden sein, das das Leben im 21. Jahrhundert nicht nur nachhaltig, sondern auch nachweislich angenehmer, erfolgreicher und lebenswerter macht. Es sei denn, Sie leben allein auf einer einsamen Insel; in diesem Fall können Sie versuchen, mithilfe dieses Buches ein Feuer anzuzünden.

Auch in Organisationen wird Anpassungsfähigkeit der heiße Scheiß. Im *Flux Report*, einer Befragung der Right-Management-Organisation aus dem Jahr 2014, sagen 91% der HR-Leiter voraus, dass die Fähigkeit eines Bewerbers, mit ständigen Veränderungen umzugehen, eines der Hauptkriterien für die Einstellung sein wird.

Was aber viel ausschlaggebender ist und auch erklärt, warum es in den eigenen vier Veränderungswänden im Vergleich zum Büro so anders aussieht: Veränderung gelingt, wenn drei Dimensionen zusammenspielen. Marie Hennecke et al. (2014) nennen sie: Wollen, Können und Gewöhnung. Diese Trias findet sich in diesem Buch wieder: Das Wollen und Können wird durch den AQ abgebildet. Das Thema Gewöhnung schließlich findet sich im Schlusskapitel rund um die nachweislich erfolgreichen Wege, neue Gewohnheiten, Routinen und Verhaltensweisen zu entwickeln.

#3_AQ – unser Gestaltungsturbo

Alle wollen die Welt verändern, aber keiner sich selbst.
– Leo Tolstoi

Flexibilität, Unvoreingenommenheit und die Bereitschaft, sich aktiv auf neue, unbeständige oder mehrdeutige Arbeitsumgebungen einzulassen, das macht Anpassungsfähigkeit aus. Beim AQ müssen wir zwei Modi unterscheiden. Der reaktive Teil des AQs bezieht sich darauf, dass wir uns selbst verändern, um eine Anpassung an die Arbeitsumgebung zu erreichen, zum Beispiel indem wir lernen. Das Ergebnis ist eine Art *rekonfigurierbares Ich*. Dieses wird aktiv, wenn wir uns an bereits geschehene Veränderungen anpassen (wir passen unser Verhalten an neue Konventionen und Regeln an), aber auch wenn wir uns an kommende Veränderungen anpassen (wir ändern unser Verhalten, um eher befördert zu werden).

Der proaktive Teil bezieht sich auf die Veränderung der Umgebung, um die Fehlanpassung zwischen dem Individuum und der Umgebung zu reduzieren, etwa durch Rolleninnovation. Wenn wir eine gute Passung zwischen uns und der Umgebung hinbekommen, führt das zu einer erhöhten Zufriedenheit und Leistung – und dazu, dass wir den Job schlicht mehr mögen und so länger bleiben. AQ zahlt sich also auch direkt für das Unternehmen aus. Bei diesem *individuellen Umweltdesign* verändern wir also unser Umfeld; wir gestalten die Abläufe in unserer Arbeit aktiv und individuell.

Wiederfinden statt neu erfinden

Different day, same shit. In der Vergangenheit hat diese Beständigkeit uns zu einem replizierenden Denken erzogen; oberstes Ziel war die Aufrechterhaltung von Routinen. Die Anforderungen blieben konstant, wurden höchstens nach oben geschraubt. Führen in solchen stabilen Zeiten war ebenso wie leisten wie ein überschaubarer Regelkreis. Wir kannten die Parameter, wir kannten die Mitarbeiter, Kollegen und Vorgesetzten. Wir fanden uns wunderbar zurecht. Dass in der Folge ein immer weiter fortschreitendes Navigieren zwischen Stabilität und Instabilität auf uns zukam, bemerkten wir seit der Jahrtausendwende. Heute? New day, different shit. Every day. Instabil ist das »Neue Normal«. Das Problem ist: Es funktioniert nicht. Warum?

Die Forderung nach der Ausbildung agilen Denkens und Handelns clasht mit der Ausstattung unserer Persönlichkeit. Denn die Fähigkeiten zum Umdenken, Anders-Denken und Neu-Denken sind eng mit einigen unserer zentralen, stabilen Persönlichkeitseigenschaften verbunden. Und die müssen sich verändern, damit wir uns verändern. Kein kleines Projekt für ein Unternehmen oder eine Führungskraft: Personality-Change.

Die Kernfrage lautet: Welche Anteile der Persönlichkeit, die mit unserer Anpassungsfähigkeit zu tun haben, sind veränderbar? Eines der Modelle dazu ist das OCEAN-Modell. Das Akronym steht für unsere fünf grundlegenden Persönlichkeitseigenschaften. Sie lauten: Offenheit (**O**penness), Gewissenhaftigkeit (**C**onscientiousness), Extraversion (**E**xtraversion), Verträglichkeit (**A**greeableness) und emotionale Stabilität (**N**eurotizism). Zu fragen ist dann: Welche dieser Eigenschaften hängen eigentlich mit unserer Anpassungsfähigkeit zusammen? Jedes Mal wenn ich diese Frage in Workshops stelle, ist die recht einhellige Antwort »Offenheit«. Liegt ja auf der Hand. Wer offen für Neues ist, ist auch offen für Veränderung. Das ist stringent. Das ist aber auch falsch. Tatsächlich zeigen Analysen des Persönlichkeitspsychologen Jason Huang et al. (2014), dass Offenheit gar keinen messbaren Einfluss auf unsere Anpassungsfähigkeit hat.

Wenn es aber nicht um die Offenheit für das Neue geht, worum geht es denn dann? Wenn wir auf Veränderung reagieren, ist emotionale Stabilität gefordert; wenn wir proaktiv auf Veränderung zugehen, sie sogar selbst erzeugen, wird diese durch unsere Extraversion befeuert. Die Krux ist, dass diese Persönlichkeitseigenschaften äußerst stabil sind. Sie lassen sich nicht formen wie Sand auf dem Spielplatz. Wenn überhaupt, wandeln sie sich eher mit der Geschmeidigkeit von Kontinentalplatten.

Die Medizinerin Mitzy Kennis et al. (2013) haben unsere Persönlichkeitseigenschaften u. a. im ventralen und dorsalen Striatum (Teil der Basalganglien, die zum Großhirn gehören) und im ventralen präfrontalen Kortex (PFC) verortet. Der zuerst genannte Bereich organisiert grob gesagt das Zusammenwirken von Motivation, Gefühlen sowie Wahrnehmungs- und Denkprozessen. Der ventrale PFC wiederum wird mit Regellernen, Inhibition und Bewertungsprozessen in Verbindung gebracht. In all diesen Bereichen ist inzwischen unter bestimmten Umständen das Neuwachsen von Nervenzellen nachgewiesen, beispielsweise im Rahmen einer Depression bzw. der medikamentösen Behandlung selbiger. Es kann sich also etwas tun, aber eher weniger im Gehirn eines gesunden Menschen.

Allerdings ist es bei gesunden Probanden auch sehr schwer, eine solche Veränderung zu messen. Denn dafür bräuchten die Kollegen aus der Neuropsychologie zwei Gruppen, die einander zu Beginn absolut ähnlich sind. Menschen, die dieser Definition gerecht werden, sind eineiige Zwillinge. Und tatsächlich gibt es solche Zwillingsstudien; auch mit Bezug zur Entwicklung der Persönlichkeit. Aber es gibt einfach keine Studien dazu, wie sich die Mitglieder einer größeren Gruppe an eineiigen Zwillingen, von denen jeweils einer ein Persönlichkeitstraining durchläuft und der andere so bleiben will, wie er ist, unterschiedlich entwickeln. Allein in der Therapie gibt es Zahlen, die Veränderungen in der Persönlichkeit aufgrund von psychotherapeutischen Interventionen nachweisen können. Richtungsweisender ist etwas, das der Persönlichkeitspsychologe Nathan Hudson »Volitional Personality Change« nennt, unsere willentliche Persönlichkeitsänderung. Die zugehörigen Studien zeigen tendenziell, dass wir in einem überschaubaren Rahmen und langsam in der Lage sind, unsere stabilen Persönlichkeitseigenschaften in die gewünschte Richtung zu ändern. Zumindest für eine kurze Zeit. Aber aus einem Dracula wird eben kein Gutmensch, nur weil er – oder seine Umwelt – es will. Joshua Jackson et al. (2012) berichten: Es lässt sich etwas an der eigenen Persönlichkeit drehen. Wie lange das anhält? Nicht ewig, wenn die Menschen nicht dranbleiben. Das belegen Julia Sander et al. (2017). Zwei Jahre nach einem erfolgreichen Persönlichkeitstraining waren die Veränderungen wieder verschwunden. Generell, so scheint es, ist Veränderung zwar möglich, aber praktisch schwierig. In unseren stabilen Persönlichkeitseigenschaften lauert also wenig Potenzial zur Erhöhung des AQs. Allerdings bestehen wir nicht nur aus stabilen Persönlichkeitseigenschaften, sondern auch aus weniger stabilen, die sich sehr deutlich beeinflussen lassen.

Psychologen unterscheiden hier zwei Begriffe: States (Zustände) und Traits (Eigenschaften). Traits sind über verschiedene Situationen stabil. Wir verhalten uns in unterschiedlichen Situationen recht ähnlich. Nicht immer, aber häufig. Traits sind mithin Eigenschaften unserer Persönlichkeit, die zu großen Teilen genetisch festgelegt sind, und darum lässt sich an ihnen nicht viel rütteln. Menschen können nicht durch ein Wochenendseminar ihre Augenfarbe oder ihre Größe beeinflussen. Auch die Intelligenz wurde bisher hier einsortiert. Doch heute ist sich die Forschung da nicht mehr so sicher – aber diese Überlegungen stehen schon in anderen Publikationen, u. a. auch in meinem Buch *Denken lernen*, und sollen daher hier nicht weiter ausgeführt werden. Traits prägen über viele Situationen unser Verhalten: Menschen haben im Januar meist die gleiche Augenfarbe wie an einem beliebigen Tag im Oktober; sie sind auch im Januar meist so herzlich zugewandt und gewissenhaft wie im Oktober.

Dann aber gibt es noch Persönlichkeitseigenschaften, die erst durch eine bestimmte Situation hervorgerufen werden. Sie bilden das Gegenteil der Traits und sind situativ stark veränderbar. Wir nennen sie States, Zustände. Unsere Stimmung nach dem Lottogewinn ist ganz anders als unsere Gestimmtheit bei einem platten Reifen auf dem Weg zur Lottoannahmestelle. Stimmungen, Gefühle, Gelüste, all dies kann sich schnell ändern. Es sind daher auch keine Eigenschaften, sondern eben Zustände.

Nun ist jedoch nichts in der Psychologie schwarz-weiß. Es gibt nicht entweder »stabile Eigenschaft« oder »situative Eigenschaft«. Vielmehr gibt es noch zwei Stufen dazwischen. Und das ist gut so. Wenn wir von Eigenschaften sprechen, die stabil, aber eben nicht so in Stein gemeißelt sind wie Größe und Augenfarbe, dann sprechen wir von »trait-like«. Diese Eigenschaften sind aber auch nicht so schwankend wie States, sondern noch recht stabil. In diese Kategorie fallen zum Beispiel unsere Fähigkeiten zum problemlösenden Denken oder unser Drang, Informationen zu verstehen und zu durchdringen.

Auf der »state-like«-Seite dieses Kontinuums tummeln sich diejenigen unserer Eigenschaften, die nicht so flüchtig sind wie eine Stimmung, die sich aber deutlich verändern lassen. Die Neugier ist eine solche Eigenschaft und eben auch die Anpassungsfähigkeit. Meine holländische Kollegin Karen van Dam, eine der führenden Adaptability-Forscherinnen, und Michel Meulders (2021) schreiben, dass unsere Anpassungsfähigkeit eine solche »state-like«-Fähigkeit ist, mit der wir auf Veränderung reagieren, und dass diese selbst sich sichtbar verändern, sogar nachweislich durch Erlebnisse im Beruf und im Rahmen von Trainings und Coachings verändert werden kann. Wir müssen uns also in dieser neuen Normalität nicht neu erfinden, wir müssen uns wiederfinden, und zwar genau die »state-like«-Persönlichkeitseigenschaften, die uns helfen, in dieser Welt mit Freude und Gelassenheit zu bestehen.

»Ich mach mir die Welt, wie sie mir gefällt«

Gründe, das eigene Leben zu redesignen, gibt es gerade jede Menge. Das merkte auch eine Mitarbeiterin eines der größten Versicherer Deutschlands. Mitten in der Pandemie kam sie nach Frankfurt. Das Apartment war natürlich unmöbliert, gut, ein Bett stand schon drin. Aber von ihrer letzten Station im östlichen Teil dieser Welt hatte sie weder Tisch noch Stuhl mitgebracht. Und nun war ja nix mit Office. Bei ihr jedoch war eben auch nix mit Homeoffice. War ja alles geschlossen. Und so arbeitete sie vom Bett aus, bis der Rücken nicht mehr mitmachte. Das Leiden konnte sie nicht mehr verbergen, und so kam es, dass ein beherzter

Kollege anrückte und ihr Tisch und Stuhl in das leere Apartment stellte. Proaktive Arbeitsplatzgestaltung in einer besonderen Situation ist eben nicht so selbstverständlich.

Und bei Ihnen? Ping. Eine neue Mail. Ping. Die Kurznachricht, mit der derselbe Absender nachfragt, ob ich die Mail schon gelesen habe. Ping. Die Voicemail, die schon auf meine noch nicht einmal gedachte Antwort reagiert. Ping. Der Terminreminder. Ping. Der LinkedIn-Kontakt. Ping. Ping. Ping am Arsch. Die Arbeitszufriedenheit befindet sich übrigens auch dort. Was setzt die Organisationspsychologie der Freudlosigkeit entgegen? Das sog. Job-Crafting. Die Idee dahinter ist, dass wir unsere Arbeit ein wenig »formen« können, wodurch die nervigen Dinge weniger groß und die lustigen Dinge größer werden. Das ist allerdings kein Entertainment-Paket, vielmehr geht es darum, dass wir aktiv gestalten, wie wir die Arbeit, die zu tun ist, tun.

Als mir im Jahr 2019 mein beruflicher Tagesablauf nicht mehr gefiel, habe ich ihn umgestellt und feste Zeiten für kreative und wissenschaftliche Arbeiten auf Basis meiner eigenen Energielevel erstellt. Als im März 2020 alles digital wurde, habe ich meinen Arbeitsplatz verändert: vom Biedermeiersekretär zu einem höhenverstellbaren Schreibtisch mit drei LCD-Bildschirmen. Da habe ich mal kurzerhand auch Job-Crafting gemacht. Eigentlich machen wir das alle, wenn wir proaktiv die Aufgaben- und Beziehungsgrenzen unserer Arbeitsplätze verändern. Wir gestalten unsere Arbeitssituation nämlich ganz besonders dann um, wenn wir aufgrund von Veränderungen eine verminderte Passung zwischen uns und unserem Arbeitsplatz wahrnehmen. Für Selbstständige ist es fast selbstverständlich, sich den Job so zu formen, wie es ihnen gefällt, und so mit mehr Freude und Leistungsbereitschaft an die Sache ranzugehen. Aber für Angestellte? Kaum möglich, oder? Frech ins Gesicht des scheinbar Unmöglichen lacht zum Beispiel Candice Walker, ihres Zeichens Hauswirtschafterin in einer amerikanischen Universitätsklinik. Die Psychologinnen Jane Dutton und Amy Wrzesniewski (2020) haben sie begleitet – beide forschen seit vielen Jahren zum Job-Crafting – und nachverfolgt, wie sie ihren Job so macht, dass er genau dieses Plus an Sinn und Erfüllung mit sich bringt. Für Candice besteht ihr Job nämlich nicht nur aus »aufräumen, putzen, nach dem Rechten sehen«. Stattdessen sieht sie ihre Arbeit in einem »Haus der Hoffnung« als Beitrag zur Gesundung der Menschen, sie versteht sich in einem gewissen Sinne weniger als Putzfrau und mehr als Heilpraktikerin. Durch diese andere Sichtweise hat sie beispielsweise dafür gesorgt, dass Dinge, die zur Neige gingen, schnell aufgefüllt oder ersetzt wurden, damit die Patienten das Gefühl hatten: »Hier ist alles unter Kontrolle« – und so entspannter und schneller genesen konnten. Auch den Menschen ließ sie so mehr Aufmerksamkeit zukommen. Sie sprach mit ihnen, besonders dann, wenn sie merkte, dass Schmerz, Angst oder Einsamkeit aufkamen. Und genau so funktioniert es, dieses »Ich-mach-mir-die-Welt-wie-sie-mir-gefällt«-Prinzip.

Wie funktioniert es im Alltag? Sie schauen sich eine für Sie typische Arbeitswoche an: Was sind da Ihre Aufgaben? Listen Sie diese spezifisch auf, und notieren Sie auch, was wie lange gedauert hat. Dann schreiben Sie hinter die Tätigkeit ein Minuszeichen, wenn sie Ihnen Energie genommen hat, und ein Pluszeichen, wenn sie Ihnen Energie gegeben hat. Nun kommt die Bilanz: mehr Plus als Minus? Haben Sie ein Stimmungsguthaben? Welche Energiekiller möchten Sie minimieren, welche Energiegeber möchten Sie verstärken?

Und nun geht es ans Crafting. In dessen Anwendungskern stehen vier Fragen: Was können Sie anpassen, mehr oder weniger tun? Was können Sie ändern, indem Sie es mit anderen gemeinsam machen? Was können Sie anders sehen, zum Beispiel indem Sie darauf blicken, welchen Wert diese Tätigkeit für das Team, die Abteilung oder die Firma hat? Was können Sie tun, damit die Umgebung die Ausführung einer weniger energiegebenden Tätigkeit angenehmer macht?

Mit diesen Crafting-Fragen fangen Sie an, Ihr Arbeitsumfeld und Ihre Arbeitsaufgaben zu gestalten, zu »craften«. Fokussieren Sie zunächst ein oder zwei Sachen, die entweder eine schnelle, deutliche Veränderung mit sich bringen oder die einfach zu ändern sind. Dieses Anpassen der äußeren Umstände an die eigenen Bedürfnisse ist einer der stärksten Treiber unserer Arbeitszufriedenheit. Umgestaltung for fun sozusagen. Aber es ist nicht nur Fun allein. Veröffentlichungen aus den letzten 20 Jahren zeigen, wie sehr dieses gezielte Anpassen unseres Umfeldes an unsere Bedürfnisse unser Leben und Wirken positiv beeinflusst.

#4_Nachhaltige Nebenwirkungen eines starken AQs

All failure is failure to adapt. – Max McKeown

Stephen Hawking meint, »Intelligenz ist die Fähigkeit, sich an Veränderungen anzupassen«. Der AQ ist ein Schlüsselelement, um in unserer dynamischen, sich ständig verändernden Welt zurechtzukommen bzw. erfolgreich zu sein, und als solches ist Anpassungsfähigkeit im Leben eines jeden wichtig, sowohl im privaten als auch im beruflichen Umfeld. Wie also sieht es mit dem beruflichen und privaten AQ aus?

Berufliche Anpassungsfähigkeit beruht auf drei Teilelementen: Sie betrifft den kognitiven, den affektiven und den verhaltensbezogenen Bereich. Mit diesen stellen wir uns im Beruf effektiv aufgabenbezogenen und umweltbedingten Anforderungen. Ja, richtig geahnt, diese Definition trifft auf eine ganze Menge an Situationen im Beruf zu. Wenn die Organisation (mal wieder) umstrukturiert wird, wenn wir in ein neues Unternehmen eintreten oder wenn wir die Karriereleiter weiter erklimmen. Die Chancen stehen gut, dass jeder von uns gerade mindestens eine dieser drei Situationen erlebt oder am Horizont auftauchen sieht.

Firmen wünschen sich Mitarbeiterinnen und Mitarbeiter, die Lust auf Leistung mitbringen. Wenn sie solche Menschen finden, möchten sie ihnen natürlich nach Möglichkeit die optimale Stelle im Unternehmen zugänglich zu machen. Das nennt sich Person-Job-Fit. Was bringen wir als mögliche Kandidaten mit? Unser Können, unsere Kompetenzen und unser Wissen. Das steht in der Vita, danach werden wir im Vorstellungsgespräch gefragt. Aber, Hand aufs Herz, wer von uns wurde jemals gefragt: »Für wie selbstwirksam halten Sie sich eigentlich?« Oder etwas indirekter: »Wie sehr trifft folgender Satz auf Sie zu: ›Schwierigkeiten sehe ich gelassen entgegen, weil ich mich immer auf meine Fähigkeiten verlassen kann‹ oder ›In unerwarteten Situationen weiß ich immer, wie ich mich verhalten soll‹, sagen wir auf einer Skala von 1 bis 7?« Eher nicht?! Keine Bange, das ist die Realität. Die Recruiter in Unternehmen suchen Humankapital, weil sie das so gelernt haben. Keiner sucht nach AQ; weil kaum einer sie kennt und weiß, wie wichtig sie gerade wird.

Ein Beispiel: Ein Unternehmen der Produktionsbranche hat sich die Aufgabe gestellt, ein »resilientes Unternehmen« zu werden, also ein wenig provokant formuliert: Alles wird noch schneller anders, aber das Unternehmen wird so gepimpt, dass es das hinbekommt. Daher werden neue Methoden eingeführt, die schnellere Entwicklungszeiten oder kundennähere Entwicklungsprozesse enthalten. Und die Suche richtet sich dann auf Mitarbeitende, die Scrum kennen und »agil« können. Wenn sie das nicht können, wird es ihnen halt beigebracht. Aber von einer Art der Leistung, die diese Menschen über Jahre erbracht haben und für die sie ausgebildet wurden und für die sie die mentalen Ressourcen mitbringen, zu einer anderen zu wechseln, die zum Teil gegenteilige geistige Fähigkeiten verlangt, das macht etwas mit den Menschen. Was? Wenn das Scrum-Team-Mitglied am Morgen die gestern hart erarbeiteten Ergebnisse in die Tonne kloppen muss und mit den Worten »Ist ja nur Prototyping für das Minimum Viable Product« fröhlich wieder von vorne anfangen soll, obwohl er oder sie eigentlich in der Stimmung ist, auszuprobieren, ob der Scrum-Master mit seinem Kopf den Locher auffangen kann, dann spätestens taucht die Frage auf: Welche mentalen Ausgleichsgewichte benötigen wir, damit uns das eben nicht passiert und wir in Unternehmen auch im 21. Jahrhundert leistungsbereit und -fähig sind?

Außerdem kann ich hier auch spannende Ergebnisse zu den privaten Auswirkungen der Anpassungsfähigkeit berichten. Das ist auch alles andere als verwunderlich. Warum sollten wir Fähigkeiten und Eigenschaften, die wir im Büro individuell nutzen und mit denen wir erfolgreich sind, verlieren, sobald wir auf unsere Familie und Freunde treffen? Diese Überlegung haben übrigens nicht nur wir gehabt und daher gibt es auch hier ein paar lesens- und bedenkenswerte Ergebnisse zu berichten.

Was wir beruflich vom AQ haben

Kreativität – viele Ideen

Unsere Anpassungsfähigkeit zeigt sich u. a. in unserer Neigung, Probleme kreativ zu lösen und mit Situationen durch innovative Mittel umzugehen. Kreativität ist Anpassungsfähigkeit in Reinform. Es ist unsere Anpassungsreaktion, mit deren Hilfe wir Lösungen ersinnen. Und obwohl Persönlichkeitspsychologen sich schon immer und immer wieder gefragt haben, was eine kreative Persönlichkeit ausmacht, werden erst jetzt wirklich belastbare Ergebnisse zutage gefördert. Neben der Offenheit für neue Erfahrungen beobachteten J. Craig Wallace et al. (2016), dass der sog. regulatorische Fokus eine entscheidende Rolle spielt. Das ist die Art und Weise, wie wir Menschen uns einer Lösung nähern. Wir können das entweder mit Vollgas und dem Mindset »Wo gehobelt wird, fallen Späne« machen, das ist der Promotionsfokus, oder aber mit dem Mindset »Vorsicht ist die Mutter der Porzellankiste«, das ist der Präventionsfokus. Der Unterschied besteht in der Bereitschaft, Risiken einzugehen. Diese wiederum ist zentral für den AQ. Um das genauer zu betrachten, luden Forscher 346 Mitarbeiter zweier Unternehmen aus der Elektro- und Klempnerbranche ein. Diese wurden in 75 Arbeitsgruppen mit 75 verschiedenen Vorgesetzten aufgeteilt. Obwohl der Innovationsbedarf bei dieser Art von Arbeit vielleicht nicht offensichtlich ist, sucht die Branche routinemäßig nach effizienteren wie auch nach »grüneren« Methoden. Über drei Monate begleiteten die Forscher diese Teams, die von kleinen Zwei-Personen-Teams bis hin zu 18-köpfigen Gruppen reichten. Die Ergebnisse waren sichtbare Zusammenhänge zwischen dem Promotionsfokus, also dem risikobereiten Auf-das-Ziel-Zuarbeiten, und den kreativen Ergebnissen. Einfach gesagt: Je mehr AQ, desto mehr Kreativität. Aber es bleibt nicht bei der Ideensammlung allein.

Mehr Innovationsverhalten!

Fortschreitender Wandel, immer kürzere Lebenszyklen von Produkten und nicht zuletzt globale Konsumketten sorgen in Unternehmen für immer weiter wachsenden Innovationsdruck, man will Innovation auf Knopfdruck. Das spüren wir, egal, ob als Mitarbeiter in einem Konzern oder im Start-up. Denn die interne Kommunikation vermittelt uns immer mehr und immer öfter: »Neue Ideen, jetzt! Macht nix, wenn's schnell geht!« Und für beide Biotope gilt: Neue Ideen begeistern. Erst einmal. So war es auch im Winter 2011 in Mailand, als ich mit einem Team aus Führungskräften in Kleingruppen an innovativen Beiträgen zur Strategie 2020 arbeitete. Die Ideen sprudelten, quollen hervor, brachen sich Bahn, verlangten nach einer Bühne, neben der die Scala wie eine Kleinkunst-Spielfläche gewirkt hätte. Ich konnte gar nicht schnell genug notieren, was da aus den Köpfen der erfahrenen Ideeierer kam. Doch alles hat ein Ende. Wir nannten es Mittagspause. Im Anschluss sollte sich die Großgruppe wieder vereinen. Es galt, die enthusiastisch gesammelten Ideen vorzustellen und auf ihren Nutzen abzuklopfen. Es lag nicht am guten italienischen Essen, dass in dieser nachmittäglichen Runde nur wenig sprudelte. In den vergangenen Jahren habe ich immer wieder Teams in Unternehmen erlebt, deren Gedankenpipeline an genau diesem Punkt vertrocknete. Während sie auf das Umsetzungsdilemma schielten, sagten sie Sachen wie: »Ja, wissen Sie, Herr Naughton, wir haben immer total viele Ideen. Wir sind nur leider nicht innovativ. Können Sie im Kleinen nicht mal eine Kultur der Innovation aufbauen?« Dafür ist natürlich bei allen Kulturteilhabern dieses unbeliebte Umdenken nötig. Ben-Roy Do, Pi-Wen Yeh und Jean Madsen (2016) haben den Zusammenhang zwischen Anpassungsfähigkeit und Innovation beobachtet. In der Studie taten sich die Teams mit höherem AQ sehr viel leichter mit dem Akzeptieren der Realität. In der Folge fokussierten sie ihre Energie darauf, diese Wirklichkeit zu verstehen und mit ihr zu arbeiten. Teams mit weniger AQ suchten auffällig oft nach Gründen, warum die Realität nicht so sein darf, wie sie ist. Deswegen sind die High-AQ-Teams schneller im Umgestalten. Sie fokussieren auf das, was geht, und nicht auf das, was tollerweise alles gehen könnte. Das wiederum ist die Basis dafür, eine neue Idee in die Tat umzusetzen. Genau das Gegenteil passierte nämlich damals in Mailand. Die Ansätze aus der Kleingruppe waren in Verneinung der Realität entstanden, sie waren Wunschlisten, nicht Lösungsansätze. Und in vorauseilender Selbstzensur hatten die Teilnehmer ihre Ideen mental wieder einkassiert, weil sie diese Kluft spürten. Das war das Ende der Innovationssuche. Je weniger AQ, desto magerer die Innovationsausbeute.

Ideen-Championing ist das fehlende Bindeglied zwischen dem Haben der Idee und deren Umsetzung. Wie sehr das vom AQ abhängt, zeigten Matej Cerne und Miha Škerlavaj (2017). In zwei Wellen begleiteten sie 505 Angestellte in 92 Teams mit direkten Vorgesetzten. Die Ergebnisse deuten darauf hin, dass herausragende Einzelpersonen in Bezug auf die Ideengenerierung eher zu Teaminnovationen führen, als wenn die Ideengenerierung gleichmäßiger auf die Teammitglieder verteilt ist. Diese Menschen zeichnen sich durch eine besondere Flexibilität im Denken aus. Das wiederum ist eine Kernfacette des AQs. Gibt es so einen »AQ-Champion« im Team, ist er der Erfolgstreiber, der den Prozess von der Ideengenerierung in die Umsetzung vorantreibt. Gibt es einen solchen nicht und finden sich im Team mehrere Mitglieder mit hohem AQ, sollte die Arbeit beim Entwickeln von Ideen eher strukturiert stattfinden, denn das führt dann eher zur Teaminnovation.

Anpassungsfähigkeit ist ein wichtiger Treiber für das Umsetzen der Idee. Dafür müssen wir umdenken. Wir müssen sogar unser eigenes, an das Neue angepasste Verhalten überwachen. Schließlich müssen wir motiviert sein, das neue Verhalten auch an den Tag zu legen. Es geht also nicht nur darum, den eigenen Fokus neu auszurichten, sondern auch darum, gewillt zu sein, das damit einhergehende Risiko auf sich zu nehmen.

Fazit: Innovation kann nicht ohne Anpassungsfähigkeit. Umgekehrt besteht diese Abhängigkeit ebenso. Damit wir innovieren können, müssen wir in der Lage sein, uns an neue Ideen anzupassen, sie zu promoten und sie umzusetzen. Außerdem ist Anpassung in diesem Kontext willentlich und passiert nicht automatisch. Stattdessen erfordert sie motiviertes Handeln, das heißt, es geht nicht nur um die Fähigkeit zur Anpassung, sondern auch um die Bereitschaft, das Risiko einzugehen.

Im Jahr 2021 befragten wir 230 Menschen in Unternehmen, Vollzeit- wie Teilzeitmitarbeiter, Führungskräfte wie Mitarbeiter, zu deren Innovationsverhalten und deren Bereitschaft, neue Technologien einzusetzen. Es zeigte sich, dass der AQ deutlich mit dem Innovationsverhalten und der Einstellung gegenüber Technik zusammenhängt. So würde eine Erhöhung des individuellen AQ mit einer 23%igen Steigerung der Bereitschaft, sich auf neue Technik und Technologie einzulassen, einhergehen. Ähnliches gilt für das Innovationsverhalten.[3] Diese Erkenntnis überlebt auch den Reality-Check. So berichtete die *Harvard Business Review* 2011 von den vorteilhaften Ergebnissen der Adaptability. Der Artikel stellte vor, dass bei Procter & Gamble im Jahr 2008 zehn hoch qualifizierte Mitarbeiter in der Lage waren, rund 10 000 Designsimulationen zu erstellen, sodass Modelle in wenigen Stunden fertiggestellt werden konnten, die früher Wochen gedauert hätten. Dazu mussten sie blitzschnell Entscheidungen treffen, ihr Vorgehen anpassen, Ideen verwerfen, neue entwickeln, Feedback einholen und das Ganze umsetzen. Das ist Adaptability pur.

Weniger Angst vor Neuem

2014 befragte die Unternehmensberatung Eagle Hill 1000 Menschen, wie gut sie mit Veränderung zurechtkommen: 70 % gaben an, Veränderung mache sie unsicher und angespannt, weil sie ihnen zu viel Flexibilität abfordere. Das Kuriose ist aber, dass in vielen Fällen die Veränderung an sich gar nicht so zentral ist. Der Stress entsteht durch einen ganz spezifischen Umstand: die wahrgenommene Ungewissheit

3 In der psychologischen Statistik spricht man hier vom Ergebnis einer Regression. Eine Regression bietet Informationen dazu, wie gut die Unterschiede zwischen Menschen zum Beispiel durch die »Anpassungsfähigkeit« erklärt werden können. Gleichzeitig bietet sie eine Aussage über die sog. Hebelwirkung. Die erklärt, wie sehr sich zum Beispiel die Veränderungsabneigung verändert, wenn die Anpassungsfähigkeit bei einem Menschen erhöht wird, beispielsweise durch Training.

in Bezug auf Veränderungen in der Arbeitsumgebung. Kristin Cullen et al. (2014) schauten dementsprechend in ihrer Studie rund um die Auswirkungen beruflicher Veränderungen auf den Zusammenhang zwischen unserer Fähigkeit zur Anpassung und unserem Umgang mit Ungewissheit. Im Fokus ihrer Untersuchungen standen knapp 500 Mitarbeiterinnen und Mitarbeiter eines Distributionszentrums. Veränderung ist dort an der Tagesordnung, weil stets nach Prozessoptimierungen gesucht wird. Von heute auf morgen gibt es Handgelenkscanner, Augmented-Reality-Brillen usw. Alle erdenklichen Arten von Automatisierungen werden ausprobiert. »Nichts bleibt, wie es ist« war nicht der offizielle Werbespruch, sondern erlebter Alltag. Kaum verwunderlich, dass die Mitarbeitenden in den zugehörigen Interviews klagten: »Das Unternehmen erwartet immer mehr« und »Es wird immer komplizierter«. Angst und Ungewissheit wurden oft als Gefühle genannt – obwohl Ungewissheit genau genommen natürlich kein Gefühl ist. Generell beobachtete das Forscherteam, dass diejenigen mit weniger AQ in größerem Maße von solchen Sorgen berichteten. Die Ergebnisse zeigten: Je höher die Anpassungsfähigkeit, umso leichter fällt es Menschen, in ungewissen Situationen mit schwer absehbaren Entwicklungen handlungsfähig zu bleiben. Bemerkenswert daran ist, dass eine ausgeprägte Anpassungsfähigkeit einen völlig frischen und handlungserweiternden Blick auf Veränderung erlaubt. Denn mit ihr fokussiert sich der Blick auf das Sich-neu-Ausrichten als Reaktion oder Vorwegnahme von variablen oder ungewissen Bedingungen und Umständen. Diese Repositionierung wiederum haben wir sehr klar in unseren eigenen Händen.

Melrona Kirrane et al. (2016) verweisen darauf, dass die individuellen Reaktionen auf Veränderungsvorhaben maßgeblich durch die den Individuen zur Verfügung stehenden psychischen Ressourcen mitbestimmt werden.

Jane D. Parent kommt in diesem Zusammenhang in ihrer Dissertation von 2006 zu einer kuriosen Feststellung. Sie geht davon aus, dass zur Anpassung an Neues und Veränderungen nicht nur die Idee der Bewältigung von Veränderungen gehört, sondern auch die Idee des Gedeihens im Wandel. Insgesamt sieht sie vier Adaptionsstrategien: den Diver, der untergeht, weil er nach der Änderung nicht mehr funktioniert, den Survivor, der zwar mit dem Neuen zurechtkommt, aber auf einem niedrigeren Niveau als vor der Änderung weiterarbeitet, den Reviver, der sich von der Disruption durch die Veränderung erholt und anschließend auf demselben Niveau wie vor der Änderung leisten kann, und schließlich den Thriver, der auf einer höheren Ebene als vor der Änderung agiert. Der Thriver hat dabei den höchsten AQ.

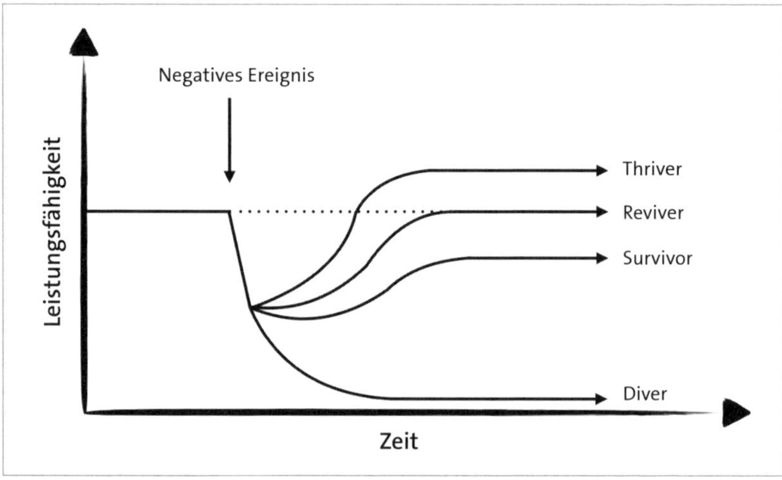

Quelle: nach Parent (2006), modifiziert

Zusammen mit ein paar Kollegen haben wir 2021 weitergeforscht. Wir haben uns gefragt, wie sehr der AQ mit unserer Veränderungsbereitschaft zusammenhängt und ob er diese sogar vorhersagen kann. Wir haben unsere deutsche Version der AQ-Skala genutzt und eine Veränderungsskala, die bereits seit vielen Jahren eingesetzt wird, um zu messen, wie groß die Abneigung gegen Veränderung ist. Das Ergebnis: Eine Erhöhung des individuellen AQs bewirkt eine 42%ige Verringerung der Veränderungsabneigung. Dieses Ergebnis ist recht überraschend, denn zur Veränderungsbereitschaft gehört, sollte man meinen, ein bisschen mehr als die drei Dimensionen des AQs. Und in seiner Aussagekraft ist unser Ergebnis wohl auch nicht zu unterschätzen, denn im 21. Jahrhundert ist die Veränderungsbereitschaft von Organisationsmitgliedern ein entscheidender Faktor für die anhaltende Wettbewerbsfähigkeit der zugehörigen Organisationen. Sie wird daher als einer der zentralen Faktoren betrachtet, der Organisationsmitglieder dazu bringt, Transformationsvorhaben zu unterstützen. Das Ausmaß der Unterstützung wiederum wird maßgeblich von den Einstellungen der Individuen zu den organisationalen Veränderungen beeinflusst.

Höhere Arbeitszufriedenheit

Es gibt wirklich wissenschaftliche Befragungen dazu, wie zufrieden Menschen mit ihrem Job sind, die bestehen aus einer Frage: »Wie zufrieden sind Sie mit Ihrem Job?« Christyn L. Dolbier und ihre Kolleginnen haben sie 2005 erneut validiert. Eine Frage reicht. Das Niveau unserer »Job Satisfaction«, zu Deutsch Arbeitszufriedenheit, speist sich aus unseren vergangenen Erlebnissen wie auch aus unseren aktuellen Eindrücken und hat wiederum Einfluss auf unsere Erwartungen an unseren Job. Zufriedenheit spiegelt das Ausmaß, in dem sich die tatsächlichen Ergebnisse mit den Erwartungen decken. Sie speist sich natürlich aus vielen Elementen, darunter die Arbeit selbst, das Gehalt, die Karrieremöglichkeiten, der Führungsstil, die Kollegenschaft, Rollenklarheit und Work-Life-Balance, aber auch aus individuellen Komponenten wie Überzeugungen, Werten und Kernkompetenzen.

Natürlich können wir sie nur sehr bedingt bei anderen sehen. Sie zeigt sich durch das beobachtbare Verhalten. Und dieses Verhalten mündet beispielsweise in höherer Produktivität, verringerter Fluktuation oder auch höherer Kundenzufriedenheit. Die Arbeitsforscher Michael Sony und Nandakumar Mekoth (2016) erfassten die Ergebnisse von 517 Frontline-Mitarbeitern im Energiesektor. Sie fanden eine extrem starke positive Beziehung zwischen der Anpassungsfähigkeit und der Arbeitszufriedenheit.

Unter der Anspannung, die aus anspruchsvollen Aufgaben und Deadlines entsteht, ruhig zu bleiben und dabei Frustration und Erschöpfung im Griff zu haben, das macht Menschen mit höherem AQ aus. Robert Ployhart und Paul Bliese (2000) bestätigen dies und betonen, dass diese Menschen auch in ausgeprägten Stresssituationen ihre

Contenance behalten und bei stressigen Nachrichten nicht überreagieren. Sie schaffen es, auch bei vollem Terminkalender nicht nervös zu werden, und können aus ihren positiven Gefühlen schöpfen. Deswegen sind sie auch bei dauernden Veränderungen ein wenig entspannter und können leichter ihre Leistung abrufen.

Adaptive Performance

Nahezu jede Organisation hat in ihrem Lastenheft stehen: »adaptive Leistung von den Mitarbeitern fordern«. Was ist das und warum wäre das wichtig? Adaptive Leistung ist nicht mehr, aber auch nicht weniger als die Forderung danach, dass nicht nur wir uns anpassen können, sondern unsere Leistung auch permanent an neue Anforderungen anpassen. Inzwischen werden nämlich in der Forschung vier Arten unterschieden, auf die wir im Job Leistung erbringen können: Aufgabenleistung, kontextbezogene Leistung oder organisatorisches Bürgerverhalten, kontraproduktives Arbeitsverhalten und Rückzugsverhalten. Elaine Pulakos et al. (2000) wollten dementsprechend diese adaptive Leistung hinzufügen, um auch im 21. Jahrhundert Leistung erklären zu können. Denn die adaptive Performance fasst Dinge zusammen, die wir so noch nicht auf dem wissenschaftlichen Schirm hatten. Sie dreht sich auch um unseren Erwerb neuer Kompetenzen, während die bisherigen aufgaben- und kontextbezogenen Leistungen Verhaltensweisen widerspiegeln, die sich um das Zeigen dieser Kompetenzen drehen.

Der Hauptunterschied ist dort, wo sich unser Verhalten ändert. Adaptive Leistung ist in erster Linie eine Reaktion. Sie ist unsere Reaktion auf von außen initiierte Veränderungen. Wenn der bisherige Job neue Anforderungen stellt, die wir nun erfüllen müssen, auf die wir aber mit dem Satz reagieren »Dafür wurde ich nicht eingestellt«, dann wissen Sie ab jetzt: Hier geht's um die adaptive Leistung und eine bretthart geforderte Anpassungsfähigkeit.

Am sichtbarsten wird diese adaptive Performance beim Umgang mit Notfällen oder Krisensituationen, mit Arbeitsstress, beim kreativen Lösen von Problemen, im Umgang mit unsicheren und unvorhersehbaren Arbeitssituationen, beim Bewältigen bislang unbekannter Arbeitsaufgaben sowie beim Einsatz neuer Technologien und Verfahren. Eine ganze Menge, aber auch eine ganze Menge von Anforderungen, die den meisten von uns täglich begegnen. Wie gut wir das hinbekommen, das beschreibt eben unsere adaptive Performance. Und diejenigen von uns, die in diesen Dimensionen zu den High-Performern gehören, haben in der Regel auch ein ordentliches Quäntchen Anpassungsfähigkeit. Das beobachtete Pulakos (2009) in einer ihrer Studien mit 739 Menschen.

Schneller umlernen

Da liegt es auf der Hand, dass das schnelle Lernen und Umlernen eine der Kernkomponenten des AQs ist. Und da kommt Ellen Bommersheim ins Spiel. Sie verkauft dieses neue Können. Genauer gesagt ist sie die Geschäftsführerin eines der führenden Gründungsunterstützungsanbieter, Kompass. Und im Mai 2020 war sie verwundert. Keiner kaufte mehr Können. Dabei wäre es der perfekte Zeitpunkt gewesen: Das erste Mal ging ganz Deutschland ins Homeoffice. Halb Deutschland war aufgefordert, Kurzarbeit anzunehmen. Instagram, Facebook und TikTok quollen über von handwerkelnden Menschen, die Gärten, Terrassen und Dachböden redesignten. Die Zeit war da. Aber der Wunsch nach Wissen ist bei freier Wahl anscheinend nicht annähernd so hoch wie die Verlockung eines kombisprengenden Baumarkteinkaufes. Denn die Mehrzahl der Weiterbildungsgutscheine, die in jener Zeit der Kurzarbeit zu Beginn der ersten Pandemiephase hätten eingelöst werden können, blieb unangetastet. Keiner investierte seine Zeit in Weiterbildung, dafür ging es den Menschen viel zu gut. Sie machten lieber Gartenarbeit und warteten, was passieren würde. So fasste es die Geschäftsführerin im Gespräch mit meinem geschätzten Kollegen, Andreas Steinle, zusammen.

Dann kam die Lernlust: Makramee, Zeichnen, Batiken. Wenig zu sehen vom Up-Skill für den besseren Umgang mit der Welt an sich oder der immer weiter ausufernden Digitalisierung in den Top drei des Sommers 2020. Der Enthusiasmus für das Lernen des Neuen, wo war er hin? Keiner schien seine Performancelücken füllen zu wollen. Lieber noch 'ne Hecke. Menschen mit einem höheren AQ punkten hier auch jenseits der Hecke. Sie haben Freude daran, neue Wege und Arten kennenzulernen, um ihre Arbeit zu erledigen. Es liegt ihnen daran, kleine Schwächen auszubügeln und eben nicht nur einbahnstraßig ihre Stärken zu stärken. Damit befriedigen sie gleichzeitig auch ihr Bedürfnis, mit ihrem Können auf der Höhe der Zeit zu bleiben. Unsere Studie zeigte, dass eine Veränderung im individuellen AQ eine 34%ige Veränderung in der Ungewissheitstoleranz mit sich bringt. Claudia Dalbert (1999) von der Martin-Luther-Universität Halle-Wittenberg hat dazu eine Skala vorgelegt und beobachtet, dass ungewissheitstolerantere Personen sich eher in ungewisse Situationen begeben und sichtbar erfolgreicher mit diesen Situationen umgehen können. Viele berufliche Anforderungen und Veränderungen bringen genau diese Ungewissheit mit sich. Es sind nahezu alltägliche Forderungen nach erhöhter Mobilität, flexiblem Arbeiten, Arbeitsplatzwechsel oder gar flexiblen physischen Arbeitsplatzverteilungen; es sind immer wieder wechselnde Team- und Projektanforderungen. Dalbert sieht in der Ungewissheitstoleranz eine persönliche Ressource, die uns besser damit zurechtkommen lässt. Und nun können wir zeigen, dass ein hoher AQ diese Fähigkeit deutlich positiv beeinflusst.

Wie alles andere als selbstverständlich das ist, habe ich immer wieder in Gesprächen mit HR-Verantwortlichen gehört. Da wird ein Fähigkeits-Boost namens »Mechatroniker 4.0« angeboten, der den Menschen nicht nur ihren Job sichert, expressis verbis ihre Übernahme garantiert, sondern auch noch anbietet, sie während der Arbeitszeit in ihrem bekannten Umfeld weiterzubilden. Und trotzdem entschließen sich gerade mal 2% im ersten »Wahlgang« für diese freiwillige Weiterbildung. Bei genauerem Hinsehen ist das sogar nachvollziehbar. Eine der Gründe für die Zögerlichkeit wird in der Forschung ein bisschen pomadig als »negative Lernvita« beschrieben. Menschen, die ihr Leben lang gemerkt haben, dass sie hinterherhinken und nicht gut lernen können, werden diese unschönen Lebenserfahrungen nicht bei einer »4.0-Kampagne« über Bord werfen. Doch es gibt Mittel und Wege, diese Gruppe zu erreichen. Zuerst sollte immer in die Anpassungsfähigkeit investiert werden; dann gibt es viel eher eine Basis für das Annehmen einer Weiterbildungschance. Aber umgekehrt geht es eben nicht. Menschen weiterzubilden, um sie anpassungsfähiger zu machen, ohne dass zuvor ein gerüttelt Maß an Anpassungsfähigkeit da ist, wird nicht funktionieren. Das ist wie jemandem das Sprinten beizubringen, der eine negative Lernvita beim Laufen ausgebildet hat.

Leichterer Arbeitsplatzwechsel

»Entgrenzte Karrieren« werden zur Tagesordnung: »Outsourcing« und »Rightsizing« machen die Runde. Kuriose Begriffe für den Umstand, dass Menschen aufgefordert werden, alternative Karrieren anzustreben. Natürlich gibt es noch eine Menge anderer Begriffe, die ausdrücken, dass Menschen in naher Zukunft eine andere Tätigkeit ausüben (müssen), als sie es noch wenige Tage oder Wochen zuvor taten. Im Kern steckt eine Überlegung, die im 21. Jahrhundert zentral wird: Unternehmen sind nicht aus »Jobs« aufgebaut, sondern aus Arbeitsaufgaben, die erledigt werden müssen. Auch wenn Managementforscher William Bridges dieses Verständnis von Tätigkeit bereits Ende des 20. Jahrhunderts formulierte, wird es doch erst jetzt wirklich sichtbar: in andauernden und ineinander übergehenden Reorganisationen, erzwungenen Arbeitsformen, restrukturierten Teams und Abläufen. Turbulenz in der eigenen Vita wird Alltag. In der Folge werden das eigenständige Navigieren in Karrierewechseln sowie das Umlernen und »Entlernen« immer alltäglicher. Volatile, mit Organisations- und Ortswechseln wie selbstverständlich durchlöcherte Erwerbsbiografien sind schon in den letzten Jahrzehnten immer häufiger zu beobachten. Eine Art Revision des Selbst, wenn man den technokratischen Ausdruck erträgt, radikale Identitätsarbeit, wenn es mehr nach intellektuellen Sphären klingen soll. Gleich bleibt dabei das Gefühl der Ungewissheit und die Frage nach der Toleranz desselbigen. Die wiederum hängt nachweislich und wenig verwunderlich an den individuellen Ressourcen. Je unfreiwilliger die Neuorientierung ist, umso mehr greift die Frage nach der Ungewissheitstoleranz und den Ressourcen, die diese stärken helfen. Einfacher ausgedrückt: Derjenige, dem seine bisherige Identität genommen wird, hat wenig Power, aus dem Stand eine zukunftsorientierte Haltung aufzubauen. Das aber ist entscheidend. Die Organisationspsychologinnen Kathleen Otto und Claudia Dalbert (2012) zeigen entscheidende Ressourcen im Veränderungsprozess der Neuorientierung: Teamfähigkeit, Flexibilität, Selbstwirksamkeit, das Denken in Handlungsalternativen, Kreativität – alles Eigenschaften, die statistisch nachweisbar mit der individuellen Ungewissheitstoleranz zusammenhängen. All das ist schon immer leichter zu proklamieren als zu praktizieren gewesen. Wenn es unruhig wird in der Arbeitswelt und das sprichwörtliche Umdenken zur Routineaufgabe wird, scheinen manche genau dadurch zu gedeihen, während andere psychischen oder gar physischen Stress empfinden.

Karen van Dam und Michel Meulders (2021) schreiben, dass eine nachhaltige Karriere ein adaptives und selbstreguliertes (d.h. zielgerichtetes, proaktives) Verhalten erfordere. Die erfolgreiche Wendigkeit im Reagieren auf die Veränderungen im Beruf, in der Fachsprache »Career Adaptability« genannt, schöpft aus klar bestimmten Ressourcen. Heute stehen dieser Einschätzung entsprechende Forschungen zur Seite. Diese bestätigen die intuitive Einschätzung, dass das Netzwerken und das Updaten von berufsrelevanten Fähigkeiten zentral sind. Doch da ist noch mehr. Der AQ und die mit ihm einhergehende Stärkung von Zuversicht und Selbstwirksamkeit stehen nachweislich höher im Kurs. Belegt haben diesen Umstand zum Beispiel Robert Morrison und Douglas Hall (2001) für ältere Mitarbeitende, denn sie fühlen sich immer stärker davon bedroht, dass ihre Fähigkeiten in Kürze nicht mehr relevant sein könnten.

Das betrifft natürlich immer mehr einfach jeden von uns, der eine Tätigkeit auf Basis von sich verflüchtigenden und vervielfachenden Skills ausführt. Wissen zerfällt. Dessen Halbwertszeit verringert sich im Tempo eines Raketenjets. Die Überzeugung, just die Fähigkeiten zu besitzen, die morgen genauso employer-sexy sind wie heute, hilft dabei – wenn sie begründet ist. Die Forschung von Andreas Hirschi (2009) widmet sich dieser Frage: Begleitet wurden 330 deutschsprachige Schweizer Schüler in einer Langzeitstudie vom Beginn bis zum Ende des achten Schuljahres. Das Ergebnis: Der jeweils messbare AQ sagte sehr genau das spätere Gefühl, die eigene Zukunft bestimmen zu können, und das Wohlbefinden der Jugendlichen voraus.

Christian Maggiori et al. (2013) widmeten sich der Karriere-Adaptability Erwachsener. Sie berichteten, ebenfalls aus der Schweiz, dass bei den 2002 Teilnehmern ihrer Studie die Anpassungsfähigkeit deutlich mit dem generellen und dem beruflichen Wohlbefinden zusammenhing. Der AQ hatte sogar Einfluss darauf, wie sehr die Herausforderungen des Jobs als Belastung für das Wohlbefinden wahrgenommen wurden. 2019 schließlich legten Xuhua Yang et al. auch für China eine Studie vor, die zeigte, wie sehr sich die Karriere-Adaptability auf das Arbeitsengagement auswirkt, das seinerseits wieder mit dem individuellen Wohlbefinden der Befragten korreliert.

Was wir persönlich von der Neuorientierung haben

Mehr Wohlbefinden

Die Aussagen »Die aktuellen Veränderungen verunsichern mich« und »Ich bin total zufrieden mit meinem Leben« passen nicht in einen Satz. Instagram bietet, wie so oft, dazu das quirlige Motto »Läuft! Läuft bergab. Ohne Bremsen. Ohne Lenkrad. Aber läuft.« Auf der anderen Seite: Wer sich schneller neu orientieren kann, wer leichter mit veränderten Anforderungen umgeht, wer es als selbstverständlicher ansieht, dass nicht immer alles nach Plan läuft und auch nicht immer alles planbar ist, der wird wohl eher zufrieden sein mit seinem Leben und dem ganzen Drumherum. Das ist noch intuitiv nachvollziehbar. Die Psychologie sieht Anpassungsfähigkeit unter anderem als die Fähigkeit, mit Veränderungen umzugehen und daraus Nutzen zu ziehen, sowie die Fähigkeit, sich zu erholen, wenn unvorhergesehene Ereignisse die Lebenspläne verändern. Im Leben laufen die Dinge meistens nicht so, wie man sie geplant hat oder wie man sie haben möchte. Das Jahr 2020 machte das mehr als deutlich.

Am 26. Mai jenen Jahres schrieb Elizabeth Heath in der *Washington Post*: »Adaptability may be your most essential skill in the covid-19 world« (Anpassungsfähigkeit könnte Ihre wichtigste Fähigkeit in der Covid-19-Welt sein). In ihrem Artikel zitiert sie Laurie Leinwand mit den

Worten: »Veränderung ist wie eine reißende Strömung – wenn man dagegen anschwimmt, wird man nie das Ufer erreichen. Ich rate den Leuten, auf Veränderungen wie auf einer Welle zu reiten. Wenn man sich in einem Fall befindet, wird ein Anstieg folgen.« Darin schlummert ein Bedürfniswechsel. Anstatt von »A bis Z« zu planen, reicht es diesen Menschen, von »A bis B« zu planen und dann bei »B« weiter zu planen, weil sich bei der Ankunft an »B« die Dinge vielleicht schon wieder geändert haben.

Im März 2020 schrieb auch ich. Nicht für die Zeitung, mehr im Kopf für mich. Ich schrieb mir die Frage »Und nu?« in mein mentales Notizbuch. Sehr eloquent, ich weiß. Typisch für mich. Wenn innerhalb von sieben Tagen ein Vortragsredner, dessen natürliches Habitat die Bühne in einem Raum voller Gäste ist, 99 % der Auftritte storniert bekommt, wird er etwas schmallippig. Dann reicht es nur noch für das Grundlegende. Zum Beispiel für die Frage: Wenn es keine Möglichkeit gibt, einen Beruf auszuüben, gibt es dann den Beruf eigentlich noch? Zumindest gab es nur ein schnell ganz versickerndes Rinnsal von Einnahmen. Damit eine Familie zu ernähren, deren Budget zur anderen Hälfte üblicherweise aus dem Betrieb eines Theaters kommt, würde holprig werden. Ich konnte mich also auf den Stornogebühren ausruhen und warten, bis es wieder normal würde (den Begriff »New Normal« gab es da noch nicht). Oder ich konnte umdenken. Hatte ja eh nichts anderes zu tun, außer sorgenvoll in die bewaldeten Berge vor meinem Bürofenster zu blicken. Als ich mir im Dezember 2020 dann die Rechnungen anschaute, die ich geschrieben hatte, stellte sich heraus, dass ich eines der erfolgreichsten Jahre meiner Karriere hinter mir hatte. Und mein sorgenvolles Unbehagen hatte sich im Laufe der bis dahin vergangenen Monate zu einem entspannt-fokussierten »Okay, wenn nicht das, was dann?« gewandelt. Im Dezember war ich erschöpft, aber auch zufrieden. Zufrieden mit der Tatsache, dass ich mich mit meiner »Neuorganisation« mit meinem Können in einer veränderten Welt wiedergefunden hatte.

Wir sind Produkt und Produzenten zugleich. Das gilt ganz besonders für unsere Zufriedenheit mit uns, unserer Arbeit und unserem Leben im Großen und Ganzen. Wir produzieren unser Wohlbefinden. Dieses ungestüme Wort meint dabei nicht einfach unsere Gesundheit. Es geht weit über diese hinaus und nimmt den Menschen als Ganzes in den Blick. Das klingt fast zu esoterisch, um liebevolle wissenschaftliche Aufmerksamkeit zu bekommen. Doch heutzutage ist das Wohlbefinden ein bretthartes Kriterium in der Erforschung der Leistungsbereitschaft und -fähigkeit im beruflichen wie im privaten Umfeld. In einer Überblicksstudie berichten der Politologe und Wirtschaftswissenschaftler Robert J. Eger III et al. (2015) von starken positiven Zusammenhängen mit der Arbeitsleistung, unserer mentalen Gesundheit, sogar unserer physischen Gesundheit und mit der Anzahl an Lebensjahren, die wir freudvoll verbringen. Mi Zhou und Weipeng Lin (2016) verweisen auf den Zusammenhang zwischen Lebenszufriedenheit und Anpassungsfähigkeit. Dieses Verhältnis wurde sogar noch verstärkt durch das Maß an sozialer Unterstützung, über das die Befragten berichten konnten.

Eine andere Herangehensweise an verschiedene Szenarien wird mit einer ganzen Reihe von Vorteilen für die psychische Gesundheit in Verbindung gebracht, zum Beispiel mit einer größeren Lebenszufriedenheit, einem höheren Selbstwertgefühl und einem größeren Sinn für das Wesentliche, wie mein geschätzter Freund und Kollege Prof. Dr. Todd Kashdan gemeinsam mit Josh Rottenberg 2010 eindrucksvoll belegte. Adaptability ist wie ein Schutzschild für die Seele in Zeiten der Ungewissheit.

Wohlbefinden in jedem Office

Die Psychologin und Lebensglückforscherin Sonja Lyubomirsky et al. (2005) entdeckten, dass es genau das ist, was Menschen neben ihrem Wissen und Können bei der Arbeit aufblühen lässt: ihr Vermögen, sich an Neues anzupassen und sich für Neues zu rüsten. Experimentelle Studien (also nicht solche, in denen man einfach Menschen befragt, sondern solche, wo man kleine Versuche aufbaut und manipuliert) belegen, dass Menschen mit einer höheren Selbstwirksamkeit oft auch positivere Ergebniseinschätzungen mitbringen und sich in der Folge höhere Ziele setzen. Selbstwirksamkeit, also das empirische Wissen darum, etwas verändern zu können, ist eine zentrale Facette des AQs.

Und da diese Selbstwirksamkeit sowohl für das berufliche wie auch das nichtberufliche Feld aussagekräftig ist und der Begriff des Work-Life-Blending andeutet, wie sehr beide Bereiche immer mehr miteinander verquickt sind, lohnt sich der Blick auf das Wohlbefinden im privaten wie auch im beruflichen.

Wohlbefinden im Arbeitsumfeld bezieht sich dann auch auf spezielle Faktoren des Jobs, etwa auf unsere Arbeitsbelastung, unsere Arbeitszeiten, aber auch auf unsere Rolle in der Organisation (Rollenmehrdeutigkeit, Rollenkonflikte) und den Grad an Verantwortung. Aus dieser Liste an Zusammenhängen lässt sich leicht sehen, wie wichtig das psychische Wohlbefinden ist. Psychisch gesunde Menschen brillieren leichter im Zwischenmenschlichen. Ein mental gesunder Mensch neigt weniger zur Stinkstiefelei. Im Gegenteil, er zeigt stärker die Fähigkeit, warme und vertrauensvolle Beziehungen aufzubauen. Diese Menschen sind dabei nicht nur verträglicher, sie performen besser und sind pünktlicher. Umgekehrt geht diese Gleichung leider auch auf. Menschen, die sich weniger gut fühlen, erleben herausfordernde Situation als sehr viel stressiger. Darauf zu achten ist also schon deswegen zentral, weil es das Verhalten der Mitarbeitenden, deren Interaktion untereinander, ihre Entscheidungsfähigkeit wie auch ihr weiteres soziales Leben beeinflusst. Der AQ hat hier eine immense Bedeutung. Er wirkt als individuelles Gegengewicht, sodass wir mit anspruchsvolleren und auch mit neuen Aufgaben besser zurechtkommen, aber auch stärker im Umgang mit Problemen mit Kollegen werden.

Happy@Home

Es wundert wenig, dass dieses Gefühl des inneren Wohlbefindens eng mit einem hohen AQ zusammenhängt. Er stärkt genau diejenigen Fähigkeiten, die Menschen brauchen, um ihr psychisches Wohlbefinden zu stärken. Was ist psychisches Wohlbefinden im nichtberuflichen Alltag? Es sind unsere Einschätzungen zu unserer Lebensqualität, zur Erfahrung von Freud und Leid. Es geht dabei sowohl darum, was wir über das denken, was wir erlebt haben, als auch darum, was das in uns für Gefühle ausgelöst hat. Das ist natürlich eine zutiefst subjektive Einschätzung, die wie ein Zirkelschluss wirkt: Es geht uns psychisch gut, wenn wir selbst das so sehen. Der leider verstorbene Ed Diener, ehrfurchtsvoll als Dr. Happiness betitelt, beobachtete über Jahrzehnte hinweg, dass die gesamte befragbare Welt sich in Sachen Glück und Zufriedenheit nicht so lala, mal so und mal so, sondern klar über dem neutralen Punkt einschätzt. Diese Zufriedenheit lässt sich dann bei den einzelnen Menschen in Beziehung zu ihrem Einkommen und ihrer generellen Gesundheit bringen. Und so beschrieb Ed Diener gemeinsam mit Sonja Lyubomirsky auch den Umkehrschluss: Das positive psychische Wohlbefinden führt auch zu diversen positiven persönlichen Ergebnissen und Erlebnissen. Für ihre Studie nahmen sie noch ein zweites Messinstrument dazu: den Fragebogen zur generellen Gesundheit, der die Gestimmtheit, das psychische Wohlbefinden und die Einschätzung des eigenen Gesundheitszustands einfängt. In der Untersuchung zeigten sich beide als stabil, das heißt, es gab keine nennenswerten Unterschiede zwischen den Antworten bei der ersten Befragung und denen der zweiten Befragung drei Wochen später. Wer über einen hohen AQ verfügte, sah sich selbst auch als psychisch und körperlich gesünder an und war generell positiver gestimmt. Bestätigt wurden diese Zusammenhänge auch von Andrew Holliman et al. (2021).

Weniger Stresserleben

Wir leben zwischen Trauma und Triumph, mal taumeln wir von einem zum anderen, mal entspannen wir in der gleichgewichtigen Mitte. Das würden viele Menschen als die stressfreie Phase beschreiben. Doch wann haben wir eine solche in einer Zeit, in der es mehr Stressauslöser gibt, als wir aufzählen können: Partnerschaftsstress, Rollenstress auf der Arbeit, Informationsstress, Lernstress, Mobilitätsstress, Terminstress, Freizeitstress? Wer möchte eine solche Liste freiwillig zu Ende führen? Einigen wir uns vielleicht zunächst einmal auf die grundlegende Definition. Das nimmt ein wenig Druck aus der Diskussion. Es gibt Stressoren. Die können, so beschreiben es Sabine Sonnentag und Michael Frese (2003), physischer Natur sein, aus der Aufgabe entstehen, rollenbedingt, sozial bedingt, arbeitsplanbedingt oder karrierebedingt sein, von traumatischen Erlebnissen oder durch stressige Veränderungsprozesse verursacht sein. Und es gibt Stressreaktionen. Die können sich physisch, gefühlsmäßig oder in unserem Verhalten zeigen.

Unter »Stress« verstehen wir einen subjektiven, intensiven, unangenehmen Spannungszustand. Dieser folgt als eine Reaktion auf eine stark aversive Situation, die nah bevorsteht oder bereits eingetreten ist. Die Situation erscheint subjektiv lange und nicht vollständig kontrollierbar. Zudem ist es uns wichtig, die Situation zu vermeiden. Dabei ist, wie soeben erwähnt, zwischen Stressoren – das sind Faktoren, die bei uns Stress auslösen – und unserer jeweiliger Stressreaktion, die dadurch ausgelöst wird, zu unterscheiden. Dieses Duo legt vier Richtungen nahe, aus denen wir auf Stress schauen können: 1. aus der Perspektive der stressauslösenden Situation, also mit Blick auf die Widrigkeiten des Alltags, die Erlebnisse im Beruf und zu Hause, 2. aus der Perspektive unserer Reaktionen, 3. aus der Diskrepanz zwischen dem, was wir wünschen, und dem, wie die Situation tatsächlich ist, oder 4. aus deren Relation, wobei es darum geht, wie wir das einschätzen, was da passiert.

So ein Modell der Relation ist das Stressbewältigungsmodell von Richard Lazarus (1984), das später bei den Techniken zum Tragen kommt. In den Ursprüngen der Forschung haben Elaine Pulakos und Kollegen über acht Dimensionen der adaptiven Performance gebrütet. Eine dieser acht war der Umgang mit Arbeitsstress. Sabine Sonnentag und Michael Frese sind dem nachgegangen. Sie beschreiben, was für alle oben beschriebenen Stressauslöser gilt. Nicht alle wirken sich per se negativ auf uns aus, nicht alles wirkt auf alle gleich.

Ob es »Arrrghhh« macht oder nicht, hängt von unseren Ressourcen ab. Dazu gehören insbesondere auch unsere persönlichen Eigenschaften. Und eine davon ist natürlich unser AQ. Der Grund dafür liegt in sog. »Kontrollüberzeugungen«. Einfach gesagt ist es die Frage danach, ob wir uns selbst in der Lage sehen, Kontrolle über unser Leben und unsere wichtigsten Erfahrungen zu haben – das wäre die interne Kontrollüberzeugung –, oder ob wir das Gefühl haben, dass andere Menschen oder Kräfte am Werk sind und diese Entscheidungen für uns treffen – das wäre die externe Kontrollüberzeugung. Wenn man es so sieht, ist es fast schon zu lahm, um es aufzuschreiben: Wenn wir innere Kontrollüberzeugungen haben, können uns die Stressoren einfach nicht so viel anhaben, denn wir haben ja (zu Recht) das Gefühl, die Sache selbst in der Hand zu haben. Glücklicherweise bestätigt die Forschung diese binsige Weisheit. Und das nicht nur in kurzfristigen Befragungen, sondern auch in längeren Studiendesigns.

244 Menschen haben an einer Studie teilgenommen, die zu Beginn und vier Wochen später die Beziehung zwischen Stressoren, erlebtem Stress und den Kontrollüberzeugungen beobachtete. Kevin Daniels und Andrew Guppy vom Cranfield Institute of Technology schauten zu diesen Zeitpunkten den 244 Buchhaltern über die Schulter. Halt, Buchhalter? Ja, keine Vorurteile, die haben auch Stress. Deutlich wurde in der Langzeitstudie, wie sehr die interne Kontrollüberzeugung die Wirkungen der Stressoren auf das Wohlbefinden abpufferte. Warum bringen diese vier Wochen in so einer Studie die Forscher so aus dem Häuschen? Nun, eigentlich ändert sich das Leben ständig. Mal ist es stressiger, dann wieder ein ruhiger Fluss. Wenn dem auch beim Stresserleben und den Kontrollüberzeugungen so wäre, würden solche Schwankungen deutlich werden und (zuungunsten der Forscher) den gesuchten Zusammenhang zunichtemachen. Hier aber blieb der Effekt konstant. Anpassungsfähigkeit wirkt also, hier in Form der Kontrollüberzeugungen, wie ein Anti-Stresserlebens-Wall.

Mehr positive Gedanken

»Wir schaffen das!«, sagte die damalige Bundeskanzlerin Angela Merkel 2015. Es war ihre Reaktion auf den Flüchtlingsstrom. War das Trotz, Durchhaltevermögen, eine Injektion Zuversicht? Ein optimistischer Ruck sollte durch Deutschland gehen. Er mäanderte tatsächlich zu Interessengruppen, die die Heimatlosen willkommen hießen, sie bei sich aufnahmen und ihnen eine Zukunft bieten wollten. Die Fortentwicklung war ein Auslaufen der Welle.

Wenn Menschen in herausfordernden Situationen zum Beschwören des positiven Denkens neigen, gibt es eigentlich Belege dafür, dass es helfen würde? Und wenn ja, wie viel Positivity hilft wie viel?

Der deutsche Skeptizismus wird immer wieder als gemütslagige Grundeinstellung heraufbeschworen. Er sieht positives Denken gerne als einen domestizierten Größenwahn und will der Zuversicht zeigen, wo der realistische Hammer hängt. Shelley Taylor, Psychologieprofessorin an der Universität von Los Angeles, et al. (2000) sehen das anders. Es gibt nämlich kaum etwas, das uns so antreibt wie der Gedanke, eine gute Zukunft zu sehen, in der wir Probleme gelöst haben und Pläne funktionieren. In diesem Richtungsstreit nimmt der AQ den Schwarzmalern die Stifte weg. Michelle Tugade, Barbara Fredrickson und Lisa Feldman Barrett (2004) beobachteten genau das. In ihrer Studie waren die Menschen mit höherer positiver Gestimmtheit die effektiveren Problemlöser und steckten Fehlschläge besser weg. Und die bereits zitierte Sonja Lyubomirsky entdeckte, dass diese Menschen selbst in den nicht so guten Zeiten an dieser positiven Zukunftssicht festhalten können.

Mehr soziale Kontakte

Die sehr glücklichen Menschen haben in der Regel sehr befriedigende soziale Kontakte. Den wissenschaftlichen Beweis erbrachten Martin Seligman und Ed Diener (2002). 2006 folgerte auch Evangelos Karademas, dass ohne Sozialkontakte kein Glücklichsein möglich ist. Dieser starke soziale Rückhalt wiederum wirkt positiv auf die Selbstwirksamkeit, die sich direkt im AQ wiederfindet. Je mehr wir wahrnehmen, Teil eines sich gegenseitig stützenden sozialen Netzwerkes zu sein, umso ausgeprägter ist unsere Selbstwirksamkeit. Es geht um den Umgang mit dem Denken der anderen, darum, offen zu sein für negatives Feedback, die Ideen anderer in das eigene Denken zu integrieren und andere zu überzeugen und zu beeinflussen, um mit ihnen effektiver zusammenzuarbeiten.

Mehr Erfolg

Kein Erfolgsbuch kann ohne Erfolgsaussagen auskommen. Wäre ja sonst ein wenig widersinnig. Und tatsächlich kann die AQ-Forschung erhellend zum Reüssieren beitragen, zum Beispiel mit den Beobachtungen von Carolyn Predmore und Joseph Bonnice (1994). Sie schauten sich für ihre Studie Vertriebler an, vermaßen deren Erfolg und deren AQ und konnten einen Zusammenhang beobachten. Sie gingen sogar so weit, dass sie vorschlugen, eine Messung des AQs könne genutzt werden, um Vertriebstrainees gezielter auszuwählen und besser auf ihre Aufgaben vorzubereiten. Aber auch vor dem Berufsleben greift die Erfolgskomponente, nämlich in den schulischen, ausbildungsbedingten und akademischen Leistungen junger Menschen. Der Erziehungswissenschaftler Andrew Martin et al. (2013) nahmen den Königsweg, eine Langzeitstudie. Sie beobachteten ein Jahr lang 969 Jugendliche und konnten danach Folgendes berichten: Ein Zusammenhang des AQs mit dem akademischen Erfolg ist nicht von der Hand zu weisen. Das Ausmaß an Anpassungsfähigkeit sagte sogar zu großen Teilen den akademischen Erfolg voraus – also von der Klausurzensur über die aktive Teilnahme am Unterricht bis hin zu den grundlegenden Einstellungen Schule gegenüber. Die waren nämlich bei den Jungen und Mädchen mit höherem AQ deutlich positiver ausgeprägt.

#5_Test: Wie hoch ist mein AQ?

Adaptability is a great asset to have because life is so unpredictable, and things can change overnight for any of us. – Chanda Kochhar

Der AQ steht auf drei Beinen: Denken, Fühlen und Handeln. Alle drei gehen zusammen. Sie hängen voneinander ab und stärken sich gegenseitig. Und alle drei wirken direkt auf unser adaptives Verhalten bei der Arbeit im Allgemeinen und in Zeiten der Veränderung im Besonderen. Obwohl diese Dimensionen zusammenwirken, schauen wir sie uns nacheinander und getrennt an, denn sie beziehen sich auf unterschiedliche individuelle Ressourcen. Und zu jedem von ihnen gab es schon zuvor eine Tonne von Forschungsberichten. Nur werden sie selten gemeinsam untersucht. Aber erst dann zeigt sich, wie sehr sie sich gegenseitig ergänzen und wie wichtig dieses Big Picture ist, wenn wir uns und anderen helfen wollen, mit dem Neuen und Unbekannten umzugehen.

Die übergeordneten AQ-Faktoren tragen wir in uns. Sie betreffen unser Denken, unser Fühlen und unser Handeln. Diese drei Bereiche sind eng verklebt. Beispiel: Wenn wir unvoreingenommen gegenüber Veränderung sind (Denken), dann fürchten wir tendenziell auch weniger die Konsequenzen selbiger (Fühlen), und in der Folge nähern wir uns dem Ganzen eher an, als dass wir in eine stabile Duldungsstarre verfallen (Verhalten). Umgekehrt wird ein Kollege, den Veränderung eher verunsichert (Fühlen), weniger mentale Flexibilität an den Tag legen (Denken), was wiederum die Flexibilität in seinen Handlungen stark einschränkt (Verhalten).

Unser AQ-Denken speist sich also daraus, wie sehr wir in Alternativen denken können, wir sehr wir davon überzeugt sind, die Fähigkeiten zu besitzen, die wir für den Umgang mit Veränderung und Dynamik brauchen (Selbstwirksamkeit), wie auch aus dem Wissen darüber, dass wir diejenigen sind, die eine Situation beeinflussen. Doch kein Denken ohne Fühlen. Das zeigt die Forschung von Antonio Damasio, die Descartes' Satz »Ich denke, also bin ich« zu »Ich fühle, also denke ich« wandelte. Die Studien zeigen deutlich, dass sich Menschen in positiver Grundstimmung viel leichter mit der Reaktion auf Veränderungen tun. Nun sind wir als Spezies nicht mit einer Gute-Laune-Flatrate ausgestattet. Folgerichtig zählt hier die Fähigkeit, seine Gefühle zu managen, zu regulieren und zu steuern. Denken, Fühlen, wozu führt das? Im besten Fall zum Handeln; aber nicht zu irgendeinem Verhalten, sondern zu auf klaren Fähigkeiten basierenden Verhaltensweisen. Dazu gehört, ob wir unser Verhalten auf eine Herausforderung hin oder von ihr weg ausrichten und ob wir beim Umgang mit den Herausforderungen uns dann der Sache selbst widmen oder lieber unserer Gefühlswelt.

Dass es sich lohnt und warum es sich lohnt, das Thema AQ nicht nur in der HR zu berücksichtigen, sondern es zugleich auch für clevere Teamzusammensetzungen zu nutzen, wird nachfolgend deutlich. Tatsächlich zeigen die Forschungen meiner Kollegin Karen van Dam und meine eigenen, dass sich dahinter einiges verbirgt. Hier kommt nun die deutsche Version des Fragebogens aus der Forschung, den ich im Jahr 2021 gemeinsam mit Achim Wortmann und Leon Vahlkamp validiert habe.

Im Folgenden geht es um Ihr Verhalten in sozialen Situationen. Kreuzen Sie bitte, ohne groß nachzudenken, an. Es gibt keine richtigen und keine falschen Antworten. Auf der Likert-Skala bedeutet 1 Punkt »Trifft überhaupt nicht zu«; 5 Punkte bedeuten »Trifft vollkommen zu«.

Also, erst ausfüllen, dann weiterlesen!

	1	2	3	4	5
1. Ich bin mir sicher, dass ich jede Herausforderung meistern kann. C					
2. Ich kann gut mit neuen und unbekannten Situationen umgehen. B					
3. Wenn ich meine Pläne ändern muss, bleibe ich entspannt. A					
4. Ich bin immer neugierig, welche Entwicklung vor mir liegt. C					
5. Ich kann mich schnell an Veränderungen anpassen. B					
6. Wenn unerwartete Dinge und Veränderungen passieren, gibt mir das Energie. A					
7. Ich bevorzuge es, Dinge zu tun, die mich dazu zwingen, etwas Neues zu lernen. C					
8. Ich habe Freude an unerwarteten Ereignissen. A					
9. Ich kenne verschiedene Wege, um mit plötzlichen Veränderungen umzugehen. B					
10. Ich mag es immer, wenn die Situation sich ändert. A					

Sie sehen die Buchstaben hinter den Äußerungen (A, B, C). Diese stehen für die drei Dimensionen der Adaptability-Skala. »A« steht für die Emotionen, »B« für die Handlungen und »C« für die Gedanken. Sie können also die Aussagen mit den gleichen Buchstaben zusammenrechnen und so die Stärke Ihrer Ausprägung in der jeweiligen Dimension herausfinden. Das Maximum in der A-Dimension beträgt 20 Punkte, in der B-Dimension 15, ebenfalls 15 in der C-Dimension.

Selbst wenn Sie in allen drei Dimensionen das Maximum in Ihrer Selbsteinschätzung eingeholt haben, können die nachfolgenden Tools und Tipps Ihnen auf zweierlei Art helfen: Erstens bieten sie Ihnen ein stabiles Gerüst, mit dessen Hilfe Sie auch in Situationen des Zweifels klare Techniken zur Aufrechterhaltung Ihres AQs zur Verfügung haben. Zweitens geben sie Ihnen die Möglichkeit, anderen (Kolleginnen und Kollegen, Freundinnen und Freunden ...) unkompliziert unter die mentalen Arme zu greifen, wenn es denen nicht so leichtfällt, ihr Anpassungspotenzial in einer Situation abzurufen.

#6_Mehr Erkenntnis-AQ

> If you never change your mind, why have one? –
> Edward de Bono

Wir kommen nun zu den neun Prinzipien, die sich jeweils unter drei Formen der Anpassungsfähigkeit summieren: Erkenntnis-AQ, Emotions-AQ und Handlungs-AQ. Starten wir mit dem Erkenntnis-AQ.

Der Ökonom Joehn Maynard Keynes soll gesagt haben, es sei viel leichter, eine neue Idee zu finden, als einer alten zu entkommen. Und genau darum geht es hier: den Fokus zu verschieben, um die Art und Weise zu ändern, wie wir Dinge tun. Es geht darum, dass wir unser Denken oder unsere Erwartungen anpassen, um in einer neuen Situation besser zurechtzukommen. Dass wir mehrere Optionen gleichwertig durchdenken, um die passendste zu finden. Es ist eine Art Kopfrevision, die uns optimaler durch die vor uns liegende Aufgabe führt. Doch wie einfach ist es, im Alltag den Fokus zu verschieben, von der alten Idee zur neuen?

1. Ent-engte Wahrnehmung: Neue Umfelder und alte Muster

Ablenkung ist der Normalzustand. Wir müssen das Ignorieren wieder neu erlernen. Dabei hilft die Konzentration auf das Relevante. Was nicht hilft, ist die Konzentration auf das Wesentliche. Die entpuppt sich bei näherem Hinsehen als Marketingtrick. Woher sollten wir zu jedem Zeitpunkt wissen, was das Wesentliche ist? Was das Relevante ist, können wir jedoch bestimmen, da wir entscheiden können, woran wir Relevanz messen. Wesentlichkeit kann man nicht messen. Also, konzentrieren wir uns auf das Relevante.

Wie kommt die Welt in unseren Kopf?

Warum ist es überhaupt ein Problem, das Relevante wahrzunehmen? Dazu eine kurze Fachinhaltsdusche. Zuerst einmal müssen wir unterscheiden zwischen Empfindung und Wahrnehmung sowie Aufmerksamkeit und Bewusstsein. Zu Beginn ist die Welt um uns herum eine Empfindung. Sie ist ein Aufwärtsprozess, der mit den Sinnesrezeptoren und dem Nervensystem beginnt, die Reizenergien aus der Umwelt empfangen. Diese werden weitergeleitet und erst im Anschluss im Gehirn weiterverarbeitet. Empfindung ist aber nicht gleich Wahrnehmung. Denn während Erstere den Weg der Reize in unser Gehirn beschreibt, macht die Wahrnehmung aus den Reizen »Sinn«. Wahrnehmung ist eine Art Abwärtsprozess, der die Sinnesempfindungen organisiert und interpretiert. Dabei werden die Bedeutungen von Gegenständen und Ereignissen erkannt. Und dabei kommt wiederum die Aufmerksamkeit ins Spiel. Sie ist ein Wahrnehmungsfokus, bei dem sich Wahrnehmung mit einem reduzierten Wahrnehmungsbereich beschäftigt. Das geschieht, indem mentale Ressourcen auf eine begrenzte Anzahl von Bewusstseinsinhalten konzentriert werden. Manchen Reizen gelingt das automatisch, andere müssen wir gezielt auswählen. Dass selbst dieser Prozess seine Tücken hat, zeigt das nachfolgende Beispiel.

Achtung, Selbstversuch! Ihre Aufgabe: Suchen Sie im folgenden Bild die diagonal gestreifte Raute!

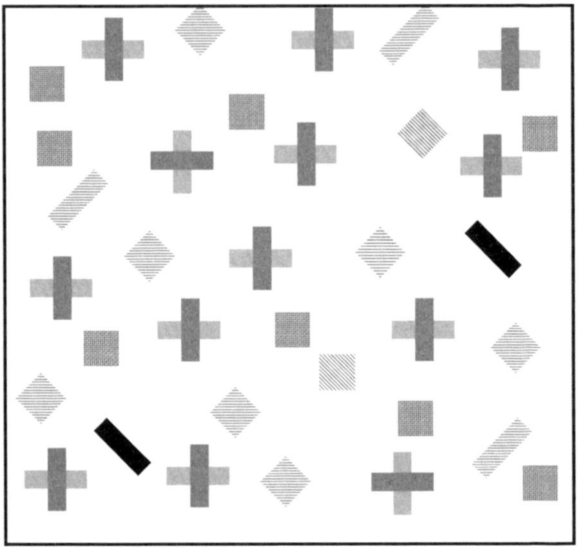

Sie werden bemerken, dass sich die gestreiften Objekte des Musters auf einmal in den Vordergrund schieben. Und schon haben Sie auch die diagonal gestreifte Raute im Blick. Sie merken, wie Ihr Gehirn jetzt immer wieder auf die Raute zurückkommt, es ist gar kein Problem. Sie merken sicherlich, dass Ihnen die Suche recht leichtfiel: Sie haben die diagonal gestreifte Raute sofort gefunden. Dabei haben Sie den Pop-out-Effekt erlebt. Ihre Aufmerksamkeit hat schnell die Wahrnehmung auf ein herausstechendes Objekt lenken können, weil es sich so deutlich von den anderen unterscheidet. Es gibt keine zweite diagonal gestreifte Raute. Nun kommt Stufe zwei: Finden Sie jetzt das Pluszeichen mit dem senkrechten hellgrauen Strich! Sie haben es gefunden? Sehr gut, da sind nun aber zwei! Und das zweite zu finden dauert immer etwas länger, nicht wahr?! Das liegt daran, dass eben zunächst alle Pluszeichen hervortreten. Um jetzt aber genau zu erkennen, was von den übrigen Informationen abweicht, müssen wir schon sehr genau hinschauen – und erst dann fallen uns zentrale Dinge fast wie von selbst ins Auge. Diesen

Fokus können wir verschieben. Wenn wir das tun, verändern sich die Art und der Inhalt unserer Wahrnehmung.

Damit wir uns erfolgreich anpassen können, müssen wir natürlich auch mitbekommen, *woran* wir uns eigentlich anpassen müssen. Dazu braucht es das, was wir *situative Aufmerksamkeit* nennen. Die umfasst das Erkennen von Mustern und das Rausfiltern relevanter Infos. Beispiel: Ikea macht Möbel. Branche klar. Nur nicht in Russland. Da hat Ikea etwas Kurioses festgestellt: Wann immer in einer Gegend ein Ikea aufmachte, stieg der Wert der Immobilien in der Nähe dramatisch. Also hat Ikea ein zweites Businessmodell mit hochgezogen: Möbel verkaufen und gleichzeitig diese Wertsteigerung der Immobilien durch das Entwickeln von Shopping-Malls einfangen. Inzwischen macht Ikea in Russland mehr Gewinn mit der Entwicklung und Leitung von Shopping-Malls als mit Regalen und Lacktischen.

Dieser Blick auf den Rand der Wahrnehmung des Alltäglichen gelingt mit einer kleinen Technik. Studien von Kollegen aus der Wahrnehmungspsychologie zeigen: Wenn wir die Augen defokussieren, wandert unser Geist an die Ränder unserer Wahrnehmung. So »ent-engen« wir unsere Wahrnehmung.

1. **Thema**: Welches Thema wollen Sie auf Veränderung prüfen?
2. **De-Fokus**: Defokussieren Sie Ihre Augen (wie beim Tagträumen).
3. **Fragen**: Ändert sich etwas? Was ändert sich? Was bedeutet das (für mich)?

Darüber hinaus ist zu fragen, wie wir alte Wahrnehmungsmuster hinter uns lassen können. Das betrifft vor allem die Muster, die wir uns in einem bestimmten Job angeeignet haben. Die heutige Arbeitswelt ist dynamisch und verändert sich schnell, begleitet von grundlegenden Veränderungen in der Art der Karrieren. Das bedeutet, dass wir unsere Muster aus dem alten Job oft nicht im neuen Job anwenden können. Wir müssen uns an die Anforderungen neuer Arbeitsrollen anpassen.

Dieser Übergang bedeutet aber eben auch, dass wir die alten Zöpfe abschneiden müssen. Das ist besonders dann vonnöten, wenn wir eine psychische Bindung an unsere vorherige Arbeitsrolle hatten. Diese Bindung kann uns dabei im Weg stehen, erfolgreich das Neue umzusetzen. Die Konstanzer Organisationspsychologin Cornelia Niessen et al. (2010) beobachteten, dass Mitarbeiterinnen und Mitarbeiter ihre neue Arbeitsrolle schneller erlernten und bessere Leistungen erbrachten, wenn sie in der Lage waren, sich von ihrer alten Arbeitsrolle und ihren Routinen zu lösen und sich auf die Anforderungen der neuen Aufgabe zu konzentrieren. Folglich ist es wahrscheinlich, dass sich Mitarbeiter besser an organisatorische Veränderungen anpassen, wenn sie offen für eine neue Wahrnehmung der Situation sind und sich auf die neue Arbeitssituation konzentrieren können, anstatt an der alten festzuhalten.

Wie geht das? Indem wir unsere psychische Bindung an die vorherige Arbeit lockern. Denn wenn wir das nicht tun, denken wir oft an den alten Job, die frühere Tätigkeit zurück, was uns wiederum davon ablenkt, in der neuen Rolle gut zu sein und mit den mit ihr einhergehenden Neuerungen zurechtzukommen. Wir hängen im Früher fest. Wie wir uns davon loslösen können, hat das Team rund um Cornelia Niessen (2010) untersucht. Um die Ergebnisse zu verstehen, müssen wir kurz den Begriff »loslösen« klären. Unter »Loslösung«, im Englischen »disengagement«, versteht die Psychologie das Auflösen der Verbundenheit in Gedanken und Gefühlen mit früheren Mustern und Gewohnheiten. Wir haben uns mit unserer Arbeit in einem gewissen Maße identifiziert. Wir haben die Ziele des Teams bzw. der Abteilung zu einem gewissen Maße zu unseren Zielen gemacht. Vielleicht haben wir sogar eine emotionale Bindung zum Team und zu den Zielen entwickelt, es war uns wichtig, dass es funktioniert. Im Gegenzug haben wir vielleicht Unterstützung bei Problemen erlebt, wir haben uns fair und gut behandelt gefühlt, wir konnten zeigen, dass wir kompetent sind. Das alles hat eine Bindung zwischen uns, unserem Job und den Menschen drumherum kreiert. Diese Bindung kann sich aus zwei Gründen negativ auf unseren AQ auswirken. Zum einen erinnern wir uns an die schönen Momente und fangen an, das Frühere mit dem Neuen zu vergleichen. Dieses Schwelgen in der Vergangenheit kann uns ganz schlicht Energie und Kraft nehmen. Beides bräuchten wir, um die neuen Abläufe, die neuen Kollegen und die neuen Gepflogenheiten kennenzulernen. Zum anderen hängen wir damit auch noch in den Werten und Zielen des alten Jobs. Mit Stolz denken wir an die Erfolge, das Gefühl, etwas Sinnvolles geleistet zu haben – und auch das steht dem Neuen im Weg. Nostalgie ist eine Lernbremse. Sie ist ein Aufmerksamkeitsmagnet. Deswegen lohnt es sich, die psychische Bindung zu suspendieren.

Doch wie gelingt dieses Loslassen des Früheren? Tatsächlich greifen hier u. a. die Methoden aus dem aktiven Ignorieren. Es geht darum, dass wir unsere Aufmerksamkeit gezielt von der vorherigen Arbeitsrolle lösen, das Denken an das frühere Verhalten einstellen. Es geht auch darum, dass wir uns darauf konzentrieren, was die neue Rolle von uns verlangt, und nicht beginnen, diese Anforderungen mit den früheren zu vergleichen. So überwinden wir durch die Neuausrichtung unserer Aufmerksamkeit das Denken in »Verlusten«. Wir fokussieren mehr auf die Chance des Neuen als auf die Trauer über das Vergangene. Wenn Menschen sich das vor Augen führen und gezielt notieren, was an Neuem auf sie wartet, ohne dieses Neue gleich zu bewerten, passiert das, was ich zuvor mit der Konzentration beschrieben habe. Die Herausforderung des Denkens führt zu mehr Konzentration auf das, worum es in Zukunft geht. Das beobachteten Steven P. Brown, Robert A. Westbrook und Goutam Challagalla (2005). Die so erreichte Hemmung nicht hilfreicher und auch für die neue Aufgabe ja irrelevanter Gedanken und Verhaltensweisen federt den negativen Effekt der Gefühle an früher ab. So gelingt es uns, unser Feststecken und den negativen Einfluss einer zu starken »Job-Nostalgie« ein wenig besser in den Griff zu bekommen und unsere Leistungsfähigkeit in unserer neuen Aufgabe zu stärken.

Bahnende Reize

Ungeachtet der individuellen Fähigkeit des Hirnbesitzers, Mehrdeutigkeit auszuhalten, mag das Hirn an sich den Mangel an Klarheit nicht besonders. Die Folge: Es nimmt sich ungefragt Umgebungsreize, um Klarheit zu schaffen. Das geschieht unbewusst. Es nennt sich Priming. Priming wird seit 1951 untersucht. Es ist ein kurioses Phänomen unseres Gedächtnisses. Der Psychologe Karl Lashley (1951) hat es untersucht. Ihm fiel auf, dass der Anfang eines Satzes dazu führte, dass die Zuhörer bestimmte Fortsetzungen dieses Satzes voraktiviert hatten – sozusagen für wahrscheinlich hielten.

Beispiel: »Boris Becker schlug John McEnroe ...« In Ihrem Kopf ist jetzt wahrscheinlich »beim Tennis« voraktiviert. Ganz und gar nicht voraktiviert ist wahrscheinlich »einen Frauentausch vor«. Der Anfang des Satzes hat eine hohe Wahrscheinlichkeit für die erste Option erzeugt. Beim »Priming« wird ein Zielreiz (Target) – das Ende des Satzes – durch den Bahnungsreiz (Prime) – den Anfang des Satzes – beeinflusst. Priming ist also ein Gedächtnisphänomen auf Basis des nicht bewussten Einflusses unserer Wahrnehmung. Chris Loersch und B. Keith Payne (2011) gaben dazu die Gebrauchsanweisung für den Alltag:

1. Der Anfangsstimulus macht mit ihm assoziierte Informationen zugänglicher.

2. Diese Informationen beeinflussen unsere Beurteilungen oder unser Verhalten. Sie führen dazu, dass wir glauben, unsere Reaktion würde von einem ganz anderen Objekt ausgelöst.

3. Wenn diese Falschzuordnung passiert ist und der mentale Inhalt, der gerade zugänglich wurde, falsch einem anderem Ziel zugeordnet wurde, fungiert dieses dann als Informationsquelle für die Beurteilung dieses Objekts und das Entscheidungsverhalten.

Ein Beispiel: Wir zwei gehen tagsüber eine Straße entlang. Niemand sonst ist unterwegs. Dann taucht jemand in der Ferne auf. Das startet in unserem Kopf einen Assoziationsprozess. Wir versuchen diese Person einzuschätzen. Wir schätzen ab, wie sie sich wohl verhalten wird. Wie diese Abschätzung verläuft, hängt davon ab, was wir direkt zuvor gemacht, erlebt oder wahrgenommen haben. Kommen wir aus dem Kino und haben »Kettensägenmassaker in der Kleinstadt« gesehen oder sind wir auf dem Weg an einem Schaufenster mit Jagdwaffen vorbeigelaufen, werden wir durch Aggression und Feindlichkeit geprimt sein. Haben wir gerade einen Lottogewinn, die frische Liebelei oder eine Lohnerhöhung hinter uns, wird unsere Einschätzung ganz anders sein. Wenn nun einer den anderen fragt: »Und, was denkst du?«, wird im ersten Fall rauskommen: »Obacht, schau mal, wie der sich hält, das hat etwas Unheimliches. Lass uns mal lieber abhauen.« Im zweiten Fall hingegen: »Ach, guck mal, wie der sich hält, der hat sich bestimmt verlaufen. Lass uns mal Hilfe anbieten.«

1. Umgebungsreize (Primes) machen in Bezug stehende Informationen bevorzugt abrufbar. Dies ist ein automatischer Gedächtnisprozess.

2. Weil wir diese hochabrufbaren Informationen nutzen, um nachfolgende Wahrnehmungsobjekte zu erkennen, kann da etwas gänzlich anderes bei herauskommen.

3. Die Fehlerhaftigkeit dieses Gedächtnisprozesses liegt auf der Hand. Denn schließlich verändert die schiere Vielzahl unserer Umgebungsreize permanent das, was durch diese Reize hochabrufbar wird. Daher ist es für den Verstand sehr schwer, diese Ursache-Wirkungs-Mechanismen nachzuverfolgen. Das gilt für kurzzeitiges Assoziations-Priming, Gedächtnisillusionen, Gefühlsbildung, sexuelle Anziehung, Einstellungsbildung, sogar den freien Willen.

4. Das Fatale ist, dass wir diese falsch attribuierte Information als Basis für unsere Entscheidung nehmen. Denn diese durch das Priming abgerufene Information treibt einen Inferenzprozess voran, in dem sie selbst als Beweis für die Urteilsfällung genutzt wird. Wir verstehen die Welt immer nur durch das, was wir bereits im Kopf haben. Anders geht es nicht. Und Priming aktiviert eben ganz bestimmte Teile dieses Weltwissens, die aber nicht von der späteren Situation ausgehen, sondern eben von der vorhergehenden.

5. Der Primingeffekt tritt unabhängig davon auf, ob die Personen im Versuch den Stimulus bemerken oder nicht. Der Stimulus kann un-

bewusst gesetzt werden – das nennt man automatisches Priming – oder sehr bewusst – das nennt man bewusstes Priming.

Priming wirkt auf unsere Leistungsbereitschaft beim Erreichen von Zielen. John Bargh et al. (2001) ließen Menschen Wörter in einem Buchstabensalat finden. Der Gruppe A hatten die Forscher Wörter wie »gewinnen«, »Erfolg« oder »Sieg« untergejubelt, Gruppe B neutrale Wörter. In Runde zwei ging es dann darum, verschiedene Aufgaben zu meistern. Ergebnis: Die Menschen aus Team A blieben länger dran und zeigten die besseren Leistungen; zudem nahmen sie nach Fehlversuchen häufiger die Aufgaben erneut in Angriff. Das war so abgefahren, dass es der Schweizer Kollege Stefan Engeser (2009) erneut testete und erneut belegte.

2. Psychologische Distanz: Nah dran und ganz weit weg

Wir sind keine naiven Realisten. Wir wissen inzwischen, dass wir unsere Umwelt nicht eins zu eins wahrnehmen. Jede Wahrnehmung wird in kleine Einzelaspekte zerlegt, die in unterschiedlichsten Hirnbereichen verarbeitet und abgespeichert werden. Und jede dieser Erinnerungen wird wieder zusammengesetzt, wenn wir etwas ihnen Ähnelndes wahrnehmen. Unsere Erinnerung dient dann der schnellen Interpretation der aktuellen Wahrnehmung. Wenn nun das Aktuelle auch im wahrsten Sinn des Wortes neu, also unbekannt und anders, ist, dann müssen wir dementsprechend auch eine Anpassung vornehmen. Sonst laufen wir Gefahr, in alternativen Fakten zu denken; und wir alle haben zwischen 2016 und 2020 miterlebt, wohin das führt. Damit wir uns also nicht selbst übertrumpen, müssen wir uns immer wieder bewusst machen und werden, dass sich die Situation um uns herum verändert. Darum ist der AQ in stabilen Umfeldern auch nicht so entscheidend wie in instabilen. Aber wenn es denn mal wackelt, dynamisch, agil und instabil wird, dann müssen wir das eben auch wirklich mitbekommen und bestimmen können, was neu ist und was gelernt werden muss. Damit uns das gelingt, benötigen wir eine besondere Form von Distanz, die sog. »psychologische Distanz«.

Die Idee der psychologischen Distanz gibt es schon seit einigen Jahren. Im Kern geht es dabei um zwei Dinge: um uns als Person und um unsere Umgebung, zum Beispiel um Abstände zwischen uns und anderen Menschen (soziale Distanz), der Gegenwart und der Zukunft (zeitliche Distanz), unserem physischen Standort und weit entfernten Orten (räumliche Distanz) oder der Vorstellung von etwas und dem Erleben von etwas (erfahrungsbezogene Distanz). Einfach gesagt fällt alles, was wir nicht als jetzt, hier und für uns selbst erlebend wahrnehmen, in die Kategorie »psychologisch distanziert«.

Das Teleobjektiv im Kopf

Die psychologische Distanz beeinflusst die Art und Weise, wie wir Dinge mental repräsentieren. Entfernte Dinge werden relativ abstrakt dargestellt, während psychologisch nahe Dinge konkreter erscheinen. Ein Beispiel: Stellen Sie sich vor, Sie sehen die Erde vom Mond aus. Das Ziel ist es, dieses Gefühl der Losgelöstheit zu haben, weit entfernt zu sein. Wenn Ihnen das nicht weit genug weg ist, haben Sie noch ein paar Planeten zur Auswahl. Aber vom Mond aus kann man die Erde noch ganz gut sehen. Diese doch recht große psychologische Distanz zu Ihrem Wohnort, Ihrem Homeoffice, Ihrer Firma versetzt Sie in einen abstrakten oder psychologisch entfernten Geisteszustand, der alle möglichen Auswirkungen auf Ihre Wahrnehmung der Welt hat. Er wirkt auf Ihre Einschätzung darüber, wie schwierig Dinge sind, oder auch darüber, wie Sie sich selbst sehen.

1. **Anspruchsvolle Aufgaben erscheinen leichter**
   Thomas Manoj von der Cornell University und Claire Tsai von der University of Toronto (2012) konnten beobachten, dass die psychologische Distanz direkt auf unser Gefühl einwirkt, wie schwierig eine Aufgabe sein wird. Kurios ist, wie das Forscherduo diese Distanz herstellte: indem sich die Teilnehmer in ihrem Sitz zurücklehnten.

2. **Reflexion gelingt spontaner**
   »Selbstdistanzierung« ist für viele ein ungewohntes Wort. Gerade in einer Zeit, in der wir solchen Veränderungsstrudeln ausgesetzt sind und das Gefühl haben, immer mittendrin zu stecken, ist sie ein sehr hilfreiches Tool. Die US-Psychologen Özlem Ayduk und Ethan Kross veröffentlichten 2010 die Ergebnisse ihrer Studien dazu. Sie beobachteten, dass die Menschen, die spontan Selbstdistanz herstellten, besser im Lösen von Problemen wurden und positiver in Konfliktgespräche einstiegen.

3. **Es werden schneller ungewöhnliche Ideen entwickelt**
   Distanz sorgt für mehr Ideen. Das belegen Lile Jia, Edward R. Hirt und Samuel C. Karpen von der Indiana University in ihrer Studie von 2009. Sie konnten zeigen, dass Teilnehmer kreativere Antworten geben und bessere Leistungen bei einer Problemlösungsaufgabe erbringen, die kreative Einsicht erfordert (Studie 2), wenn die kreative Aufgabe als von einem weit entfernten Ort ausgehend dargestellt wird. Die Teilnehmer wurden nach dem Zufallsprinzip entweder in die »In-einem-weit-entfernten-Land«-Gruppe oder in die »Nebenan«-Gruppe sortiert. Die Gruppe mit der räumlich entfernten Bedingung wurde gebeten, eine Sprachfähigkeitsaufgabe zu lösen. Dabei geht es etwa darum, so viele Beispiele der Kategorie »Verkehrsmittel« aufzulisten, wie einem einfallen. Mit dieser Aufgabe kam ein kleiner Zusatz. Die »In-einem-weit-entfernten-Land«-Gruppe bekam gesagt, dass die Aufgabe von Studenten der Indiana University (IU) entwickelt wurde, die in einem Auslandsstudium in Griechenland eingeschrieben waren. Die Teilnehmer mit der räumlich nahen Bedingung lasen eine identische Titelgeschichte, bekamen aber gesagt, dass die Aufgabe von IU-Studenten entwickelt wurde, die derzeit in einem Vor-Ort-Programm eingeschrieben sind. Die »Griechen-Gruppe« erzeugte dabei sowohl mehr als auch stark unterschiedliche und originellere Beispiele. Außerdem zeigten die Teilnehmer eine größere kognitive Flexibilität. Ein vergleichbares Resultat ergab sich für das Lösen von Einsichtsaufgaben wie der folgenden: »Ein Gefangener versuchte, aus einem Turm zu fliehen.

Er fand in seiner Zelle ein Seil, das halb so lang war, dass er den Boden sicher erreichen konnte. Er teilte das Seil in zwei Hälften, band die beiden Teile zusammen und floh. Wie konnte er das tun?«[4] Die Teilnehmer wurden hier wieder in zwei »Ortsgruppen« geteilt, und erneut schnitt die Gruppe, der mehr Distanz suggeriert wurde, deutlich besser ab. Wenn das so gut ist, wie geht das dann?

CIA, KGB und Sie

Vor der Lösung kommt eine Frage: Gehören Sie auch zu denen, die besonders gut darin sind, die Probleme anderer Leute zu lösen? Ja, das erscheint immer so einfach, die Lösung liegt oft fast auf der Hand, aber der oder die Betroffene sieht den Wald vor lauter Bäumen nicht. Der wissenschaftliche Grund, warum das so gut klappt, ist, Sie ahnen es, die psychologische Distanz, die Sie automatisch zum Problem der anderen haben. Hier kommt die Technik, die es Ihnen erlaubt, genauso eine Distanz zu Ihren Problemen zu haben. Generell können Sie dabei alles verändern, was Distanz erzeugt:

1. Zeit: In der Zukunft hat man das Problem gelöst. Was haben die Menschen anders gemacht? – Wenn ein Außerirdischer sein glänzendes Ufo in Ihrem Garten landen würde, welchen Rat würde er Ihnen geben?

2. Raum: In den USA haben die Menschen das Problem gelöst. Was tun sie da? Wie würden Sie dieses Problem lösen, wenn es einen Dorfbewohner in einem Land auf der anderen Seite der Welt (in einem kleinen Dorf in Sibirien oder in einer Kleinstadt in Brasilien) plagen würde?

---

4 Lösung: Er entwirrte das Seil der Länge nach und band die verbleibenden Stränge zusammen.

3. Firma: Ein Mitbewerber hat das Problem bereits gelöst. Wie sind die vorgegangen?

4. Branche: In einer anderen Branche wurde das Problem schon gelöst. Wie haben die es gemacht?

Es wird gesagt, dass sogar die CIA psychologische Distanz nutzte, um knifflige Probleme zu lösen. CIA-Mitarbeitern wurde gesagt: »Der KGB hat dieses Problem bereits gelöst. Jetzt müssen wir es auch lösen.« Im Glauben, dass Agenten in einem fernen Land das Problem bereits gelöst hatten, waren die Teilnehmer eher bereit, kreative Lösungen zu finden.

Wenn Sie also das nächste Mal mit einem unlösbaren Problem konfrontiert sind, fragen Sie sich selbst: Welche Lösungen fallen mir ein, wenn ich mir vorstelle, dass sich mein Problem in einem weit entfernten Land abspielt? Was ist, wenn es in der Zukunft stattfindet? Oder in der Vergangenheit?

Das Distanzkonzept im Team nutzen

Die Team-Taktik dazu habe ich gemeinsam mit Andreas Steinle von der Zukunftsinstitut-Workshop GmbH für den Curiosity Council des Unternehmens Merck herausgearbeitet. Sie funktioniert folgendermaßen: Eine Person richtet ein Problem oder eine Herausforderung an zwei andere Personen. Diese beiden Personen sollten in der Lage sein, zu verstehen, worüber der Problemgeber spricht, aber sie sollten genug Abstand haben, um eine Außenperspektive einzunehmen.

Die Person, die ihr Problem mitteilt, sollte dies mündlich tun, und es sollte nicht länger als zwei Minuten dauern. Dann wendet sich die Person, die das Problem angesprochen hat, ab, sodass sie den Feedbackgeber nicht mehr sehen kann. Wenn Sie diese Taktik in einer Videokonferenz anwenden, schalten Sie die Kamera aus – und drehen Sie Ihren Bürostuhl um, wenn Sie können. Es funktioniert also sowohl für digitale Set-ups als auch für Meetings vor Ort perfekt.

Der nächste Schritt ist, dass die beiden anderen Personen über das

Problem oder die Herausforderung nachdenken. Sie starten ein zehnminütiges Gespräch, das so geführt wird, als wäre die dritte Person nicht im selben Raum. Der Problemgeber darf nicht eingreifen, kommentieren oder Fragen stellen. Er muss nur zuhören. Die anderen beiden Personen müssen nur laut nachdenken und den Austausch genießen. Zur Strukturierung ihres Gesprächs können sie die drei folgenden Fragen verwenden:

1. Was kommt uns in den Sinn, nachdem wir das Problem bzw. die Herausforderung gehört haben?

2. Warum würden wir dieses Problem oder diese Herausforderung gerne haben?

3. Was sind kreative Lösungen für dieses Problem oder diese Herausforderung?

Am Anfang machen sich die Feedbackgeber also mit dem Problem vertraut. Dann betrachten sie es aus einer anderen, nämlich einer positiven Perspektive. Am Ende nutzen sie ihre Außenperspektive bzw. ihre spezifischen mentalen Modelle, um kreative Lösungen zu finden.

Dieses Vorgehen kostet uns nur zehn Minuten, um verschiedene Perspektiven zu erhalten. Außerdem vermeiden wir, indem wir ein Problem an Menschen adressieren, die nicht aus unserem inneren Freundes- oder Kollegenkreis stammen, den sog. »closeness-communication bias«. Die Forschung zeigt, dass es einen erhöhten Egozentrismus unter Freunden gegenüber Fremden gibt. Sobald man Menschen gut genug kennt, um sich ihnen nahe zu fühlen, gibt es eine unbewusste Tendenz, sie auszublenden, weil man denkt, man wisse bereits, was sie sagen werden. Einige kennen dieses Phänomen vielleicht aus realen Erfahrungen in ihrer Partnerschaft. Sie nehmen die unterschiedlichen Perspektiven ihres Partners nicht mehr wahr. Es ist ein bisschen so, wie wenn man eine bestimmte Strecke schon mehrmals gefahren ist und die Wegweiser und die Landschaft nicht mehr wahrnimmt. Um einen anderen Menschen richtig zu verstehen, muss man oft ein zweites Mal nachdenken. »Moment mal, ist das wirklich das, was diese Person gemeint hat?«

Der nächste entscheidende Vorteil ist, dass Entscheidungen für andere kreativer sind als Entscheidungen für sich selbst. In einer Studie wurden die Teilnehmer gebeten, ein Alien für eine Geschichte zu zeichnen, die sie selbst schreiben würden, oder alternativ für eine Geschichte, die jemand anderes schreiben würde. Das Zeichnen eines Aliens für jemand anderen ergab ein viel kreativeres Alien.

Das letzte entscheidende Element unserer Taktik ist, dass der Problemgeber und die Feedbackgeber sich nicht sehen. Sie konzentrieren sich nur auf die Stimme. Was wie ein nebensächlicher Aspekt erscheint, macht einen großen Unterschied. Sie werden es selbst erleben, wenn Sie der Problemgeber sind und die Ideen der anderen Personen nur über die Stimme empfangen. Es ist sehr intensiv und überraschend, weil Sie sich als Problemgeber nur auf die Stimmen konzentrieren. So nehmen Sie Zwischentöne wahr, greifen Details auf und verbinden die Gedanken der Feedbackgeber mit Ihren eigenen.

3. Mentale Flexibilität: Mehrspurig denken

Astro Teller kam 2019 in seiner Funktion als Chef von X, der Innovationsschmiede von Alphabet, mit einem eigentümlichen Vorschlag um die Ecke. Er stellte sich vor seine Mannschaft, die an sog. Plant Buggies arbeitete, und sagte: »Was wäre, wenn wir kleine Lautsprecher an die Buggies machen und den Pflanzen Motivationsvorträge vorspielen?« Sein Team muss ihn angeschaut haben, als hätte er zu viel von einer ganz bestimmten Pflanzenart inhaliert. Aber es ging Teller gar nicht darum, die Pflanzen zu motivieren, sondern sein Team, nämlich dazu, mehr Zeit damit zu verbringen, verrückte Ideen wie diese genauer zu betrachten. Er wollte, dass seine Mitarbeiter ihre eigenen Oberstübchen neu möblieren. Denn die Innovationsanforderungen des 21. Jahrhunderts sind selbst für Alphabet mitunter Neuland. Ideen, die erst in fünf Jahren Realität werden, müssen jetzt angegangen werden und nicht in vier oder fünf Jahren. Wie lädt man Menschen dazu ein, Lust an der

Renovierung des eigenen Oberstübchens zu bekommen? Stellen Sie sich dazu vor, Sie hätten einen Bleistift und einen Pfeifenreiniger. Das sind die zwei Arten zu denken: Wiederfinden des einstmals Stabilen, dafür steht der Bleistift. Und fürs Neuerfinden der flexible Pfeifenreiniger. Dann stellen Sie sich vor, Sie hätten ein Labyrinth. Das ist die unüberschaubare zukünftige Entwicklung. Mit welchem Tool kommen Sie weiter? Ein Bleistift ist stabil, aber er lässt sich nicht so verbiegen und durch ein Labyrinth bewegen wie ein Pfeifenreiniger. Den Pfeifenreiniger im Kopf zu entwickeln und einzusetzen, das ist Umdenken.

Hand aufs Herz, wann haben Sie das letzte Mal Ihr eigenes Denken infrage gestellt? Sich selbst bei dem Gedanken erwischt: »Heute gehe ich mal von der Prämisse aus, dass das Gegenteil meiner Überzeugungen wahr ist«? Passiert nicht unbedingt täglich, oder? Doch genau darauf bezieht sich mentale Flexibilität. Sie ist unsere Fähigkeit, neue Ideen und Lösungen in Betracht zu ziehen, die Wahrnehmung von Situationen und Modellen zu verändern und über etwas anders zu denken als zuvor. Einfach gesagt: anders denken und handeln zu können, wenn unsere Umwelt sich ändert.

Dina Dajani (2015) von der Uni von Miami zeigte: Mitarbeiter, die flexibel denken können, passen sich besser an veränderte oder neue Anforderungen und Situationen an, sehen mehr Handlungsalternativen und finden schneller funktionierende Lösungen für scheinbar unlösbare Probleme.

Hüpfen hilft

So, nun stellt sich die Frage, wie wir unsere Flexibilität erhöhen können, bei uns wie bei anderen. Der Kognitionswissenschaftler Manuel Garcia-Garcia et al. (2010) konnten beobachten: Flexibilität braucht Dopamin. Ein mentales Flexibilitätstraining sollte also irgendwie Freude bereiten und Belohnung versprechen. Was kann man tun? Sie müssen jetzt sehr stark sein, wenn Sie diese erste wissenschaftlich belegte Lösung zur Erhöhung der mentalen Flexibilität lesen: Hüpfen hilft. Es hat lange genug gedauert, bis der Mediziner Steven Masley et al. (2009) diese Entdeckung publizieren konnten. Knapp die Hälfte der 91 gesunden Männer und Frauen mussten dafür über zehn Wochen an fünf bis sechs Tagen pro Woche jeweils 30 bis 45 Minuten aerobe Übungen absolvieren, die sie ganz schön auf Trab hielten. Die andere Hälfte der Teilnehmer sollte lediglich ihr derzeitiges Aktivitätsniveau über den genannten Zeitraum beibehalten. Was passierte? In den Aufgaben rund um die mentale Flexibilität wurden die Aerobic-Teilnehmer um knapp 12 % besser. Bei denjenigen Teilnehmern, die tatsächlich fünf- bis sechsmal die Woche trainierten, stieg sie sogar um 25 %. Mit dieser Technik könnten Führungskräfte die mentale Anpassungsfähigkeit trainieren und sich gleichzeitig betriebliches Gesundheitsmanagement auf ihre Fahnen schreiben.

Was aber, wenn dies nicht auf so viel Gegenliebe beim Team oder der Mitarbeiterschaft stößt? Was lässt sich alternativ anstellen? Doch übertreiben Sie es nicht mit dem Umdenk-Imperativ. Das stresst, und Stress beeinflusst unsere kognitive Flexibilität. In ihrer Studie haben Grant Shields et al. (2016) gesunde Erwachsene einer akuten Stressinduktion zugewiesen und anschließend die kognitive Flexibilität der Teilnehmer untersucht: Sie fanden heraus, dass die Beeinträchtigung der mentalen Flexibilität durch Stress bei Männern stärker durchschlägt als bei Frauen. Natürlich lechzen Sie jetzt nach einer Begründung. In ihrer Argumentation sprechen sich der Psychologe Grant Shields et al. (2016) für Unterschiede in der noradrenergen Aktivität aus. Diese ist notwendig, um Stresswirkungen auf die kognitive Flexibilität zu erzeugen. Ebenso existieren Geschlechtsunterschiede in der dopaminergen Aktivität. Die wiederum ist wichtig für unsere Denkfähigkeit im Allgemeinen. Unterm Strich scheint es tatsächlich so zu sein, dass Frauen beim Umdenken stressresistenter sind als Männer.

Alltagszuversicht

»If not, then what?«, fragte der Sozialmarketeer Les Robinson (2012). Wenn nicht das, was dann? Was klingt wie ein Kölner Karnevalskracher, ist in Wirklichkeit eine der effektivsten Möglichkeiten, Waypower zu entwickeln. Sie greift genau das auf, was Shane Lopez, einer der prominentesten Erforscher der Zuversicht, in seiner Zeit beim Clifton

Strength Institute vermittelte. Er propagierte Zuversicht als ein Denk-Mindset. Auch im Alltag gilt: Je mehr Zuversicht wir haben, umso eher sind wir aktiv, zielfokussiert und erfolgszugewandt. Genau das unterscheidet die Zuversicht auch so deutlich vom Optimismus. Optimismus ist der Glaube, dass Gutes passieren wird, ignoriert jedoch den eigenen Einfluss auf die Situation.

»If not, then what?« ist eine Technik, die Zuversicht erzeugt. Sie fördert ein systematisches Um-die-Ecke-Denken. Damit lässt sich schrittweise das bestehende Denkmodell dehnen. Und zwar in Richtungen, die zuvor nicht existiert haben. Ein Beispiel: Denken Sie an ein Museum. Unser bestehendes Denkmodell dazu ist: »Ein Museum ist ein Gebäude, das Ausstellungen von Objekten bereithält, die von einem Kurator ausgewählt und beschrieben werden, damit die Leute sie anschauen, um davon zu lernen.« Was aber wäre, wenn ein Museum ...

... kein Gebäude wäre (dann was?),
... keine Ausstellungen hätte (dann was?),
... nicht auf Objekte fokussiert wäre (dann was?),
... keine Kuratoren hätte (dann was?),
... nicht besucht werden müsste (dann was?),
... den Menschen keine Fakten beibringen würde (dann was?)?

Das Prinzip ist also immer identisch: Wenn nicht [Merkmal des alten Denkmodells], was dann? Diese Fragestellung können Sie auf alle Aspekte einer bestehenden Lösung, eines bestehenden Denkmodells anwenden. Was ist das typische bestehende Denkmodell rund um Ihr aktuelles Thema, Problem, lösungsloses Dilemma?

Und nun fragen Sie sich für die einzelnen Schritte: »Wenn nicht das, was dann?« Und dann fragen Sie sich nur noch: »Was wollen wir davon ausprobieren?«

#7_Mehr Emotions-AQ

> No amount of regretting can change the past, and no amount of worrying can change the future. – Roy T. Bennett

Tatsächlich zeigen Studien, dass Menschen mit einer positiven Grundstimmung sich besser an neue Situationen anpassen und sich schneller von negativen Emotionen erholen können. Gut drauf zu bleiben ungeachtet aller Ungewissheit ist also zentraler Bestandteil des AQs. Dabei zählt nicht nur die gute Laune, auch die Stehaufmännchen-Kompetenz nach negativen emotionalen Erlebnissen ist entscheidend.

4. Anspannungsmanagement: Individuelle Qualitäten wiederfinden

Die Brandenburger Seenplatte. Herrlich! Dachte ich auf der Hinfahrt zur Auftrittslocation. Dann, kurz nach meinem Impuls, hätte ich mich gerne in alle Seen gleichzeitig hineingestürzt – die Bühne hatte keinen Boden, in dem ich hätte versinken können. Wie konnte das passieren? Eingeladen zur Veranstaltung in einem pittoresk angelegten Golfresort war ich von der Geschäftsführerin des Unternehmens. Sie hatte mich auf einer früheren Veranstaltung gesehen und sich einen unterhaltsamen Impuls zum Thema »Führen mit Köpfchen« gewünscht. Und ich war voller Vorfreude. Tolles Thema, tolles Wetter, tolle Location. Dann baute ich auf – die Teilnehmer waren wohl zum Golfspielen aufgebrochen. Als ich zwanzig Minuten später nach wie vor keine Menschenseele erblicken konnte, wurde ich ein wenig hampelig. Keiner war erreichbar, und irgendwie interessierte es auch niemanden, dass ich, der Gastredner, in einem leeren Sitzungssaal wartete. Die rote Seite meiner Waage füllte sich: »Die haben gar kein Interesse an meinen Gedanken!«, »Ich bin wahrscheinlich einfach nicht so wichtig wie ein Golfspiel«, »Das wird sowieso nichts; vielleicht sollte ich einfach wieder fahren«.

Nach einer halben Stunde dann trudelten alle ein, die Teilnehmer, die Gastgeber und auch meine Auftraggeberin. Der Impuls nahm seinen Lauf und die apart in U-Form drapierten Workshopper hörten zu, schmunzelten, reagierten jedoch etwas verhaltener als üblich. Fertig, Applaus. Dann wendete sich der Hauptgeschäftsführer an mich: »Ja, Herr Naughton, das war ja ... Na, wie würden Sie denn selbst Ihre Performance so einschätzen?« Vom kompetenten Gastredner wurde ich gerade zum Assessmentcenter-Durchfaller degradiert – zumindest in meinen Augen. Alles erlebt man irgendwann einmal zum ersten Mal, einiges aber muss man auch einfach gar nicht erleben; so wie das, was danach passierte. »Nehmen Sie doch mal Platz. Lassen Sie uns da mal drüber reden.« Meine rote Waagschale hatte noch ein wenig Platz und der füllte sich rasend schnell: War ich denn so schlecht? Wird das hier ein Verhör? Warum will der Mensch mich denn so vorführen? Es fühlte sich an, als wenn man in Zeitlupe von einem Rottweiler aufgekaut würde. Vor allem kommen solche »Rottweiler-Momente« durchaus auch so überraschend, wie der Hund um die Ecke schießt. Während solcher Kampfhund-Momente zu sich selbst zu sagen: »Im Kern ist jede Situation wie eine Waage«, das kann getrost als mentale Herausforderung bezeichnet werden. Doch sie gelang mir. Ich fokussierte auf die grüne Seite der Waage. Dort sollten wir alle in solchen Situationen sammeln, was uns wichtig ist. Wieso wir überhaupt arbeiten, genau diesen Job machen, was unser Antrieb oder unsere Motivation ist. Am besten wäre, wenn wir das vorher schon gesammelt hätten, dann bräuchten wir es in einem solchen Moment »nur« abzurufen.

Die grüne Seite der Waage

Im beruflichen Alltag füllen wir schnell die rote Seite und vergessen die grüne. Die kann man aber gut stärken. Wir machen das mit den sog.

Principles-of-Life-Karten. Diese helfen Menschen, sich der »Qualitäten« bewusst zu werden, die sie in ihrem Leben ausdrücken wollen. Solche Qualitäten sind unsere psychologischen Gründe dafür, warum wir etwas tun, und dafür, warum wir es gerade so tun und nicht anders.

Der gesamte Kartensatz besteht aus mehr als 50 Vorschlägen. Darunter finden sich Qualitäten wie »Beharrlichkeit – trotz Problemen oder Schwierigkeiten resolut weitermachen«, »Herausforderung – mich herausfordern, mich zu verbessern, zu lernen und zu wachsen«, »Selbst-Bewusstheit – mir meiner eigenen Gedanken, Gefühle & Handlungen bewusst sein«, »Verantwortung – rechenschaftspflichtig und verantwortlich für meine Handlungen sein«, »Geduld – geduldig auf das warten, was ich haben will«. Sich dessen bewusst zu werden, welche Qualitäten uns wichtig sind, re-energetisiert unser Gefühl dafür, wieso wir etwas tun. Das hilft uns, »auf der Spur« zu bleiben. In jedem Lebensbereich.

Verteilen Sie Ihre Qualitäten-Karten auf drei Stapel: 1. »Nicht sehr wichtig für mich«, 2. »Weniger wichtig für mich« und 3. »Von höchster Wichtigkeit für mich«. Aus dem Stapel mit der höchsten Wichtigkeit können Sie dann die Top 5 auswählen. Sie können die auch mit dem Handy abfotografieren, dann haben Sie die immer griffbereit, wenn Sie sie brauchen. Mit denen können Sie im Weiteren arbeiten. Denn wir gehen einen Schritt weiter. Zwei Dinge lade ich Sie ein zu tun: Entweder Sie nutzen die Top 5 nun, um für sich ein »Qualitäten-Statement« zu schreiben. Das sind ein oder zwei Sätze dazu, welche Art Mensch Sie im Job, im Privaten, als Partner oder Partnerin etc. sein wollen, was Ihnen wichtig ist, wieso Sie die Dinge tun, die Sie tun wollen. Oder Sie machen es wie folgt: Sie verfassen einen kurzen Text unter folgenden Leitgedanken: Stellen Sie sich vor, ein Kollege oder Teammitglied wird im Rahmen des *heute-journals* interviewt. Er soll darüber erzählen, wie Sie mit dem Team arbeiten. Was würden Sie ihn am liebsten sagen hören? – Mit den Qualitäten so umzugehen bringt Kohärenz. Sie können sogar in einem Moment, in dem Ihnen so ein feiner Mensch wie der Hauptgeschäftsführer die rhetorische Pistole auf die Brust setzt, diesem entgegnen: »Ja, ich habe genau das gemacht, was ich vorhatte. Und ich habe es so gemacht, weil es mir wichtig ist, XYZ [passendes Adjektiv zur jeweiligen Qualität] zu sein.«

Qualitäten vs. Unternehmenswerte

Warum wirkt die Arbeit mit den Principles-of-Life-Karten so viel mehr als das übliche Umgehen mit »Werten« in Unternehmen? Viele Organisationen haben diese »Wert-Arbeit« schon eine Zeit lang in ihrem Portfolio. Aber es scheint nicht zu funktionieren. Aus psychologischer Sicht scheint der Grund klar. Die Werte in einer Organisation sind selten frei gewählt; sie werden in der Regel von oben nach unten kaskadiert. Die Organisation muss sie den Mitarbeiterinnen und Mitarbeitern verkaufen. Die Folge: Die Werte fühlen sich auferlegt und wenig authentisch an. Das führt zu Spott und Zynismus. Es fehlen Vitalität und Engagement. Daher sind diese Werte meistens unwirksam, haben keine wirkliche Zugkraft. Und wenn es hart auf hart kommt, folgt ihnen keiner. Sie müssen dann Regeln schaffen, damit die Werte eingehalten werden. Das kann allerdings schnell eskalieren. Und genau da wirken diese Qualitäten umso stärker. Sie sind sogar nicht nur für ein Individuum wirksam, sondern auch für ein ganzes Team. Denn auch ein Team kann sich auf die Top-5-Principles einigen, die es in seiner Teamarbeit zum Ausdruck bringen will.

Qualitäten und Ziele

Diese Qualitäten sind Leitprinzipien, die die generelle Richtung angeben. So etwas wie ein Kompass. Nun stellt sich die Frage, welche Ziele sich daraus ableiten. Was wollen Sie in der gewählten Situation erreichen? Was wollen Sie weniger machen? Was wollen Sie mehr machen? Welche Ziele ergeben sich aus den Qualitäten, aus Ihrem persönlichen Wieso? Das Muster sähe dann so aus:

»Ich bin XYZ, und daher will ich in dieser Situation XYZ erreichen.«

»Ich bin XYZ, und daher ist mein Ziel in dieser Situation XYZ.«

Diese Qualitäten selbst sind superanpassungsfähig – wie könnte es auch anders sein in einem Buch, das sich um Anpassungsfähigkeit dreht. Sie können diese Qualitäten nämlich einfach in die Ihnen garantiert bekannte SMART-Methode integrieren. S steht nach wie vor für »spezifisch«. M steht hier für »Mir wichtig«, also dafür, wie es auf die

Qualität einzahlt. A steht für »adaptiv«. Also führt es dazu, dass Sie die Qualität leben. R steht auch hier für »realistisch« und T für »time« bzw. »Zeitfenster«.

Jetzt ist die letzte Frage natürlich, auf welchem Weg Sie ein solches Ziel erreichen. Die Frage dahinter ist: Was will ich tun, um das Ziel XYZ zu erreichen? Schreiben Sie so viele einfache »qualitätsrelevante« Handlungen auf wie möglich. Dann wählen Sie vier davon aus, mit denen Sie in Ihrem Arbeitsalltag direkt beginnen können. Wenn es um die Handlungen geht, seien Sie so genau wie möglich: Was werden Sie tun? Wo wird diese Handlung stattfinden? Wann planen Sie es zu tun? Wer ist noch involviert?

Grün und nachhaltig

Es hat auch bei mir damals hingehauen. Mir schoss in dem Moment durch den Kopf, dass ich eigentlich genau dafür da war: einen nachhaltigen Impuls zu geben. Der verdrossene Hauptgeschäftsführer nämlich bat nun, jeden seiner Mitarbeitenden zu fragen, was sie denn mitnähmen von dem Impuls. Und die hatten jede Menge zu berichten. Es war das erste Mal in meinem Rednerleben, dass das anschließende Gespräch länger dauerte als der Impuls selbst. Zum Abschied fassten es gleich zwei Zuhörer unisono zusammen: »So intensiv haben wir uns noch nie ausgetauscht, danke, Herr Naughton!« Diese Entwicklung ergab sich natürlich auch aus den bisher unadressierten Bedürfnissen der Teilnehmer, die der Hauptgeschäftsführer nicht im Geringsten vorhergesehen hatte und die sich so Bahn brachen. In dieser Situation konnte ich ein adäquater Gesprächspartner sein, der nicht mit überquellender roter Waagschalenseite greinend seinen Laptop in die Tasche stopft – und zwar, weil ich etwas hatte, was ich in jenem Moment auf die grüne Seite der Waage werfen konnte. Es war eine beschwingte Fahrt zurück nach Berlin. Thank god for ausleihbare Cabrios!

5. Realistischer Optimismus: Unterscheiden zwischen Quellen für Erfolg und Misserfolg

Es gibt Menschen, die immer gute Laune zu verbreiten scheinen. Bei der amerikanischen Versicherung MetLife scheint es überzufällig viele von ihnen zu geben. Schon seit 2015 spielt gute Laune eine zentrale Rolle: Sie bringt Geld. Und so werden die Vertriebsmitarbeiter ernsthaft auf Optimismus getrimmt. Und der Return on Investment, das, was ein Training bringt, ist alles andere als vernachlässigbar. Das Wirtschaftsmagazin *Forbes* berichtet, dass dieser Versicherer in den 80er-Jahren knapp 30 000 Dollar pro Jahr pro Vertriebsmitarbeiter in Trainings investierte. Das Geld wanderte aus der Tür, nicht in die Unternehmenskasse. Denn das Unternehmen konnte die Mitarbeiter trotz dieser hohen Investition nicht halten. Die Fluktuationsrate lag bei knapp 80 %. Dann stießen sie auf Martin Seligman, der das Prinzip »Erfolg macht gute Laune« auf den Kopf stellte und »Gute Laune bringt Erfolg« daraus machte.

Angefangen hat das mit einem Test, einem einfachen, kurzen Optimismustest. Er besteht aus Fragen und Antwortmöglichkeiten. Letztere sind aus Verhaltensweisen Tausender optimistischer Menschen abgeleitet und lassen daher Rückschlüsse auf den individuellen Optimismuslevel zu. Beispielsweise:

»Sie und Ihr Kollege legen einen bösen Streit bei. Warum? Kreuzen Sie die für Sie zutreffende Aussage an: 1. Das liegt daran, dass Sie ihm diesmal verziehen haben. Oder 2. Es liegt daran, dass Sie generell nachsichtig sind.«

»Ihr Kollege überrascht Sie mit einem schönen Geschenk. Wählen Sie die für Sie zutreffende Aussage aus: 1. Es könnte daran liegen, dass er gerade eine Gehaltserhöhung bekommen hat. Oder 2. Es liegt daran, dass Sie ihm neulich etwas geschenkt haben.«

»Sie verfahren sich auf dem Weg zu einem außerbetrieblichen Meeting. Wählen Sie die für Sie zutreffende Aussage aus: 1. Es liegt daran, dass Sie die Abzweigung verpasst haben. Oder 2. Es liegt daran, dass Ihr Kollege Ihnen nicht die richtige Wegbeschreibung gegeben hat.«

»Sie waren dieses Jahr auf dem Höhepunkt Ihrer Gesundheit. Wählen Sie die für Sie zutreffende Aussage aus: 1. Das liegt daran, dass Sie mit anderen gesunden Menschen zusammen waren. Oder 2. Das liegt daran, dass Sie gut auf sich selbst aufgepasst haben.«

Und dann? Die so Gefundenen brachten im ersten Jahr eine um 8 % höhere Performance, im zweiten Jahr waren es bereits 31 % mehr als bei den Pessimisten im Unternehmen. Dann kamen die Superoptimisten. Sie hatten extrem hohe Punktzahlen im Optimismustest, fielen aber im fachlichen Eignungstest glatt durch. Seligman konnte den Versicherer dazu bewegen, ein paar von ihnen doch zu nehmen. Die wiederum übertrafen diejenigen, die im Fachtest, aber nicht im Optimismus brillierten, glatt um 21 %, im zweiten Jahr um 57 %. Optimismus sagt Vertriebserfolg vorher. Aber er wirkt nicht nur im Vertrieb. Bobby Medlin und Kenneth W. Green (2009) fanden heraus, dass CEOs, Geschäftsführer und Mitarbeiter mit einem hohen realistischen Optimismus alle anderen Kollegen übertreffen. Und Optimismus kann noch mehr. Es gibt Hinweise darauf, dass positive Emotionen eine Vielzahl von positiven Auswirkungen auf den Einzelnen haben, die von einer erhöhten Flexibilität im Denken und Problemlösen bis hin zu einem gesteigerten Wohlbefinden reichen.

Und jetzt habe ich eine Frage an Sie persönlich: Was glauben Sie, woher Ihr Optimismus kommt? Liegt das alles in Ihren Genen? Liegt es an Ihrem Verhalten im Alltag? Nehmen Sie einfach diese Skala. Auf der linken Seite ist das Extrem »Es liegt an den Genen« und auf der rechten Seite »Alles liegt an meinen Entscheidungen«.

Gene ________________________________ Entscheidungen

Jetzt markieren Sie die Stelle, die Ihre Einschätzung wiedergibt. Ist Ihr Optimismus zu 100 % vererbt? Oder ist er zu 100 % durch Ihre Entscheidungen entstanden? Oder liegt er irgendwo in der Mitte? Legen Sie das Gewicht einfach dorthin, wo Sie denken, dass es sein sollte. Jetzt fragen Sie sich vielleicht: »Gibt es eigentlich eine richtige und eine falsche Antwort?« Ja, die gibt es. Die Wissenschaft zeigt, dass nur 25 % unseres Optimismus genetisch bedingt sind. 25 %! Das lässt eine solide Menge Spielraum für uns, um als Erwachsene eine optimistischere Einstellung zu entwickeln. Im Wesentlichen bedeutet das, dass jeder sein Optimismusniveau erhöhen kann.

Falscher Optimismus

Optimismus ist übrigens das am besten erforschte, aber am wenigsten verstandene Konstrukt in der Wissenschaft. Deshalb gibt es immer noch all diese Sprüche wie »Ein Optimist ist jemand, der vor einem Löwen flieht, indem er auf einen Baum klettert und dann die Aussicht genießt«. Was Sie jetzt lernen werden, ist keine rosige, fröhliche Attacke im Sinne von »Full-speed-ahead-yes-we-can«.

Was genau passiert im Gehirn, wenn wir eine positive oder negative Reaktion auf eine Situation haben? Die Forschung zeigt, dass positive Stimmungen mit einer stärkeren Aktivität der linken Gehirnhälfte verbunden sind. Und dieser Teil unseres Gehirns macht einen wirklich guten Job. Auf der anderen Seite des Gehirns haben wir einen Teil, der negative Informationen verarbeitet. Und diese Neuronen arbeiten nicht so gut. Positive Stimmungen werden mit mehr Aktivität der linken Gehirnhälfte in Verbindung gebracht, während negative Emotionen die rechte Gehirnhälfte befeuern. Das Kuriose hier: Je nachdem, ob Sie ein Linkshänder oder ein Rechtshänder sind, reagieren Sie ganz unterschiedlich auf eine bestimmte Situation.

Ein Beispiel: Kollegen zeigten Menschen 60-sekündige humorvolle Stummfilme. Und diejenigen mit mehr Linksaktivität hatten eine viel stärkere angenehme Reaktion. Dann zeigten sie ihnen 60-sekündige nicht so lustige Filme. Und diejenigen mit mehr rechtsseitiger Hirnaktivität hatten viel stärkere negative Gefühle. Keine Sorge: Wir können das tatsächlich ändern. Indem wir unsere Denkprozesse bewusst verändern, können wir unser Gehirn buchstäblich neu verdrahten. Die wirklich wichtige Nachricht aus dieser Wissenschaft ist etwas, das mit einem Snack-Automaten nachgewiesen wurde. Aber nicht mit irgendeinem alten Snack-Automaten: Dieser war manipuliert – die Wissenschaftler verwandelten ihn in ein geldfressendes Snack-Monster.

Er hatte einen Aufkleber mit der Aufschrift: »Bitte beachten Sie, dass dieser Automat manchmal Geld frisst. Thx, Management.« Natürlich standen die Leute in der Pause Schlange für einen Snack. Sie lasen den Zettel. Aber sie haben trotzdem ihr Geld eingeworfen. Und dann waren sie echt überrascht, dass der Automat das tat, was auf dem Aufkleber stand: Geld weg, kein Snack. Manche versuchten es sogar dreimal hintereinander. Stellen Sie sich das mal vor. Und Sie? Würden Sie auch trotzdem Geld in den Automaten stecken, weil Sie sich sagen: »Ach, mir passiert das schon nicht«? Das ist unrealistischer Optimismus.

Die Wissenschaft zeigt: 87% der Menschen gehen so vor. Und warum? Weil die meisten Gehirne glauben wollen, dass unser Leben voll von guten Dingen sein wird. Dass die schlechten Dinge den anderen passieren werden. Unterm Strich: Dieser irrationale Optimismus verursacht tatsächlich mehr Leid, als er verhindert. Was brauchen Sie stattdessen? Realistischen Optimismus! Das ist eine Reihe von Überzeugungen und Eigenschaften, die uns helfen, uns auf die positiven Aspekte des Lebens zu besinnen und nicht auf die negativen. Es ist ein Persönlichkeitsmuster, das Resilienz und persönliche Stärke zeigt.

Optimistische Techniker

Harte Rückschläge auf dem Weg zum Optimismus kommen gern zum ungünstigsten Zeitpunkt. Bei mir zum Beispiel dann, wenn ich bei einer Veranstaltung eintrudele und mein MacBook an die Technik anschließen möchte. Es gibt eine kleine Sicherheitseinstellung, die es manchmal verhindert, dass der Apple sein Bild auf den Beamern zeigen will. Diese Zurückhaltung kommt allerdings so selten vor, dass es dazu kaum Nachrichten im Netz gibt. Darum ereilte es mich auch unvorbereitet. Beim Technikcheck war das Bild mal da, mal nicht. Stabile Übertragungsverhältnisse waren nicht herstellbar. Sooo, und dann gibt es Techniker, die einen entspannt anschauen und sagen: »Funktioniert nicht.« Da hilft es nicht, einfach ganz fest daran zu glauben, dass es gleich klappt – das sog. magische Denken ist bei Kindern oft zu finden und ist Teil der kindlichen Fantasie, bei Erwachsenen findet man es mitunter auch. Helfen tut es beiden Generationen nicht. Durch Daumendrücken kommt kein Bild auf die Leinwand. Bleibt also nur noch realistischer Optimismus: Das ist das erste Mal in zehn Jahren, dass so etwas passiert, und es hat nichts damit zu tun, dass ich nicht weit genug vorausdenke, aber vielleicht kann ich mit dem Techniker überlegen, was wir tun können, um die digitale Sicherung im Mac zu überlisten. Also erst mal fragen, was das Problem auslöst. Antwort aus der Technik: »Die digitale Sicherung. Wenn der Rechner sein Bild auf mehreren Bildschirmen ausgeben soll, verhindert die das. Sie haben auf der Bühne einen Kontrollmonitor und wir zeigen das Bild auf der Leinwand. Macht zwei. Darum streikt er.« Aha. »Und was ist, wenn ich auf den Kontrollmonitor verzichte? Ich habe ja eine ganz gute Vorstellung davon, was auf den Folien zu sehen ist, ich habe das ja schon mal gemacht.« Techniker: »Ja, das könnte gehen.« Wurschtel, wurschtel. Es klappt. Auf geht's, Vortrag halten. Realistischer Optimismus ist wie selbst gemachter Feenstaub, er ist die innere Haltung, dass man Einfluss auf die Lösung von Problemen hat.

Und hier zeigt sich auch, wie diese Dimension mit dem *Denken in Alternativen* zusammenhängt. Wenn ich glaube, dass ich Einfluss auf die Lösung habe, dann bin ich auch eher bestrebt, Lösungen zu finden; und in der Folge suche ich auch eher nach mehreren möglichen Lösungswegen. Die Geschichte hatte noch eine Fortsetzung. Sechs Monate später, Auftritt in Zürich, Mail vom dortigen Techniker: »Es wird Probleme mit Ihrem Mac wegen der digitalen Sicherung geben. Da kann ich nichts machen. Sie wissen ja, die Tücken der Technologie.« Antwort von mir: »Ja, ich kenne die Herausforderung. Wie wäre es, wenn Sie da und da im Internet schauen, da haben Kollegen von Ihnen verschiedene Lösungswege beschrieben, mit denen Sie nicht nur mir die Arbeit in Ihrem Haus ermöglichen, sondern höchstwahrscheinlich auch den nach mir kommenden Mac-Usern?!« Zwei Wochen keine Antwort. Dann, kurz vor der Abreise: »Hat geklappt, wir freuen uns auf Sie, danke für den Tipp.« Kleiner Export von realistischem Optimismus in das freundliche Nachbarland. Denn nun waren wir schon zwei, die erlebt hatten, wie es ist, aktiv zu werden, anstatt mit dem Eindruck, nichts mehr tun zu können, auf der mentalen Couch zu versumpfen.

Liegt es an mir?

Geschichten sind erquicklich, besonders die mit dem Happy End, das sich auch freundlich der Grundaussage des Kapitels entgegenstreckt. Wie aber geht das Ganze jenseits der Anekdote? Wir müssen uns über die drei Dimensionen dieser Interpretation klar werden. In der Psychologie nennen wir das *Attribution*. Attributionen sind Interpretationen. Sie sind die Worte, die wir uns und anderen sagen, um zu erklären, warum eine Situation so und nicht anders ausgegangen ist. Und die nutzen Optimisten auf eine ganz bestimmte Art. Diese Attribution, sprich Interpretation, machen wir in den drei Dimensionen »interner/externer Einfluss«, »stabile/instabile Häufigkeit« und »spezifische/globale Zutreffenheit« – bei diesem letzten Wort bin ich mir nicht sicher, ob ich es schlichtweg in Ermangelung einer bestehenden Alternative in der deutschen Sprache erfunden habe. Der Duden jedenfalls hatte keine Meinung zu meiner Wortschöpfung. Aber sie bringt diese Dimension meines Erachtens sehr auf den Punkt.

Diese Attributionen können einem den Kopf zerbrechen. Ich weiß, wovon ich spreche. Ich habe zu Anfang meiner Karriere viele Ärzte trainiert. In »Präsentieren« und »Kommunikation«. Und in einem Seminar saß da ein Arzt, so in der dritten Reihe, und der guckte die ganze Zeit so: GRRRRR. Und ich habe mich gefragt: Was ist da los? Alle anderen scheinen irgendwie eine gute Zeit zu haben, lachen, gucken zufrieden aus der Wäsche. Nur der sitzt da und stiert mich an, als hätte ich seine Approbationsurkunde bei eBay versteigert. Und als wir fertig waren, kam der auf mich zu. Ich dachte schon: »Auweia, das wird nicht schön!«, als er mit diesem GRRRR-Gesichtsausdruck sagte: »Herr Naughton, das war das beste Training, das ich je gemacht habe.« Und da erst habe ich das kapiert. Das war sein Gesichtsausdruck für »Mir geht's gut, ich hab 'ne tolle Zeit«. Ich will gar nicht wissen, wie der aussieht, wenn er mal wirklich schlechte Laune hat. Mein Learning damals war tatsächlich:

Der Gedanke »Du hast es selbst in der Hand« ist viel hilfreicher bei der Interpretation einer Situation als »Ui, das wird nix, hoffentlich geht das schnell vorüber«. Wie können Sie das anwenden? Mithilfe der folgenden Matrix, die es aus der Forschung in unseren Alltag geschafft hat.

	Einfluss	**Häufigkeit**	**Zutreffenheit**
Realistischer Optimismus bei Niederlagen	*Äußerlich:* Es liegt außerhalb meiner Person.	*Temporär:* Das passiert, aber es passiert selten und es geht vorbei.	*Spezifisch:* Das heißt, dass es dieses eine Mal nicht gut gelaufen ist.
Realistischer Optimismus bei Erfolgen	*Innerlich:* Es liegt an mir.	*Permanent:* Das passiert mir immer.	*Global:* Das heißt, dass es auch immer wieder gut laufen wird.
Pessimismus bei Niederlagen	*Innerlich:* Es liegt an mir.	*Permanent:* Das passiert mir immer.	*Global:* Ich kann nichts.
Pessimismus bei Erfolgen	*Äußerlich:* Das konnte man ja auch nicht versauen.	*Temporär:* Das ist keine Garantie. Nächstes Mal ist es wieder Murks.	*Spezifisch:* Ja, bei dieser Aufgabe fluppt es, aber das heißt nicht, dass ich auch bei anderen Sachen gut bin.

Nachfolgend habe ich eine Tabelle platziert, mit der Sie sich jede Situation, die Sie interessiert, so aufschlüsseln können. Schreiben Sie oben links das Ereignis und dessen Resultat mit zwei bis drei Stichworten hin, zum Beispiel »Präsentation bei Firma, Leinwand zeigt das Bild des Mac nicht«. Und dann füllen sie die darunter stehende Zeile aus. Jetzt kommt der pädagogisch wirklich wertvolle Hinweis: Machen Sie es dieses eine Mal wirklich. Denn nur dann ist Ihr Aha-Gesichtsausdruck beim Lesen der nachfolgenden Zeilen authentisch. Also, auf geht's.

Erlebnis:	Einfluss	Häufigkeit	Zutreffenheit
Wie ich es sehe:			

Anschließend schauen Sie, wie sich Ihre Antworten in die jeweiligen zwei Kategorien einordnen. Sehen Sie den Einfluss innerlich oder äußerlich; ist es eine einmalige, temporäre Sache oder ein wiederkehrendes, immer bestehendes Muster; und gilt das Resultat Ihres Ergebnisses nur für diesen spezifischen Bereich oder gilt es für alle Bereiche in Ihrem Leben? Nun seien Sie so freundlich zu sich und schreiben Sie in die nächste Grafik das jeweilige Gegenteil Ihrer ursprünglichen Interpretation. Wenn Sie zuerst dachten »Es liegt an mir, dass …«, dann fließen nun die Wörter »Es liegt an den Umständen, weil …« aus Ihrer Feder in das »Einflussfeld«. Genauso gehen Sie für die anderen beiden Felder vor.

Erlebnis (wie oben):	Einfluss	Häufigkeit	Zutreffenheit
Wie ich es auch sehen könnte:			

Großer Unterschied, auch bei dem, was dabei an Gedanken und Gefühlen auftaucht! Wichtig: Wenn Sie das in Zukunft machen, seien Sie ruhig ehrlich zu sich. Keiner ist immer davon überzeugt, dass er der alleinige Schöpfer aller seiner Erfolge ist – auch Superman hat ja dieses olle Kryptonit-Problem. Aber sich dezent daran zu erinnern, wie Sie einen Erfolg oder Misserfolg interpretieren, und dieses Vorgehen damit zu professionalisieren, ist nicht nur konstruktiv, sondern macht uns auch handlungsfähig. Übrigens, falls Sie Teams leiten, können Sie genau das auch mit Ihrer Mannschaft in die Projektbesprechungen einbauen. Sie werden überrascht sein, welche Gespräche und Gedanken aufkommen und wie sich die Attributionen auswirken. Denn Fehlerkultur ist Quark mit Soße ohne Technik. Mit dieser kleinen Übung aber fällt es Menschen nachweislich leichter, sich von Niederlagen zu lösen, einfach weil es zeigt, dass es immer mehr als eine Sichtweise gibt und dass nicht alles durch eigene Fehler begründet wird. Sparen Sie sich die Fuck-up-Night, nutzen Sie Attributionen. Es haut hin.

Im Kern gibt Ihnen diese Taktik eines: Sie lernen, systematisch alternative Erklärungen für widrige Ereignisse in Betracht zu ziehen und diejenige zu wählen, die am variabelsten und spezifischsten ist. Dies ist der Schlüssel zu mehr Optimismus. Ich werde Sie durch ein Beispiel führen. Und danach können Sie jederzeit die Vorlage herausholen und sie verwenden. Wir beginnen mit A:

A: Adversity (Ungemach)

Hier geht es darum, ein widriges Ereignis anzuerkennen. Welche Situation bringt Sie gerade in Bedrängnis? Ein Beispiel: Sie haben als Team eine negative Bewertung von Ihrer Chefin erhalten. Sie sagte, dass Sie nicht genug zusammenarbeiten, um das Ziel zu erreichen, und dass sie deshalb das Projekt umverteilen muss. Wenn Sie den negativen Vorfall identifizieren, achten Sie auf drei Dinge:

1. Geben Sie das Wer, Was, Wann und Wo der Situation an.
2. Seien Sie spezifisch und genau in Ihrer Beschreibung.
3. Lassen Sie nicht zu, dass sich Ihre Überzeugungen über die Widrigkeit einschleichen!

B: Beliefs (Überzeugungen)

Freier übersetzt sind das die mit diesem Gedanken fast automatisch verbundenen Überzeugungen, die uns in vielen Fällen gar nicht bewusst sind: »Was stimmt denn bitte mit mir nicht? Ich bin dafür einfach nicht geschaffen (internal). Ich kann nicht mit Menschen umgehen und habe keine Überzeugungskraft (stabil).« Es kommen dann Gedanken auf wie: »Ich habe wirklich hart gearbeitet und offensichtlich ist es egal?!« Oder auch: »Ich hasse meine Chefin und diesen blöden Job.«

Dann tun Sie Folgendes:

1. Schreiben Sie auf, was Sie inmitten der Widrigkeiten zu sich selbst gesagt haben.
2. Was ist Ihnen dabei durch den Kopf gegangen?
3. Schreiben Sie es wortwörtlich auf. Kümmern Sie sich nicht darum, höflich zu sein!

C: Consequences (Konsequenzen)

Offensichtlich haben diese Gedanken und Überzeugungen Konsequenzen: darauf, wie wir uns fühlen, und darauf, wie wir uns verhalten. Im Kopf tauchen dann so Dinge auf wie: »Ich fühle mich überwältigt von den Erinnerungen an frühere Niederlagen, ich drücke mich vor neuen Terminen, mein Selbstbewusstsein und meine Motivation lassen nach und wahrscheinlich höre ich bald auf.« Sie haben das Feedback vor zwei Tagen erhalten und sind immer noch wütend. Am liebsten würden Sie Ihrer Chefin mal die Meinung sagen und dann kündigen, damit sie sich um die Abdeckung Ihrer Stunden für die nächste Woche kümmern kann. Schon gestern haben Sie sich krankgemeldet, weil Sie es nicht ertragen konnten, die Chefin zu sehen. Sie wissen aber nicht, was Sie morgen machen sollen. Hier ist es wichtig, Folgendes zu tun:

1. Notieren Sie die Konsequenzen Ihrer Überzeugungen: Was haben Sie gefühlt und was haben Sie getan?
2. Seien Sie spezifisch. Listen Sie alle Gefühle auf, die Sie erlebt haben, und so viele Reaktionen, wie Sie identifizieren können.
3. Fragen Sie sich selbst: Machen Ihre Konsequenzen angesichts Ihrer Überzeugungen Sinn?
4. Wenn Sie kein Aha-Erlebnis haben, schauen Sie, ob Sie andere

Glaubenssätze identifizieren können, die Ihnen anfangs vielleicht nicht so bewusst waren.

D & E: Dispute to Energize (infrage stellen und Energie tanken)

Dieses »D« könnte auch für »de-katastrophisieren« stehen, denn hier geht es darum, die Überzeugungen mal ordentlich auf ihren Realitätsgehalt abzuklopfen. Im Coaching machen wir das mitunter schriftlich, das könnte auch für Sie ein Fingerzeig sein, diese Sachen mit Stift und Papier bzw. Tastatur in Angriff zu nehmen. Folgendes könnte ein geschundener Vertriebler für sich zu Protokoll geben: »Okay, ich habe 20 Ablehnungen in Reihe eingesteckt. Vertrieb ist nicht immer Ponyhof, aber das sagt ja nicht unbedingt etwas über mich als Person aus, nur über eine nicht wegzudeutende Pechsträhne. Ich bin mir sicher, mich selbst zu bemitleiden wird meine Abschlusschancen eher weniger erhöhen. Ich erinnere mich noch, wie man uns sagte, dass es nicht unüblich ist, dass man für einen Erfolg auch mal 50 Versuche braucht, und wenn jemand abwinkt, bevor ich meinen Pitch losgeworden bin, hat es eher mit dem Thema als mit mir zu tun. Unser Teamleiter hat ja auch mal erzählt, wie er gekämpft hat und nicht genau wusste, warum es so mau lief. Gehört vielleicht einfach dazu, auch mal so eine Erfahrung zu machen. Was also ist das Worst-Case-Szenario? Selbst wenn ich nicht der beste Vertriebler in der Firma bin, heißt das nicht, dass ich ein Versager bin. Ich kann ja etwas anderes machen. Es heißt ja, dass heutzutage Menschen mehrfach den Job oder die Branche wechseln, warum sollte das nicht auch für mich gelten? Wenn es mit dem Vertrieb nicht klappt, suche ich mir halt etwas, in dem ich besser abschneiden kann.«

Was in dieser Disputationsphase sehr gut hilft und sich in dem Text wiederfindet, sind Fragen zu Beweisen und Belegen für die Richtigkeit unserer Überzeugungen. Denn erstens haben Ereignisse in den allerseltensten Fällen nur eine Ursache – und es lohnt sich, nach den zusätzlichen oder alternativen Erklärungen zu fahnden. Und zweitens sind wir nicht die Ersten, die so etwas erleben. Was also haben andere Menschen gedacht, gesagt, getan?

An dieser Stelle drehen Sie das Bild um. Sie schauen sich Ihre negativen Gedanken an und Sie hinterfragen sie. Auch wenn Sie denken, dass Ihre Chefin bei Ihrer Bewertung fairer hätte sein können, hat sie wahrscheinlich recht, dass Sie nicht so intensiv zusammenarbeiten, wie es viele der anderen Projektteams tun. Sie fühlen sich nicht immer wohl bei Kundengesprächen, und das kommt wahrscheinlich durch, aber gleichzeitig sind Sie nicht so völlig unfähig, wie sie es hat scheinen lassen. Wenn sie wirklich Ihr ganzes Team nicht mag, hätte sie Sie alle einfach feuern können. Vielleicht nimmt jeder von Ihnen die Sache zu persönlich. Wie hinterfragen Sie Ihre Überzeugungen?

1. Formulieren Sie einen Beweis, um die Ungenauigkeit Ihrer Überzeugungen aufzuzeigen, um eine genauere/optimistischere alternative Überzeugung über das Unglück zu erzeugen oder um Ihre Überzeugung zu relativieren.
2. Sie können die unten stehenden Schlagworte verwenden, um Ihre Antworten zu formulieren:
   a) Beweise: Das ist nicht ganz richtig, weil ...
   b) Alternative: Eine genauere Betrachtungsweise ist ...
   c) Relativierung: Das wahrscheinlichste Ergebnis ist ..., und ich kann ... tun, um damit umzugehen.

Das ist eigentlich der entscheidende Aspekt, denn dieser Prozess der Disputation macht den Weg frei für den entscheidenden Energiewechsel. Als Nächstes tun Sie Folgendes:

1. Schreiben Sie ein paar Sätze darüber, wie Ihre Disputation Ihre Energie verändert hat.
2. Was geschah mit Ihrer Stimmung?
3. Wie hat sich Ihr Verhalten verändert?
4. Welche Lösungen haben Sie gesehen, die Sie vorher nicht gesehen haben?

In unserem Beispiel fühlen Sie sich viel weniger wütend. Sie sind immer noch ein wenig verärgert darüber, dass sich die Bewertung nur auf das Negative konzentriert hat, aber Sie wissen, dass Ihre Chefin an diesem Tag eine Menge zu erledigen hatte, also hat sie wahrscheinlich nur versucht, Zeit zu sparen. Es war schwer zuzugeben, dass Sie als Team nicht so kooperativ sind wie einige der anderen Teams, aber Sie erkennen, dass dies der Fall ist. Sie freuen sich tatsächlich darauf, mehr Zeit mit Ihren Kollegen im Pausenraum zu verbringen und sich nicht ständig so nervös zu fühlen.

Toxischer Optimismus

Das Gift ist eine Frage der Dosis. Dieser Satz von Paracelsus sollte auch hier gehört werden. Denn auch Optimismus kann toxisch werden: wenn wir uns übermäßig happy darstellen wollen, um damit unser tatsächliches Erleben zuzukleistern. Wir wollen einfach nur, dass es uns gut geht, und verleugnen, wie es uns tatsächlich geht. Doch manchmal kann das Leben einfach nur scheiße sein. Indem wir so tun, als wären wir den ganzen Tag positiv gestimmt, verleugnen wir die Gültigkeit einer echten menschlichen Erfahrung. Achten Sie also immer darauf, wenn Sie sich dazu hingerissen fühlen, ihre wahren Gefühle zu verstecken, oder versuchen, »einfach weiterzumachen«, indem Sie Emotionen ausblenden bzw. verleugnen oder vermehrt nach »Wohlfühl«-Zitaten oder -Aussagen googeln. Bleiben Sie kritisch gegenüber allen Aussagen, die mit »einfach positiv bleiben« oder »auf die positive Seite schauen« enden. Klar ist das gut gemeint, aber es ist nicht gut gemacht. Wenn andere Leute Sprüche wie »Glück ist eine Wahl« aus der Motivationsmottenkiste kramen und Ihnen so Ihre negativen Emotionen als Ihre eigene Wahl verkaufen, weil es Ihre eigene Schuld sei, dass Sie sich nicht »entschieden« haben, glücklich zu sein – gehen Sie diesen mentalen Weg nicht mit.

Wir schauen uns nun an, wie Sie gezielt und nachhaltig an Ihrem emotionalen Thermostat drehen können.

6. Emotionen managen: Besser mit nicht hilfreichen Gefühlen umgehen

»Das A bei Sitz 3A steht nicht für Arschloch, sondern für Fensterplatz« – das hätte eine befreundete Flugbegleiterin zu gerne zu dem quengeligen Anzugträger gesagt, der auf dem Flug von Frankfurt nach Berlin schon den dritten Tomatensaft bestellte. Und dabei auf frisch gemahlenem Pfeffer bestand. Stattdessen sagte sie: »Oh, was für eine charmante Idee. Leider bekommen wir Pfeffer erst in Berlin wieder frisch geliefert.« Was sie dabei tat, war lebensgefährlich. Es war bluthochdrucklich extrem bedenklich, emotional schädlich und gleichzeitig schwerste Kopfarbeit. Sie unterdrückte ihre tatsächlichen Emotionen.

»Emotionsarbeit nennen wir es in der Psychologie, wenn wir unsere tatsächlichen Emotionen managen und sie nicht ungefiltert herauslassen. Emotionen zu unterdrücken ist eine Schwerstarbeit für den Geist, die wir immer dann verrichten, wenn wir freundlich zustimmen, während wir gefühlsmäßig extrem nah am Mittelfinger sind. Erforscht wird das tatsächlich verstärkt mit Blick auf den Alltag von Flugbegleiterinnen. Cheng-Ping Chang und Ju-Mei Chiu (2009) haben eine Untersuchung veröffentlicht, die sich erneut dieses Themas annimmt. Ihre Erkenntnisse belegen, dass Flugbegleiterinnen deutlich mehr Emotionsarbeit leisten als ihre männlichen Kollegen und dass die emotionale Arbeit der Flugbegleiterinnen eine signifikante positive Korrelation mit ihrer emotionalen Erschöpfung hat. Emotionsregulation, also die Art und Weise, mit der wir beeinflussen, welche Emotionen wir zeigen, ist ein zentraler Aspekt, um mit Situationen umzugehen, in denen wir genau diese Emotionen nicht zeigen können. Inzwischen wird sogar unterschieden zwischen der oberflächlichen Anpassung des Emotionsausdrucks, es wird Surface Acting genannt, eine Art oberflächliches, reaktionsfokussiertes Regulieren, und dem tatsächlichen Verändern der empfundenen Emotionen, dem Deep Acting, bei dem Mitarbeiter das verändern, was sie empfinden.

Wie mache ich LATTE?

Das Management von Starbucks entschied sich dafür, statt auf die ungesunde Emotionsarbeit auf ein sog. Habit-Loop-Modell zu setzen und den Umgang mit solchen Anspannungssituationen zu trainieren. Der Begriff geht auf den US-Journalisten Charles Duhigg zurück. Er wollte damit in aller Knappheit erklären, wie ein Verhalten schnell automatisiert werden kann, das auch in Anspannungssituationen abrufbar ist. Und von diesen Situationen gibt es gerade dann, wenn Kunden und ihre Bedürfnisse ins Spiel kommen, jede Menge. Gleichmut und Anmut zu bewahren und zu rufen »Tall-Frappucino-Hazelnut-Flavor-to-go-for-Carl«, während der vorherige Kunde über zu heißen Kaffee lamentiert und der nachfolgende zu langsames Arbeiten moniert, kann schon Emotionsarbeit mit sich bringen. Starbucks wollte seinen Angestellten helfen. Darum gab es das Training, in dem Routinen beschrieben wurden, die die Mitarbeiter beim Umgang mit offensichtlich Unzufriedenen und in anderen heiklen Situationen unterstützen sollten. Eine der identifizierten Routinen wird als LATTE-Methode bezeichnet:

L	Listen	Dem Kunden zuhören
A	Acknowledge	Die Beschwerde des Kunden bestätigen
T	Take Action	Maßnahmen ergreifen, um das Problem zu lösen
T	Thank	Dem Kunden danken
E	Explain	Erklären, warum das Problem aufgetreten ist

LATTE ist die automatische, gewohnheitsmäßige Reaktion auf einen schreienden oder sich beschwerenden Kunden geworden, um aus ihm einen zufriedenen Kunden zu machen. Das funktioniert! Auch außerhalb von »Tall-Frappucino-Hazelnut-Flavor-to-go-for-Carl«-Orten können wir lernen, unsere Emotionen zielführend zu managen. Im Kern ist es immer ein Vorgehen, bei dem wir die Intensität, die Dauer oder den Moment beeinflussen. Das geht natürlich mit positiven und negativen Emotionen. Und weil die negativen eine wichtige Rolle beim AQ spielen, konzentrieren sich die nachfolgenden Ausführungen auf ebendiese.

Negative Emotionen regulieren heißt in der Regel, ihre Wirkkraft zu verringern. Das können wir früher oder später. Klingt komisch, ist aber so. Denn wir haben die Chance, bereits in dem Moment etwas mit unseren Emotionen zu machen, wenn sie sich gerade verlässlich ankündigen. Das tun wir, indem wir aktiv die Situation beeinflussen, unsere Aufmerksamkeit lenken oder eine komplette Neubewertung dessen vornehmen, was diese Situation für uns bedeutet.

Wir können die Situation verändern, wir können auf ganz bestimmte Aspekte dieser Situation schauen oder die Situation mit anderen Augen betrachten. Daraus ergeben sich drei Schrauben, an denen wir drehen können, um von der Emotionsarbeit zur emotionalen Angemessenheit zu kommen. Eine Schraube ist nicht dabei: die Verdrängung. Warum nicht? Weil inzwischen viele Studien sehr deutlich beobachten, dass die versuchte Verdrängung alles tatsächlich nur noch schlimmer macht. Wer Emotionen unterdrückt, riskiert sein Denken und sein Erinnerungsvermögen, und andere Menschen werden Sie einfach weniger mögen. In Forschungsstudien wurden Teilnehmern während fMRT-Gehirnscans hochgradig verstörende Filmausschnitte gezeigt, und sie wurden angewiesen, entweder die Emotionen, die sie empfinden, zu unterdrücken, die Reize kognitiv aufzuarbeiten oder (in der Kontrollbedingung) einfach natürlich zu reagieren. Beide Emotionsregulationsstrategien beinhalten eine erhöhte Aktivität im präfrontalen Kortex, da dieser Bereich sowohl die Selbstkontrolle als auch das Denken unterstützt. Der Unterschied findet sich in der Amygdala. Eine Neubewertung (reappraisal) verringert die Aktivität in der Amygdala, da der Stimulus als weniger bedrohlich empfunden wird. Unterdrückung hingegen erhöht die Amygdala-Aktivität. Es ist, als ob der Alarm lauter wird, weil die Person nichts tut, um die Emotion auszudrücken. Im Wesentlichen erleben wir, wenn wir den äußeren Ausdruck der Emotion erfolgreich unterdrücken, eine Intensivierung des inneren physiologischen emotionalen Alarms. Kein Wunder, dass Unterdrückung mit Gedächtnisstörungen und erhöhtem Blutdruck in Verbindung gebracht wird!

In meiner akademischen Welt hängt der Erfolg zum Beispiel davon ab, in den besten wissenschaftlichen Zeitschriften veröffentlicht zu werden. Dazu muss man einen Review-Prozess durchlaufen, der extrem stressig sein kann. Anonyme Kollegen versuchen alles, um Löcher und Fehler in Ihrer Forschung zu finden, und Sie müssen oft durch mehrere Runden gehen, um auf ihre Kritik mit neuen Experimenten oder neuen Datenanalysen zu reagieren. Viele angehende Forscher erleben diese Kritik an ihrer Arbeit als unfaire Angriffe und geben den Prozess auf. Wie im Vorbeigehen unterdrücken wir dabei unsere Enttäuschung, unseren Frust und unsere Wut. Eine Studie von Benjamin Chaplin von der University of Rochester und einem Team an Kollegen von der Harvard School of Public Health aus dem Jahr 2013 zeigte, dass Menschen, die ihre Emotionen unterdrücken, ihr Risiko eines vorzeitigen Todes um mehr als 30 % erhöhen, wobei ihr Risiko, an Krebs zu erkranken, um 70 % steigt. Oder wie es eine psychologische Kommunikatorin mit sprachlichem Feingefühl, Heidi Klum, auf den Punkt bringen würde: Für das Team »Emotionen unterdrücken« habe ich leider kein Foto. Die anderen drei kommen durch. Es sind die Teams »Situation verändern«, »Aufmerksamkeit steuern« und »Neu bewerten«.

Team Modulation:
Die Situation verändern, geht das?

Reaktionsmodulation ist eine Art emotionales Selbstmanagement, das einige sicher aus dem Kontext der emotionalen Intelligenz kennen. Obwohl alle Formen von Emotionsregulation auf die Beeinflussung der eigenen Emotionen abzielen und uns helfen können, uns an herausfordernde Arbeitssituationen anzupassen, können sie uns ganz schön viel kosten. Entspannungstechniken helfen. Aber sie helfen eben nur entspannen. Sie helfen nicht beim Umgang mit den Emotionen. Das bringt uns wieder näher an die positiven Emotionen. Und die können noch mehr. Sie hervorzukitzeln wirkt auf die autonome Erregung. Das ist der von negativen Emotionen erzeugte innere Zustand. Und auf den wirken positive Emotionen beschwichtigend. Wenig überraschend, sind positive Emotionen mit einer Reihe von vorteilhaften gesundheitlichen Ergebnissen verbunden, wie die

Forscherinnen Michelle Tugade, Barbara Fredrickson und Lisa Feldman Barrett (2004) darlegten, so mit einer erhöhten Immunfunktion, einem geringeren Risiko für Herzerkrankungen und geringeren Depressionssymptomen. Erkenntnisse der Neuropsychologen Richard Davidson, Darren Jackson und Ned Kalin (2000) legen nahe, dass der Erholung von emotionalen Herausforderungen eine erhöhte Aktivierung in einem Teil des Gehirns vorausgeht, der mit dem Erleben positiver Emotionen verbunden ist.

Team Aufmerksamkeit:
Können Wörter Stress verscheuchen?

Tim Lomas' Freude über »pretoogjes« ist echt. Er hat mal wieder etwas gefunden. Und das ist ihm wichtig. Denn Tim Lomas ist ein Suchender. Teils, weil es einfach zu den typischen Verhaltensweisen eines Forschers zählt. Teils, weil er tatsächlich etwas sehr Kurioses aufzuspüren versucht, das ihn permanent suchen lässt. Der Dozent für positive Psychologie an der University of East London sucht ganz spezielle Wörter, nämlich unübersetzbare Wörter, die Angenehmes beschreiben. Das niederländische Wort »pretoogjes« ist so ein Beispiel. Am besten ließe es sich umschreiben als »der Blick eines Menschen, der gerade gutartigen Unfug im Sinn hat«. Das ist nur eines von inzwischen 1000 solcher gutlaunigen Unübersetzbarkeiten, die der Forscher zusammengetragen hat. Sie bilden eine Art Lexikon der positiven Unverständlichkeit, die er in seinem Buch *Translating Happiness* veröffentlicht hat. Es ist eine Asservatenkammer alltäglichen Glücks und seiner Unübersetzbarkeit. Dort findet sich auch »estrenar«: Das ist ein Ausdruck, der das Gefühl der Zuversicht beschwört, das man bekommt, wenn man neue Kleider trägt. Hä? So ist das eben im Spanischen. Im Finnischen sticht etwas anderes heraus: »hyppytyynytyydytys«. Diese Buchstabenreihe bezieht sich auf eine Art Sitz-Zufriedenheit. Menschen, die genussvoll auf einem federnden Kissen oder einem bequemen Stuhl Platz genommen haben, würden ihr Wohlsein so beschreiben. Daraus leitet die Journalistin Katy Steinmetz die Möglichkeit ab, in Momenten der Tristesse oder gar Angespanntheit in einen solchen Pool an wohligen Fremdwörtern einzutauchen und ihrer möglichen Bedeutung nachzuspüren. Tim Lomas sieht darin einen sehr nützlichen Nebeneffekt seiner Forschung. Die immense Kraft umständlicher positiver Gemütsbeschreibungen für unser individuelles Emotionsmanagement.

So, nun geht das aber eben nicht immer mit dem frühen Eingreifen, auch wenn es natürlich viel effektiver ist. Es verhindert ja, dass die Emotion sich Bahn bricht. Aber es gibt eben mehr Momente, als uns lieb ist, in denen wir denken: Wenn du wüsstest, wie du mich könntest, dann, nein warte, ich zeig's dir ... Klatsch ... Anzeige wegen Körperverletzung ... – Ganz ungünstig, wenn es schon so weit ist. Meine Frau, meine Tochter und ich haben das in Wiesbaden erlebt. Es war ja mal Pandemie und dann durfte man wieder raus und auch rein, nämlich in Restaurants. Zwar standen die Tische weiter auseinander als üblich, aber eben nicht weit genug. Und darum hatte eine kinderlose junge Dame auch erspäht, was wir uns nach 14 Tagen Quarantäne und Gemüse vom Balkon gönnten: Pommes. Und während ich meine in diese wohlig-weiße Sauce dippte, zischte es am Nachbartisch: »Wenn ich mal ein Kind habe, bekommt es im Restaurant nicht nur Pommes.« Ich war soooo kurz davor, mich in ihre Richtung zu drehen und zu reagieren mit »Hahaha, hahahahahahahaha, buaahahahahah!!!!!«. Aber in der letzten halben Drehung gab es »Modifikation«. Ich änderte meine Reaktion ab, bevor es hässlich für alle Beteiligen hätte werden können. Reaktionsveränderung würde es die Fachsprache nennen. Das ist genau dieses Verhalten, wenn es schon fast zu spät ist und wir uns dann doch noch am Riemen reißen.

Team Deep-Acting-Strategie: Neu bewerten

Wie kann man das verändern, was man fühlt? Mit der SBB-Technik, die in drei klaren Schritten funktioniert:

1. Stoppen Sie und atmen Sie zwei- bis dreimal tief ein. Klingt komisch, aktiviert aber das parasympathische Nervensystem und das sorgt sofort für ein wenig mehr Ruhe im Kopf.
2. Benennen Sie die Emotion, die Sie empfinden. Unsere Studien

zeigen: Allein schon die Benennung schraubt die emotionale Aufgeregtheit messbar herunter.

3. Bewerten Sie die Situation neu: Was ist positiv am Ereignis? Was kann ich für das nächste Mal lernen? Diese Neuinterpretation ist es, die die Emotion komplett versiegen lässt.

Der US-Psychologe Michael Morris bringt es Silicon-Valley-Firmen bei. Und ich gerade Ihnen. Zwei Dinge passieren, wenn Menschen in Firmen es nutzen: Neubewertungen führen selbst bei anhaltender Veränderung ernsthaft zur Prüfung auf positive Aspekte und Chancen. In der Folge gibt es sehr viel weniger Menschen, die darüber nachdenken, wie sie bei Projekten und Plänen dazwischenfunken können. Und zweitens zeigt sich: Je mehr dieses emotionale Neubewerten genutzt wird, umso signifikant höher ist das Arbeitsengagement.

#8_Mehr Handlungs-AQ

Sie müssen schnell und anpassungsfähig sein, sonst ist eine Strategie nutzlos. – Charles de Gaulle

In der Psychologie werden Denken, Fühlen und Handeln wie ein Dreieck gesehen. Sie beeinflussen sich fortwährend gegenseitig. Denken und Handeln werden durch Pläne miteinander verbunden. Das Handeln erzeugt Feedback, das wiederum Emotionen wachruft. Diese wirken sich auf das weitere Denken aus und damit auch auf das Handeln. Dementsprechend lohnt sich der Blick darauf, was den AQ im Handeln ausmacht.

7. Proaktivität: Initiativ handeln

Im Jahr 2017 bin ich noch viel geflogen. Muss ich zugeben, war irgendwie noch nicht so schambelegt damals. Auch ein Langstreckenflug war darunter: Montréal. Einen Impulsvortrag in Montréal halten, das war für mich schon was Besonderes. Also, es war ein fremdsprachlicher Streichler meines Keynoter-Egos, der lange anhielt. Und in der Vorbereitung der Reise kam natürlich die Frage auf: Wie fliege ich? Business ist nicht kundenkompatibel, die Flugmeilen reichen für ein Upgrade nicht aus. Also eher billiger, ist ja eine Reisepauschale. Ein geschätzter Kollege riet mir dann, nicht einen günstigen, sondern lieber einen guten Flug für diese Reise zu wählen. War einfach. Die Lufthansa flog damals so intensiv von Frankfurt, dass sie eine Art Himmelsflatrate zu haben schien. Nun ist mit der Lufthansa zu fliegen kein so besonderes

Ereignis. Was aber nach meiner Buchung passierte, das schon. Ein paar Tage vor meinem Abflug bekam ich einen Anruf. Von Malte. Er arbeitete bei der Lufthansa. Und er hatte ein paar Fragen. Ob ich noch Hilfe beim Visum bräuchte oder sonst Fragen zum Aufenthalt und zum Ablauf hätte. Was mich dabei am meisten wunderte, war, dass es so gar nicht abgelesen klang. Es wirkte, also ob Malte das meinte, was er sagte, und als ob das nicht von jemanden vorher für ihn ausformuliert worden wäre. Seine Aufgabe schien zu sein, einfach nur sicherzustellen, dass alles im Lack ist. Dann, und das war echt kurios, fragte er mich, worauf ich mich denn am meisten freue bei dem Trip – und ich müsste natürlich nicht antworten, wenn mir diese Frage nicht zusagte. Ich hatte mir ehrlich gesagt gar keine Gedanken darüber gemacht, ich war so fokussiert auf den Auftritt. Dementsprechend entspann sich über eine gute Viertelstunde ein echtes Gespräch über Montréal im Generellen und im Speziellen.

Ich habe keine Ahnung, ob das immer so abläuft, ob es ein Testprogramm war oder ob Malte einfach mal was ausprobieren wollte, als keiner da war. Es war auf jeden Fall ein Paradebeispiel für Proaktivität; nämlich etwas anzugehen, bevor es passiert. Die intellektuelle Version hat George Bernard Shaw formuliert: »The world has three kinds of people. Those who make things happen, those who watch what happens, and those who wonder what happened.« Klingt nach einer Steilvorlage für ein Management-Klischee. Zum Glück gibt es Forschung, die das verhindert. Im Jahr 2000 berichtete J. Michael Crant von der amerikanischen Notre Dame University über die Vielfalt der bereits damals erschienenen Forschungsartikel. Mit im Rennen waren schon die Job-Performance, Vertriebserfolg, Führungsverhalten, Unternehmertum, Teamerfolg, selbst die Zusammenhänge mit dem Ruf von amerikanischen Präsidenten. Proaktivität, so scheint es, hat positive Auswirkungen auf Menschen und Unternehmen gleichermaßen.

Neun Monate hat Grant (1995) Immobilienmakler begleitet, deren Erfolge notiert und deren Proaktivität gemessen – und deutlich zeigen können, dass diejenigen mit höherer Proaktivität auch diejenigen waren, die mehr Häuser verkauften, höhere Provisionen einsammelten und mehr Kunden für sich gewinnen konnten, und zwar unabhängig von anderen Persönlichkeitseigenschaften, die normalerweise mit Vertriebserfolgen verbunden werden, wie Gewissenhaftigkeit oder Aufgeschlossenheit.

Auch aus dem Marketingsektor gibt es solche Nachrichten. Denn die Wirtschaftswissenschaftler Michael Beverland, Francis Farrelly und Zeb Woodhatch (2007) haben beobachtet, dass das proaktive Verhalten von Beratern in Werbeagenturen mit sichtbar fruchtbareren Kundenbeziehungen verbunden ist. Dabei zeigte sich, dass die Werber »Initiative«, »Horizonterweiterung«, »strategische Reflexion« und »Signalisieren der Proaktivität« beherrschten. Es zeigte sich auch, dass Proaktivität ein Treiber der Kundenzufriedenheit ist und damit Kunden motiviert, Dienstleistungen erneuert einzukaufen, während eine reaktive Haltung lediglich die Unzufriedenheit reduzieren kann. Um ihre proaktiven Fähigkeiten zu verbessern, kombinierten die Agenturen Methoden zum Aufbau von Glaubwürdigkeit, mehrere Kommunikationskanäle, Beziehungszusagen und Ressourcenunterstützung.

Selbst der Finanzsektor bekommt sein proaktives Fett weg. Das Team aus Organisationspsychologen um Johannes Rank veröffentlichte 2007 Beobachtungen, dass Proaktivität bei Mitarbeitern deutlich mit der Kundenserviceleistung zusammenhängt, also mit dem selbstständigen, langfristig orientierten und anhaltenden Serviceverhalten, das über explizit vorgeschriebene Anforderungen hinausgeht. Dafür haben sich die Forscher 186 Führungskraft-Mitarbeiter-Datensätze angeschaut. Sie fanden auch heraus, dass die proaktive Serviceleistung signifikant mit den Mitarbeiterbewertungen der Merkmale *Eigeninitiative, affektives organisationales Commitment, Aufgabenkomplexität* und *partizipative Führung* verbunden war. Proaktive Führungskräfte werden von Vorgesetzten, Kollegen und Mitarbeitern als mit mehr Führungsqualitäten ausgestattet erlebt und als aktivere Leistungsträger wahrgenommen. Vielfach wird gefordert, dass Manager bei ihrer Arbeit proaktiver sein sollten und dass proaktives Verhalten eine zunehmend wichtige Komponente der Arbeitsleistung ist. Auch hier zählt die proaktive Persönlichkeit, persönliche Initiative, Selbstwirksamkeit in Bezug auf die Rollenbreite und Übernahme von Verantwortung. In seiner Publikation von 2000 beschreibt J. Michael Crant, dass die Konsistenz der Ergebnisse von der Mitarbeitersicht bis hin zum Führungskräfteverhalten beeindruckend ist.

Wie zeigt sich diese Proaktivität? Ein proaktiver Mensch nimmt die Dinge gerne in die Hand, bringt neue Initiativen und Gedanken ein oder nimmt von sich aus aktiv Anteil an einer Veränderung; er sorgt für Veränderung, anstatt auf sie zu warten. Ein weniger proaktiver Mensch geht das Ganze etwas ruhiger an und arbeitet ab, was da ist und was ihm auf den Tisch kommt. Es ist der Unterschied zwischen »Let's go!« und »Go with the flow«, der Unterschied zwischen »Benchmarker« und »Pathbreaker«, zwischen »Change-Maker« und »Change-Opfer«. Es ist die Frage, ob wir, wenn wir jemanden wiedersehen, ihm entgegengehen oder stehen bleiben und warten, bis er bei uns angekommen ist. Ebenso ist es im Business. Proaktive Menschen treffen die bewusste Entscheidung, sich aktiv in eine Situation einzubringen oder herauszuziehen, das gilt für den neuen Job oder den Wechsel in eine neue Branche ebenso wie für die private Altersvorsorge.

Proaktivität ist, wie viele andere Eigenschaften, die in diesem Buch Thema sind, veränderbar. Mona Mensmann und Michael Frese (2017) von der Leuphana-Universität Lüneburg haben ein ganzes Trainingsprogramm rund um die Stärkung der Proaktivität entwickelt. Ihre Ergebnisse wie auch die von J. Michael Crant und anderen Forschern lassen sich in den folgenden Mini-Interventionen zusammenführen. Die Fragen, die jeden Vorgehensvorschlag abrunden, müssen natürlich nicht immer alle beantwortet werden. Vielmehr sind es Beispiele, wie in verschiedenen Situationen diese Dimension durch Reflexion gestärkt werden kann. Das Interessante am Vorgehen von Mensmann und Frese ist, dass sie dieses Instrument auch für die mentale Stärkung von Jobsuchenden einsetzen; denn was, wenn nicht die Suche eines (neuen) Jobs, ist der Kern persönlicher Initiative? Rhetorische Frage, nicht antworten! Die nachfolgenden Impulse sind eher breiter angelegt und eignen sich für viele Kontexte.

1. Horizont erweitern: Hier geht es darum, immer wieder den Blick darauf zu richten, was sich gerade in der Firma oder in der Branche tut, welche Themen sich gerade abzeichnen. Es ist so eine Entdeckertätigkeit. Denn (pro-)aktiv sein funktioniert nur, wenn es ein Ziel gibt, auf das Sie sich hinbewegen können. Dies kann sich auf zwei Arten von Horizonten beziehen: auf den eigenen (den erweitern Menschen, indem sie sich auf herannahende Veränderungen im eigenen Job, in der Firma oder der Branche vorbereiten) oder auf den der Kunden, indem die Mitarbeitenden deren Bedürfnisse erahnen und aus Branchenentwicklungen ableiten. Im Business ist das der Unterschied zwischen dem bloßen Erfüllen bekannter Kundenbedürfnisse und dem Hinausgehen über spezifische Auftragsabwicklungen. Im letzteren Fall wird der Chancenhorizont effektiv erweitert, indem eine glaubwürdige Konversation initiiert wird, die versucht, die Beziehung als Ganzes voranzubringen.

Was entwickelt sich gerade am Horizont? Wie könnte das Projekt Teil einer größeren Strategie sein? Wie kann mein Verhalten zu zukünftigen Erfolgen führen? Wo sollte ich ansetzen, um das zu erreichen?

2. Ziele stretchen: Stretch-Goals sind Ziele, bei denen nicht ganz klar ist, ob Sie sie erreichen. Es sind keine SMART-Goals, bei denen ja gerade klar sein soll, dass sie erreicht werden können. SMART-Goals machen aktiv, sie machen aber eben nicht proaktiv. Stretch-Goals gehen darüber hinaus. Sie entstammen dem Mindset »Ich will hier was ändern«. Das macht aus diesen Zielen solche, die einen Einfluss auf den Verlauf der Dinge nehmen.

Was wollen Sie wirklich ändern?

3. Szenarien vorwegnehmen: Tatsächlich kann man Probleme antizipieren. Es ist so, als wenn Sie selbst Ihre Produkte und Dienstleistungen testen und all das mit ihnen machen, was der herausforderndste Kunde damit anstellen könnte. Es dreht sich aber auch darum, Entwicklungen wahrzunehmen, die einem das Leben schwer machen könnten. Immer wieder wünschen sich Kunden aktiv von ihren Dienstleistern, dass sie sie kontinuierlich mit neuen Ideen und Trends beliefern.

Welche Probleme haben die anderen mit Ihrem Angebot? Was könnte ihnen schwer zu schaffen machen? Welche anderen Probleme könnten Sie für diese Menschen lösen?

4. Pionier sein: Das Wort »Pionier« hat im deutschsprachigen Raum einen geschichtlichen Imageschaden erlitten. Trotzdem ist es das, was proaktive Menschen ausmacht. Sie wagen Neues, einfach indem sie ins kalte Wasser springen. Es ist der Schritt nach der Idee, der Schritt, den viele nicht gehen, es ist das Ausprobieren der Idee. Dieser Pioniergeist ist gleichzeitig ein Signal für Kunden, dass Unternehmen bereit sind, in eine weiter und tiefer gehende Beziehung zu investieren.
Das geht auch intern, indem Sie von Kollegen oder Führungskräften regelmäßiges Feedback einholen, aber auch Menschen außerhalb der Organisation darum bitten, um so eine andere Sichtweise hinzuzugewinnen.

Wann probieren Sie was für wen aus, ohne dass Kunden, Kollegen oder Führungskräfte es einfordern? Wie bekommen Sie gute und relevante Rückmeldungen?

Woran könnten Sie den Level an Proaktivität in Ihrem Team, in Ihrer Firma ausmachen? Ein Mangel an Proaktivität zeigt sich an Selbstzufriedenheit und die wiederum wird erlebbar an »Happy Talk«, an Problemverdrängung oder am Fokus auf enge, kurzfristige Ziele. Die Folge ist ein Verheiratetsein mit dem Status quo.

8. Bewältigungskompetenz: Sich dem Problem zuwenden

Als der damalige Verkehrsminister Andreas Scheuer 2018 sagte: »Über diese App können die Bürger ein Signal geben, wenn sie in ein Funkloch geraten«, musste man das erst mal sacken lassen. Er brauchte wahrscheinlich auch einen Moment, als er über eine Twitterkaskade zu seiner Aussage stolperte. Auch William Phelps Eno (1858–1945) hatte herausfordernde Erlebnisse rund um sein Wirken in der Verkehrsbranche. Allerdings weilte er auf der anderen Seite der Medaille: Er war der Gott des verkehrstechnischen Vorschlagswesens. Im frühen 20. Jahrhundert erfand er das Stoppschild, die Zeichen für »Fußgängerüberquerung« und »Kreisverkehr«, die Einbahnstraße und den Taxistand. Nur eines konnte er nicht: Auto fahren. Er hat von seinen ganzen Erfindungen nur sehr indirekt etwas gehabt! Denn nicht nur waren Autos selten bis ins hohe Lebensalter Enos, er hatte auch nie einen Führerschein. Doch auch Kutschen verursachen Staus und in einen solchen gerieten der junge Verkehrsvordenker und seine Mutter. Es muss ihn so nachhaltig irritiert und fasziniert haben, dass er sich von der Ratlosigkeit der Beteiligten antreiben ließ, all die genannten Erleichterungen im straßenverkehrlichen Miteinander und dessen Kontrolle zu erfinden.[5] Die Verkehrsbehörde in seinem heimatlichen Nancy entwickelte angesichts dieser Pioniertaten so viel Stolz (oder Mitleid), dass sie ihm einen Führerschein ehrenhalber verlieh.

Eno jedenfalls hatte sich entschieden, tätig zu werden. Das ist eine der beiden Möglichkeiten, die wir haben: Entweder wir kümmern uns um das Problem oder wir kümmern uns um uns selbst. In der Forschung nennen wir das Coping. Während Eno das problemorientierte Coping nutzte, bringen die nachfolgenden Liedzeilen das emotionsorientierte und das vermeidungsorientierte Coping sehr gut auf den Punkt: »Ist da mal wieder so 'ne Phase, wo gar nix läuft außer die Nase.

---

5 »New York Owes Much to Traffic Guardians«, William E. Curtis, *The Washington Evening Star und The Chicago Record-Herald*, New York, 12. Juni 1909.

[...] Bist du eher so der Regungslose, Sofa, Fernseher und Trainingshose« (Jan Delay). Und auch bei unserem Umgang mit unseren eigenen Herausforderungen haben wir immer nur die Wahl zwischen diesen beiden: Handlungsfähigkeit versus Stimmungsreparatur.

Ein Beispiel: Sie haben die Projektleitung eines komplexen Projektes aufgetragen bekommen. Es hängt viel daran: das Überleben der Firma, Ihre Karriere, Ihr Standing im Unternehmen. Bisher haben Sie das noch nicht in dieser Größenordnung gemacht. Wenn nun Richard Lazarus in Ihrem Büro auftauchen würde – rein hypothetisch, denn dieser berühmte amerikanische Psychologe ist leider seit 2002 nicht mehr unter uns –, dann würde er Ihnen sagen: Nun durchlaufen Sie gerade innerlich drei Schritte. Zuerst einmal beurteilen Sie die Situation danach, ob sie für Sie stressig werden kann. Unter den vorgenannten Bedingungen »noch nie gemacht«, »extrem wichtig für das Unternehmen« und »kann meine Karriere killen« könnte eine solche Einschätzung Ihrerseits durchaus möglich sein. Ist also das Ergebnis dieser ersten Einschätzung ein Ja, kommt der zweite Schritt. Nun überlegen Sie, ob Sie dem etwas entgegenzusetzen haben. In dieser zweiten Bewertung schauen Sie, welche Ressourcen Sie haben: planerische Fähigkeiten, um das Ding zu wuppen; Zeit, um sich in die Aufgabe einzuarbeiten; Durchsetzungsfähigkeit, wenn die Teammitglieder schräge Vorstellungen entwickeln und eine Entrauchungsanlage gegen die Bestimmungen einbauen wollen; Kollegen, die Ihnen unter die Arme greifen können; usw. Je nachdem, wie das so läuft, kann der abschließende dritte Schritt, die sog. Neueinschätzung, in eine von zwei Richtungen laufen. Entweder Sie denken sich: »Och, nun mal langsam mit den jungen Pferden, das kriege ich schon hin, ich kann planen, mich einigermaßen durchsetzen und im Notfall ruf ich den Mehdorn an, dessen Visitenkarte ich noch vom Small Talk beim letzten Risk-Management-Kongress in der Tasche habe«, dann schätzen Sie, neutral formuliert, die Situation als bewältigbar ein. Oder Sie denken: »Auweia, das geht in die Binsen«, dann schätzen Sie, vorsichtig formuliert, die Situation als nicht so ohne Weiteres bewältigbar ein. Und dann fällt Ihnen ein: »Ach, der Dingens, der war doch Ingenieur, der Vater vom Freund meiner Tochter, ob ich den mal anrufe?« Eine neue Ressource könnte die ganze Schleife wieder neu starten, und das passiert auch des Öfteren: Wir drehen ein paar Runden, bis wir bei einer endgültigen Einschätzung ankommen.

Das also passiert, wenn eine Situation eine Reaktion verlangt. Anspannung entsteht, wenn eine Situation uns mehr abverlangt, als wir zu haben glauben. Dieser Bewertung der Situation muss unser Glaube daran gegenüberstehen, dass wir der Situation Herr werden können, sie bewältigen können. Ob dann Stress entsteht, hängt von dieser Bewertung ab. Diese Situationen gibt es in unglaublich vielen Ausführungen, das Schicksal verfügt über einen grenzenlosen Einfallsreichtum, um unsere Coping-Fähigkeiten zu testen:

1. Beim Abdrehen des Wassers haben Sie gleich den ganzen Hahn abgedreht; das Wasser strömt entspannt auf den Badezimmerboden und in absehbarer Zeit auch weiter.

2. Der Zug kommt eine Stunde zu spät und vermasselt so den schon mit Puffer geplanten Anschluss, der Sie zur Abschlusspräsentation für den Großkunden bringen sollte.

3. Per Mail (!) kommt die Nachricht, dass der Zeitarbeitsvertrag leider, leider nicht verlängert werden kann.

4. Die dreijährige Tochter macht genau in dem Moment seit Tagen das erste Mal umfangreich in die Windel, als Sie im Babyschwimmbecken sind.

Egal, was es ist, immer läuft der gleiche theoretische Prozess ab. Nun ist der nicht nur theoretisch, sondern führt auch öfter als gewünscht zu der Erkenntnis: Ich krieg das wahrscheinlich nicht hin.

Emotions- oder vermeidungsorientiertes Coping

Was tun? Schauen wir ganz kurz darauf, was Menschen machen, wenn sie emotions- oder vermeidungsorientiert reagieren: Sie versuchen, sich abzulenken, zu meditieren, systematische Entspannungstechniken einzusetzen oder den Emotionen auch mal freien Lauf zu lassen. Die Persönlichkeitspsychologen Charles Carver, Michael Scheier und Jagdish Weintraub (1989) unterscheiden dabei fünf Formen: die Suche nach emotionaler sozialer Unterstützung, positive Reinterpretation und Wachstum, Akzeptanz, Verleugnung und Hinwendung zur Religion. Der Score für Vermeidungsbewältigung umfasst die Strategie-Subscores »Seinen Emotionen Luft machen«, »Mentales Auschecken« und »Verhaltensmäßig Auschecken«. Hinzu kommen noch Verhaltensweisen wie »Verwendung von Humor« und »Verwendung illegaler Substanzen«. Wenn Sie also in einer stressigen Situation einen der nachfolgenden Gedanken haben oder zu vergleichbaren Taten schreiten, dann sind Sie in diesem Coping:

- Ich versuche, durch die Erfahrung als Person zu wachsen.
- Ich wende mich der Arbeit oder anderen Ersatzaktivitäten zu, um mich abzulenken.
- Ich rege mich auf und lasse meine Emotionen raus.
- Ich sage zu mir selbst: »Das ist nicht real.«
- Ich setze mein Vertrauen in Gott.
- Ich lache über die Situation.
- Ich gestehe mir ein, dass ich nicht damit umgehen kann, und gebe den Versuch auf.
- Ich bespreche meine Gefühle mit jemandem.
- Ich nehme Alkohol oder Drogen, damit ich mich besser fühle.
- Ich gewöhne mich an den Gedanken, dass es passiert ist.
- Ich träume von anderen Dingen als diesem.
- Ich suche die Hilfe Gottes.
- Ich mache Witze darüber.
- Ich akzeptiere, dass dies geschehen ist und dass es sich nicht ändern lässt.
- Ich versuche, emotionale Unterstützung von Freunden oder Verwandten zu bekommen.
- Ich gebe den Versuch auf, mein Ziel zu erreichen.
- Ich weigere mich, zu glauben, dass es passiert ist.
- Ich lasse meine Gefühle raus.

- Ich versuche, es in einem anderen Licht zu sehen, um es positiver erscheinen zu lassen.
- Ich schlafe mehr als sonst.
- Ich erhalte Mitgefühl und Verständnis von jemandem.
- Ich suche nach etwas Gutem in dem, was gerade passiert.
- Ich tue so, als ob es nicht wirklich passiert wäre.
- Ich gehe ins Kino oder schaue fern, um weniger daran zu denken.
- Ich akzeptiere die Realität der Tatsache, dass es passiert ist.
- Ich fühle eine Menge emotionalen Kummer und ertappe mich dabei, dass ich diese Gefühle oft zum Ausdruck bringe.
- Ich versuche, Trost in meiner Religion zu finden.
- Ich reduziere den Aufwand, den ich für die Lösung des Problems betreibe.
- Ich spreche mit jemandem darüber, wie ich mich fühle.
- Ich lerne, damit zu leben.
- Ich lerne etwas aus der Erfahrung.
- Ich bete mehr als sonst.

Und dann? An der Situation hat sich nichts geändert und auch nicht an unseren Fähigkeiten, damit umzugehen. Die Chancen stehen also gut, dass alles von vorn losgeht. Es erzeugt etwas, das wir in der Psychologie emotionale Aufgeregtheit nennen. Bei emotionaler Aufgeregtheit leidet unsere Aufmerksamkeit, unser Gedächtnis versagt und unsere Entscheidungsfähigkeit geht in die Binsen. In Partnerschaften erleben wir das öfter. Manche Ehemänner machen diese Erfahrung, wenn ihre Frau sie anschaut und fragt: »Schatz, weißt du, was heute für ein Tag ist?«

Wird nun eine Situation, auch jenseits vergessener Hochzeitstage, als bedrohlich eingeschätzt, startet eine zweite Überlegungsschleife. Das ist die sekundäre Bewertung. Hier überlegen wir, ob wir genügend Fähigkeiten und Möglichkeiten haben, mit dieser bedrohlichen Situation umzugehen. Wenn wir das bejahen, legen wir los und bekommen es hin. Dementsprechend werden wir in Zukunft vergleichbare Situationen als nicht mehr so stressig erleben. Natürlich ist das ein stetiges Hin und Her zwischen den drei Phasen und es kann auch mehrfach im Kreis gehen. Was Anpassungsfähigkeit hier leisten kann, ist ein ruhiger, systematischer Umgang mit stressinduzierenden Situationen und Frustrationen.

Problemorientiertes Coping

Wenn wir in problemorientiertes Coping investieren, bedeutet dies, aktiv zu werden. Wir entfernen die Quelle der Anspannung, und in der Folge verschwinden dann natürlich auch die negativen Emotionen, weil die Ursache beseitigt ist. Wie geht dieses »Verschwindenlassen«? Problemorientiertes Vorgehen entsteht beispielsweise dann, wenn wir die Kontrolle über den Stressreiz übernehmen, uns auf die Suche nach Informationen oder nach Hilfe bei der Bewältigung der Situation machen oder die stressige Situation auflösen.

Bei der problemorientierten Bewältigung nehmen wir den Stressor als etwas wahr, bei dem wir etwas unternehmen können, zum Beispiel einen Bericht fertigstellen. Bei der problemorientierten Bewältigung sieht ein Individuum, dass Schritte unternommen werden können, um die belastende Situation zu verändern. Diese Bemühungen sind getragen von Risikobereitschaft und verschiedenen kognitiven Problemlösefähigkeiten. Auch hier haben die Kolleginnen und Kollegen die Techniken dingfest gemacht, mit denen Menschen das hinbekommen: aktive Bewältigung, Planung, Unterdrückung konkurrierender Aktivitäten, Zurückhaltung-Üben und Suche nach instrumenteller sozialer Unterstützung. Wenn Menschen das machen, berichten sie in Sätzen wie den folgenden darüber:

- Ich versuche, mir von jemandem Rat zu holen, was ich tun soll.
- Ich konzentriere mich darauf, etwas dagegen zu tun.
- Ich spreche mit jemandem, um mehr über die Situation herauszufinden.
- Ich achte darauf, dass ich mich nicht durch andere Gedanken oder Aktivitäten ablenken lasse.
- Ich mache einen Aktionsplan.
- Ich ergreife zusätzliche Maßnahmen, um zu versuchen, das Problem loszuwerden.

- Ich spreche mit jemandem, der etwas Konkretes gegen das Problem unternehmen kann.
- Ich versuche, mir eine Strategie zu überlegen, was zu tun ist.
- Ich konzentriere mich auf die Bewältigung dieses Problems und lasse gegebenenfalls andere Dinge ein wenig schleifen.
- Ich denke darüber nach, wie ich am besten mit dem Problem umgehen kann.
- Ich achte darauf, die Sache nicht durch zu frühes Handeln zu verschlimmern.
- Ich frage Menschen, die ähnliche Erfahrungen gemacht haben, was sie getan haben.
- Ich denke intensiv darüber nach, welche Schritte ich unternehmen soll.
- Ich mache bei dem, was getan werden muss, einen Schritt nach dem anderen.

Als Fazit ist hier festzuhalten: Problemfokussierte Bewältigungsaktivitäten werden von Personen durchgeführt, die Probleme als Chancen und bewältigbar oder lösbar ansehen. Darum sind Menschen, die dem problemorientierten Coping folgen, auch motivierter und engagierter und investieren folglich mehr Zeit und Mühe in die Bewältigung.

Welchen dieser Bewältigungsstile nutzen Sie am häufigsten? Schreiben Sie für jeden Ihrer Bewältigungsstile ein Beispiel für die effektive Verwendung auf. Wann war es sehr nützlich, dass Sie sich auf diese Weise mit dem Problem befasst haben? Schreiben Sie auch ein Beispiel für einen Moment auf, in dem Sie gerade diesen Bewältigungsstil durchbrochen haben. Überlegen Sie, wo genau der Unterschied liegt. Was hilft Ihnen, den Bewältigungsstil dosiert anzuwenden? Gehen Sie dann die Stile noch einmal durch. Gibt es Bewältigungsstile, die Sie Ihrer Meinung nach mehr brauchen? Wählen Sie zunächst einen aus und beantworten Sie dann die folgenden Fragen: Gibt es Zeiten, in denen es Ihnen bereits gelungen ist, ein Problem auf diese Weise zu lösen? Wie sah das aus? Was können Sie daraus lernen?

9. Motivationaler Fokus

Immer wieder müssen wir uns positionieren: Stabilität oder Veränderung? Das Neue suchen oder das Bestehende nicht verlieren? Positiv, hin zu einem Ziel oder nicht negativ in dem Sinne, nur keine Fehler zu machen? Worauf sind Sie gepolt? Was ist Ihr motivationaler Fokus? Diese Frage zielt auf eine grundlegende und tief greifende Entscheidung. Sie betrifft unsere Selbstregulation und hat direkte Auswirkungen auf diverse Aspekte unseres Verhaltens. Es ist die Frage danach, welchen Weg zum Ziel wir einschlagen. Klingt ein wenig alltäglich? Tatsächlich bestimmen diese beide Fokusse unseren Alltag. Sie entscheiden darüber, wie wir überhaupt erst formulieren, welche Ziele wir erreichen wollen.

Ein zentraler Grundsatz der Theorie des motivationalen Fokus ist, dass es sehr unterschiedliche Weisen gibt, Vergnügen zu suchen und Schmerz zu vermeiden. Diese unterschiedlichen Weisen manifestieren sich in zwei unterschiedlichen Selbstregulationssystemen, einem mit einem Promotionsfokus und einem mit einem Präventionsfokus. Wählen wir Ziele, die uns vorankommen und wachsen lassen? Oder geht es uns darum, Sicherheit und Stabilität zu erreichen? Diese Wahl entscheidet zum Beispiel darüber, wie selbstverständlich wir veränderungsbezogenes Verhalten an den Tag legen. Der Verhaltensforscher Paraskevas Petrou et al. (2020) zeigen, dass der Promotionsfokus sehr eng mit dem AQ zusammenhängt und Kreativität im Denken fördert.

Sehr aufschlussreich ist auch eine Studie von Ellen Crowe und Edward Tory Higgins (1997). Im Vorfeld gab es eine kurze Umfrage dazu, was die Menschen gerne machten und was sie absolut ungern machten. Die berichteten Tätigkeiten wurden in folgende Sätze eingebaut: »Wenn du das gut hinbekommst, darfst du danach deiner Lieblingstätigkeit X nachgehen« und »Wenn du das nicht gut hinbekommst, musst du danach deiner Hasstätigkeit Y nachgehen«. Dann zeigten sie den Menschen im Versuch Wörter wie diese hier:

witoz terim lafet gikop bokal kugir waqox digok pukib mazeb gucod palez bigut gohik kolum fidat bezeg qidus kolok zusan

Die Menschen sahen jedes Wort genau zwei Sekunden. Es folgte eine

20-sekündige Unterbrechung. Dann gab es noch einmal eine Salve von Wörtern. Dieses Mal waren es 40.

witoz rezeg qohul ziqat terim yareg lafet gikop bokal kugir waqox digok pukib mazeb kiriz gucod palez tuzil bigut gohik deraw kolum qohul popol fdat bezeg qidus kolok zusan guraq lituz rogil darig qerat zituf gorup fuzat valom hilip jajor

Vielleicht haben Sie gemerkt, dass hier Wörter aus der ersten Runde und neue Wörter gemischt sind. Und die Frage an die Teilnehmer war: War das Wort xy in der ersten Runde dabei? Nur der Gedanke daran, eventuell eine absolut ungeliebte Tätigkeit ausführen zu müssen, führte dazu, dass diese Menschen viel mehr darauf achteten, welche Wörter nicht dabei waren. Und die Vorfreude auf die Lieblingstätigkeit brachte es mit sich, dass die Menschen viel mehr darauf fokussierten, welche Wörter zuvor dabei gewesen waren. Der Fokus beeinflusst also nachhaltig die Verarbeitung beliebiger Informationen, wobei der Präventionsfokus analytischer macht.

Die grundsätzliche Frage dahinter ist mithin: Worauf sind wir gepolt? Gestellt wird diese Frage in der Psychologie seit 1997. Entscheiden wir uns für »hin zu«, folgen wir dem Promotionsfokus. In ihm gehen wir ins Risiko und wollen möglichst viele richtige Treffer erzielen, möglichst nah ans Ziel herankommen. Dieser Fokus hat Drive. Wenn wir so unterwegs sind, verleiten uns Schwierigkeiten nicht zum Aufgeben. Ganz im Gegenteil, wir geben extra Gas, steigern unsere Leistung. Wenn es dann hinhaut mit dem Erreichen unserer Ziele, zeigt sich ein Feuerwerk an Positivität. Freude, Glück, Zufriedenheit und Wohlbefinden machen sich breit. Haut es nicht hin, kommen natürlich Emotionen wie Trauer, Enttäuschung, Ärger oder Unzufriedenheit auf.

Damit kommen wir zur Kehrseite dieser Fokus-Medaille. Auf der stehen die Worte »nicht negativ« und die sorgen schon mal für Verwirrung. Einfach gesagt: Während wir im Promotionsfokus risikobereit sind, sind wir im Präventionsfokus sicherheitsorientiert oder konservativ. Wir wollen damit das Nicht-Erreichen des Ziels verhindern. Dementsprechend steht am Ende auch keine Freude, sondern entweder ein Mix aus Entspannung, Beruhigung, Erleichterung, Sicherheit oder eine Mischung aus Anspannung, Unruhe, Bedrohung, Ängstlichkeit.

»Komm, lass uns das doch mal einfach anders machen. Geh mit mir ins Risiko!« Manche atmen bei diesem Satz auf, andere vergessen womöglich glatt das Atmen. Das ist auch gut so. Denn wir sind nicht alle gleich. Und so fallen wir auch bei diesem Um-die-Ecke-Denken in eines von zwei Lagern. Es gibt Menschen wie Tim oder Jacky. Sie sehen viele mögliche Probleme; und während wir ihnen versichern, dass alles gut ausgehen wird, sehen sie schon die Fehler in unserem leichtsinnigen Denkmodell. Im anderen Lager warten Carsten und Vanessa. Sorgenfalten schmelzen bei ihnen schneller als ein Wassereis auf der Heizung. Sie sind vereint in unermüdlichem Optimismus, lassen sich nicht so sehr von Kleinigkeiten aufhalten. Fehler können ihnen weniger anhaben. Das kann natürlich auch mal ordentlich schiefgehen. Alle vier sind schlau und nahezu gleich engagiert und motiviert. Nur kommen sie eben aus völlig anderen Ecken des Denkuniversums. Tim und Jacky sind Fehlerfinder und Risikominimierer, Carsten und Vanessa sind kreativ und innovativ, gehen Risiken ein. Diese Risikobereitschaft und das positive Denken machen sie anfälliger für Fehler, es ist weniger wahrscheinlich, dass sie die Dinge vollständig durchdenken, und in der Regel haben sie keinen Plan B, falls die Dinge scheitern. Wenn sie ein Spiel spielen, spielen sie, um zu gewinnen. Sie sehen bei Tim und Jacky vor allem ein Bündel nicht genutzter Chancen. Diese wiederum wollen eigentlich nur ihren Verpflichtungen nachkommen und in Sicherheit handeln. Wenn sie spielen, wollen sie nicht gewinnen, sie wollen nur einfach nicht verlieren. Sie wollen sich, mehr als alles andere, sicher fühlen. Beide Teams lieben, was sie tun, wollen gute Leistungen bringen. Sie kommen nur aus völlig unterschiedlichen Ecken zu ihrem Ergebnis. Tim und Jacky haben einen Präventionsfokus, Carsten und Vanessa einen Promotionsfokus.

Menschen mit Präventionsfokus sind oft konservativer und gehen ungern Risiken ein. Ihre Arbeit nehmen wir häufig als gründlicher, genauer und sorgfältig geplanter wahr. Das kann Wachstum, Kreativität und Innovation schon mal abträglich sein. Menschen mit Promotionsfokus sind oft innovativer und kreativer. Ihre Arbeit nehmen wir häufig als ideenvoll, chancenorientiert und erfindungsreich wahr. Das kann der Genauigkeit, Berechenbarkeit und Stabilität abträglich sein. In jedem von uns steckt grundsätzlich beides, doch wie bei unseren Händen haben wir eine Dominanz. Wir sind eher Rechts- oder eher Linkshänder und so sind wir eher promotions- oder präventionsfokussiert. Während das mit den Händen aber in den meisten Situationen gleich bleibt, kann sich der Fokus unter Umständen von Situation zu Situation ändern.

Kurz: Dieser Fokus sollte nicht unterschätzt werden, weil er so ziemlich alles beeinflusst, was uns in den Kopf kommt. Ein wenig einfach formuliert: Der eine entwickelt das Flugzeug, der andere den Fallschirm. Wir können Zahnpasta entwickeln, um Karies zu verhindern oder ein strahlend weißes Lächeln zu erzeugen. Eine Versicherung ist eher präventionsfokussiert, ein Lottoschein eher promotionsfokussiert. Unser Fokus beeinflusst also massiv, wie wir an eine Lösung, an ein Gespräch, an die Umsetzung einer Aufgabe herangehen.

Unternehmergeist ist eine Frage des Fokus

Was macht dieser Drei-Meter-Monolith hier, fragte ich mich, als ich im Winter 2008 in das Foyer eines Big Players der Pharmabranche eintrat. Die Tafel war präsent, sie schuf Präsenz, und zwar für die Werte des Unternehmens. Ganz oben prangte ein Satz, den viele Wertesammlungen beherbergen: »Wir denken unternehmerisch.« Wie schaffen die hier wohl dieses unternehmerische Denken bei ihren Mitarbeitern, überlegte ich. So etwas fragt man natürlich nicht beim Kennenlernen den Vorstand. Ich zumindest nicht. Stattdessen kramte ich auf dem Rückweg in meiner PDF-Wunderkammer. Und stieß auf Ausführungen von Joel Brockner et al. aus dem Jahr 2004. Brockner, Management-Professor an der School of Business an der Columbia University, hat eine Brücke geschlagen zwischen den beiden Fokussen und dem unternehmerischen Denken. Er schreibt, dass es nicht die eine Orientierung gebe, sondern dass sowohl Promotions- als auch Präventionsfokus für unternehmerischen Erfolg notwendig seien. Für bestimmte Aspekte des unternehmerischen Prozesses (wie etwa das Generieren von Ideen mit Erfolgspotenzial) ist ein stärkerer Promotionsfokus notwendig. Für andere Aspekte des unternehmerischen Prozesses (wie etwa die Durchführung der »Due Diligence« beim Screening von Ideen) ist ein größerer Präventionsfokus notwendig. Darüber hinaus kann das gemeinsame Vorhandensein von Promotions- und Präventionsfokus als Motivationstreiber für den Umgang mit unzähligen Formen von negativem und positivem Feedback dienen, die den unternehmerischen Prozess unweigerlich begleiten. Die Frage ist nun also: Wo hilft was?

1. Wenn es um das Konzipieren und Kreieren geht, hilft der Promotionsfokus, der dafür sorgt, dass wir mehr Alternativen generieren. Um das zu belegen, ließen Ellen Crowe und Tory Higgins in ihrer bereits zitierten Studie (1997) Menschen die Eigenschaften verschiedener Möbelstücke auflisten. Bei dieser Aufgabe wurden allen Teilnehmenden die Namen von Möbelstücken vorgelegt, beispielsweise »Schreibtisch«, »Couch« oder »Bett«, und sie wurden gebeten, alle Merkmale aufzuschreiben, die ihnen zu jedem Objekt einfielen. Vor diesen beiden Aufgaben wurde bei den Teilnehmern einer der beiden Fokusse aktiviert. Die Anweisungen variierten dann zwischen den Bedingungen:

(a) Promotionsfokus: »Wenn du die Übungen, die ich dir jetzt gebe, gut machst, darfst du xy [vom Teilnehmer bevorzugte Aufgabe] statt der anderen Aufgabe machen.«

(b) Präventionsfokus: »Solange du bei den Übungen nicht schlecht abschneidest, musst du nicht xyz [ungeliebte Aufgabe] machen, sondern stattdessen die andere Aufgabe.«

Die Studie ergab, dass Teilnehmer mit Promotionsfokus im Vergleich zu Teilnehmern mit Präventionsfokus mehr Alternativen entwickelten, mehr Kriterien bei der Sortieraufgabe verwendeten und mehr eindeutige Dimensionen für die Merkmalsliste generierten. Doch Kreativität besteht nicht nur aus dem Entwickeln mehrerer Alternativen. Sie beinhaltet auch, verborgene Möglichkeiten und neuartige Anwendungen zu entdecken. Auch hier setzt sich der Promotionsfokus durch. Ergo: Für die Entwicklung von Ideen brauchen wir den Promotionsfokus.

2. Wenn es um die Frage der Machbarkeit und die darauf beruhende Auswahl der Ideen geht, sozusagen um den Reality-Check, drängt sich hingegen der Präventionsfokus auf. Denn bei diesem Ideencheck ist es wichtig, vorsichtig und genau zu sein. Hier soll der Fokus gezielt auf das Scheitern gelenkt werden. Menschen mit einem Präventionsfokus sind strategisch wachsam. Sie schauen auf Fehler und auf Qualität. Denn

hier lohnt sich der Tritt auf die Bremse, der mit dem Präventionsfokus einhergeht, während die Menschen im Promotionsfokus aufgrund der sich nähernden Ziellinie eher ihr Tempo und damit ihre Ungenauigkeit erhöhen. Ergo: Für den Reality-Check brauchen wir den Präventionsfokus.

3. Ist die Idee gewählt, geht es um die Beschaffung der notwendigen Ressourcen. Um andere dazu zu bringen, zu investieren, egal, ob Arbeitszeit, Denkpower oder finanzielle Mittel, müssen überzeugende Argumente geliefert werden. Überzeugungskraft lebt vom Promotionsfokus. Zugleich ist aber der Präventionsfokus gefordert, denn die Präsentationen für potenzielle Investoren müssen ziemlich anspruchsvoll sein. Sie müssen zeigen, dass man uns vertrauen kann, dass wir kompetent und mit guten Absichten handeln. Diese Keine-Fehler-Attitüde liegt im Kern des Präventionsfokus. Und der ist entscheidend.

Dieser Fokus wirkt sogar auf die Überzeugungskraft. Joseph Cesario, E. Tory Higgins und Abigail A. Scholer (2001) konnten beobachten, dass Menschen einen befürworteten Plan als überzeugender erleben und eher bereit sind, ihn zu unterstützen, wenn der Präsentationsstil zu ihrem regulatorischen Fokus passt. Wenn Sie also Unterstützung für ein Vorhaben suchen, sind Sie gut beraten, ein wenig zu recherchieren. Welcher Fokus liegt wahrscheinlich in der Mehrheit bei den Adressaten vor? Die Forschung zeigt, dass Unterstützung direkt abhängig von der Passung zwischen dem Stil der Anfrage (in Bezug auf die befürworteten Strategien) und der Orientierung des regulatorischen Fokus der potenziellen Unterstützer ist.

4. Wenn es um die Testphase geht, schlagen wieder beide Fokusse zu Buche. Erfordert der Test den Aufbau neuer Prozesse oder Teams, hilft der Promotionsfokus. Geht es um Fehleranalyse und die Details, ist es hilfreich, die Welt im Präventionsfokus wahrzunehmen. Wie die israelische Psychologin Nira Liberman et al. (1999) beobachtete, sind Menschen im Promotionsfokus offener für Veränderungen und eher bereit, etwas Neues auszuprobieren. Menschen im Präventionsfokus zeigen angesichts von Schwierigkeiten mehr Durchhaltevermögen. Die Frage ist also immer: Wann ist Veränderungsflexibilität und wann ist Durchhalten gefragt?

Und jetzt kommt das Kuriose: Der deutsche Psychologe Jens Förster und sein amerikanischer Kollege Ron Friedman (2003) beobachteten, dass es durch unsere Armbewegung beeinflusst wird, in welchem Modus wir uns gerade befinden. Wenn Menschen ihren Arm beugen, bedeutet dies offenbar, etwas Angenehmes zu sich zu ziehen, und ist mit positiven hedonischen Zuständen assoziiert, während die Armstreckung (als Teil der Bewegung, etwas Unangenehmes von sich zu stoßen) mit negativen hedonischen Zuständen assoziiert ist.

Kreative Probleme wurden in der Folge von den Teilnehmern besser unter Armbeugung (die Versuchspersonen wurden gebeten, den Arm anzuwinkeln und mit der Handfläche unter den Tisch zu greifen) als unter Armstreckung (Versuchspersonen wurden gebeten, den Arm von sich zu strecken) gelöst. Und es geht weiter: Bei Armbeugung fanden Versuchspersonen mehr richtige Analogien und akzeptierten eher atypische Exemplare als Elemente für eine Kategorie. Kurz, sie waren kreativer. Die Experimente machten deutlich, dass sich Kreativität je nach Situation verändern lässt. Will man die Kreativität eines Menschen steigern, so sollte man ihn in einen Promotionsfokus versetzen. Will man ihn analytisch denken lassen, eher in einen Präventionsfokus. Die Experimente zeigten auch, wie einfach diese Bedingungen herzustellen sind.

#9_Mit AQ in der Ungewissheit führen

Was ist der wichtigste Faktor für einen Regentanz? Timing.
– Weisheit der amerikanischen Ureinwohner

Was gestern stimmte, ist heute falsch. Ein Impfstoff, eben noch als Rettung gefeiert, wird im nächsten Moment einkassiert, um dann doch wieder zugelassen zu werden. Widersprüchlicher kann eine Welt sich kaum gerieren. Widersprüchlichkeit erzeugt Ungewissheit. Ungewissheit ist zum Beispiel dieser Zustand, wenn man sich fragt, ob man in den letzten Monaten im Leben immer richtig abgebogen ist. Sie entsteht aber ganz besonders, wenn es um die zukünftigen Routen im eigenen Leben und in der Welt geht.

Ungewissheit entsteht für beide zeitlichen Richtungen, die Vergangenheit und die Zukunft, aus einem Mangel an Information. Was nun die Zukunft angeht, kann dieser Mangel auch nicht so einfach verringert werden. Ohne Zeitreise kommen wir nicht an die relevanten Informationen, die unsere Ungewissheit im Jetzt minimieren helfen könnten. Der Klassiker: Lotto. Da können wir per definitionem nur nach der Ziehung an die zentrale Information, nämlich die richtige Zahlenkombination, kommen. Und dann ist es natürlich irgendwie ein wenig zu spät für das Ausfüllen des Lottoscheins. Ich bin mir sicher, Ihnen fallen sehr viele Beispiele ein, die diesem Muster folgen: Partnerschaftsentscheidungen, Lernen für die Prüfung, Wettervorhersagen. Ungewissheit entsteht, weil es sich grundsätzlich um Informationswetten auf die Zukunft handelt, bei denen wir eine Entscheidung treffen oder ein

Verhalten zeigen müssen, bevor wir Gewissheit erlangen. Um damit gekonnt umzugehen, müssen wir also nicht die Gewissheit verringern, wir müssen uns – und andere – fit machen für den Umgang mit dieser Ungewissheit. Genau diese Fitness erzeugt ein hoher AQ. Und weil das Thema »Umgang mit Ungewissheit« uns selbst wie auch die Menschen in unserer beruflichen Umgebung betrifft, ist es sowohl für die Selbstführung wie auch für die Führung anderer relevant.

Ungewissheit ist tief eingewoben in den Erlebensteppich unseres täglichen Lebens. Stolperer gibt es immer dann, wenn sich bei unserem Drang nach richtigen oder sicheren Einschätzungen und Entscheidungen Wissenslöcher auftun. Die Forschung dazu unterscheidet sehr klar, was genau uns da die Beine weghaut. So gibt es Erkenntnisse zur Selbstungewissheit, zur Beziehungsungewissheit wie auch zu den Auswirkungen der Ungewissheit auf unsere finanziellen Entscheidungen. Die nachfolgenden Ausführungen konzentrieren sich jedoch darauf, zu zeigen, wie weitreichend der Umgang mit der Ungewissheit überhaupt ist und wie Anpassungsfähigkeit uns dabei helfen kann, andere Menschen in der Ungewissheit gut zu führen.

Ungewisse Kulturen

Wenn Ungewissheit kultureller Treiber wird, wenden sich alle Gesichter Geert Hofstede zu. Der holländische Forscher weilt zwar leider nicht mehr unter uns, aber im Geiste schauen wir ihn an. Denn er hat in seinen Forschungen seit den 1980er-Jahren herausgearbeitet, dass der Umgang mit Ungewissheit eine der entscheidenden Kulturdimensionen ist. Hofstede beschreibt sie als das Ausmaß, in dem Menschen einer Nation sich durch mehrdeutige Situationen bedroht fühlen und in der Folge Überzeugungen und Institutionen herausgebildet haben, um diese Situationen zu vermeiden. Unser aktuelles Ungewissheitsgefühl ist mithin entscheidend dafür, wie sehr wir der Ungewissheitsvermeidung anheimfallen. Und davon hängt beispielsweise auch das politische Wahlverhalten ab.

Egal, ob Sie die wirtschaftliche, individuelle oder kulturelle Ebene anschauen: Es gibt so etwas wie einen spezifischen Umgang mit Ungewissheit. Sie finden dieses Phänomen sogar in Werbekampagnen für Fast Food. Ein Beispiel ist KFC. Die Gestaltung des Angebotes auf den Websites für Russland einerseits und für Dänemark andererseits unterscheidet sich massiv. Was glauben Sie, welcher Faktor hat das Design dieser Online-Auftritte am entschiedensten beeinflusst? 1. Die Geschmacksvorlieben der Nationen? 2. Der Werbeetat des Franchisenehmers? 3. Die Ungewissheitsvermeidung der jeweiligen Kultur? Oder 4. der Werbungsstil der Mitbewerber?

Tatsächlich wird das Design maßgeblich von der Ungewissheitsvermeidung der jeweiligen Kultur beeinflusst. Ungewissheitsvermeidung ist eine der sechs Dimensionen, in denen sich ganze Kulturen unterscheiden. Im Kern dieser Dimension steht die Frage: Wie wird in der Kultur mit unbekannten Situationen umgegangen? Ein Land mit hoher Ungewissheitsvermeidung antwortetet darauf so: Wir müssen Unsicheres vorhersagbar und kontrollierbar machen. Recht und Ordnung stehen für uns im Vordergrund, denn unbekannte Situationen sind eine Bedrohung und erzeugen Unbehagen bis hin zu Angst. Ein Land mit geringer Ungewissheitsvermeidung würde ganz anders darauf antworten und hat mit dem Unwägbaren deutlich weniger Probleme; so sind etwa die Sorgen um Gesundheit und Geld geringer ausgeprägt.

Schauen wir uns das mal an: Bei der Dimension der Ungewissheitstoleranz kann in dem Modell von Hofstede eine Nation einen Maximalscore von 120 Punkten erreichen. Das würde der maximalen Ausprägung dieser Dimension gleichkommen. Russland kommt bei der Ungewissheitsvermeidung laut der Erhebungsdaten des Portals www.clearlycultural.com auf 95 Punkte von 120![6] Daher zeigt die Werbung alles auf einen Blick, keine Überraschungen bitte. Und daher bietet die Seite direkt alle Infos zur Qualität und setzt auf ein standardisiertes Layout mit Seitenmenü oben und klarem, konkretem Angebot mit noch klarerer Preisstruktur. Das erzeugt Vorhersagbarkeit und Sicherheit, verstärkt noch mit Navigationshinweis: So kommen Sie sicher zu

---

6 Siehe https://clearlycultural.com/geert-hofstede-cultural-dimensions/uncertainty-avoidance-index/.

uns. Dänemark hat einen ganz anderen Score bei der Ungewissheitsvermeidung: 23 von 120! Auch das prägt das Webdesign. Die Gestalter haben viel mehr Flexibilität. Sie dürfen kreativ sein und Fun in die Sache reinbringen. So nach dem Motto: Ist doch egal, wie viel das Ding kostet und wo der Laden ist, das sieht einfach echt trendy & tasty aus. Dänen lieben das Unbekannte, nicht ganz so Klare und Vorhersehbare. Sie haben Spaß daran. Darum ist eine farbenfrohe Darstellung mit kraftvoller Schrift und einem Essen, das sich zu bewegen scheint, auch passend. In Russland kämen Sie wahrscheinlich allein schon für die Schriftart von »Dirty Louisiana« ins Arbeitslager. Die ist so unordentlich und dreckig: 3,5 Jahre Steine schleppen.[7]

Ernster Kern: So tief greift die Ungewissheitsvermeidung einer Kultur in die Kommunikation, die Entscheidungen und das Verhalten ein. Wichtige Frage: Wie schneidet Deutschland da ab? Der Score liegt bei 65 von 120 Punkten. Was heißt das? Deutschland hat eine sichtbare Präferenz für Ungewissheitsvermeidung. Das ist das Erbe von Kant, Hegel und Fichte: deduktives statt induktives Vorgehen. Motto: »Gib mir eine systematische Analyse, gibt mir ein Gesetz, dann machen wir weiter.« Ganz anders etwa die USA mit einer extrem niedrigen Ungewissheitsvermeidung. Motto: »Gib mir ein Gesetz, damit ich weiß, gegen was ich verstoßen kann.« Das ist das Erbe von John Wayne, Ronald McDonald und dem Mann mit den orangefarbenen Haaren.

In den USA erlebte Mary Barra am 1. April 2014, was es heißt, im Umgang mit der Ungewissheit keine Anpassungsfähigkeit zu besitzen. Die Vorstandsvorsitzende von General Motors musste an dem Tag vor dem Kongress aussagen. Der Titel der Anhörung war: »Der GM-Zündschalter-Rückruf: Why Did It Take So Long?«[8]

Was war passiert? Erstens führte bei einigen Modellen von GM eine schwache Feder im Zündschloss dazu, dass schon geringe Krafteinwirkungen auf den Schlüssel, wenn er sich im Zündschloss befand – ein Stoß mit dem Knie oder das Ziehen an einem schweren Schlüsselbund –

---

7 Siehe https://gfluence.com/one-kfc-2-very-different-experiences-the-art-of-uncertainty-avoidance/.

8 Siehe https://www.fastcompany.com/3045477/goodbye-org-chart?cid=search.

das Abschalten des Motors auslösen konnte. 800 000 Autos waren davon betroffen. Ein Megarückruf. Der Leiter der Anhörung verwies in seinen Eröffnungsworten darauf, dass bereits zehn Jahre zuvor die ersten Kundenbeschwerden zu genau diesem Fehler bei GM eingegangen waren. Doch GM hatte einfach nicht reagiert. Sie wollten das Problem aussitzen. Das erschien ihnen offenbar angenehmer, als die Produktion anpassen zu müssen. Mindestens dreizehn Menschenleben hat diese Taktik gekostet, so führte der Abgeordnete weiter aus. Diesem Auftakt folgten vier lange »Verhörstunden«. In denen zeigte sich, dass es weniger Kalkül als vielmehr ein eklatanter Mangel an Adaptability bei den Entscheidern und deren Teams war, der diese Situation heraufbeschworen hatte. Informationsmangel und politisches Handeln erzeugten einen Zustand der Ungewissheit, anstatt das recht leicht behebbare Problem proaktiv anzugehen. Wie also führt man in Zeiten der Ungewissheit so, dass der AQ gestärkt wird und große wie kleine Probleme ohne Druck oder gar Tote gelöst werden können?

Weniger Ungewissheit dank Ambiguitätstoleranz

Ungewissheit überall. Kein Wunder also, dass der Umgang mit Ungewissheit für die meisten Jobs zur Schlüsselqualifikation wird. Denn wir schaffen uns gerade eine Welt, mit der wir alle auch irgendwie mental zurechtkommen müssen. Wenn wir agil arbeiten und morgen das Ergebnis von heute schon wieder in der Tonne liegt, dann brauchen wir etwas, um diesem permanenten Vielleicht mental Paroli zu bieten. Dabei betrifft diese Ungewissheit alle Lebensbereiche; es gibt überall Situationen mit unvollkommenen, unvollständigen oder unbekannten Informationen. Insofern wirkt sich Ungewissheit auf die Produktivität aus. Sie erschwert das Entscheiden. Entscheidungsarmut bremst Vorankommen. Ein Teufelskreis entsteht, denn um in der Ungewissheit voranzukommen, müssen wir Entscheidungen treffen. Entscheidungen im Ungewissen zu treffen erfordert ein gewisses Maß an Toleranz für Mehrdeutigkeit. In einem Satz: In der Ungewissheit handlungsfähig zu bleiben verlangt von uns, unserem Schwarz-Weiß-Denken Lebewohl zu sagen, unseren unstillbaren Wunsch nach Ordnung zur Seite zu legen und eine Art Chaosappetit zu entwickeln. Natürlich gelingt es nicht jedem Menschen gleich gut, nicht frustriert zu werden, wenn die Dinge unvorhersehbar erscheinen. Aber das verlangt die Welt, die wir gerade schaffen, von uns: auch in unsicheren Situationen effektiv zu arbeiten, in der Unwägbarkeit zielstrebig Probleme zu lösen und uns durch unklare Arbeitsaufträge nicht verunsichern zu lassen. Firmen wie Vorgesetzte erwarten immer selbstverständlicher, dass wir auch bei unzureichenden Ressourcen (Mangel an Zeit, Geld, Mitarbeitern etc.) immer einen Weg zur Lösung eines Problems finden, unsere Irritation im Griff behalten und beherzt handeln, anstatt zu hadern.

Das verlangt eine ganz neue Art von Kreativität, es verlangt Ambiguitätstoleranz. Die wiederum besitzen wir, wenn wir Ungewissheiten, widersprüchliche, möglicherweise schwer verständliche Sachverhalte sowie vage, konträre oder mehrdeutige Informationen neutral und offen wahrnehmen können. Der Weg aus der Ungewissheitsfalle ist nicht etwa das Erlangen von Gewissheit, denn das ist gar nicht mehr möglich in dieser Welt. Der Weg ist das Erlangen von Ungewissheitstoleranz. Und dieser Weg geht insbesondere über das Leben und Arbeiten mit der Mehrdeutigkeit. »Ungewissheit« beschreibt einen Mangel an Wissen oder einen beunruhigenden Mangel an Vertrauen in das eigene Wissen. »Mehrdeutigkeit« beschreibt die Fähigkeit, mehr als eine Interpretation eines Problems für denkbar und zutreffend zu erachten. Nicht zufällig hat das Hasso Plattner Institute of Design der Universität Stanford Ambiguitätstoleranz 2019 zur Super-Ability erkoren und dies im hochschuleigenen Blog erläutert.[9] Sie sei essenziell für das Erkennen von Nichtwissen, aber auch beim Nutzen und Umarmen paralleler Möglichkeiten. Sie sei zentral für das Finden wie auch für das Lösen von Problemen. Und genau hier punktet der AQ. Je höher er ist, umso besser können wir mit Reizen oder Situationen umgehen, die nicht klar strukturiert, neu und komplex sind.

---

9 Siehe https://dlibrary.stanford.edu/ambiguity/the-8-design-abilities-of-creative-problem-solvers.

Let's make Mehrdeutigkeit great again

Zäumen wir das Pferd mal von hinten auf: Was ist charakteristisch für Menschen, die Ambiguität nicht gut ertragen können? Hier sind folgende Merkmale zu nennen:

- Bedürfnis nach Kategorisierung
- Bedürfnis nach Gewissheit
- Unfähigkeit, zuzulassen, dass gute und schlechte Eigenschaften in derselben Person existieren
- Akzeptanz von Einstellungsaussagen, die eine schwarz-weiße Sicht des Lebens transportieren
- Vorliebe für Bekanntes gegenüber Unbekanntem
- Ablehnung des Ungewöhnlichen oder Andersartigen
- Frühe Auswahl und Beibehaltung einer Lösung
- Neigung, vorzeitig zu einem Ergebnis kommen zu wollen

Das ist eine imposante Liste. Sie hat sich in den vergangenen 60 Jahren seit dem Beginn der Ambiguitätsforschung langsam, aber stetig vervollständigt. Zu Beginn bestand sie nur aus einem Hund und einer Katze, entwickelt von der Godmother of Ambiguitätstoleranz, Else Frenkel-Brunswik. Menschen sehen dabei bis zu 13 Zeichnungen, auf denen sich eine Katze nach und nach in einen Hund verwandelt. Dazu kommt der Hinweis: »Ich zeige Ihnen jetzt ein paar Bilder. Darauf kann entweder ein Hund oder eine Katze zu sehen sein. Bitte sagen Sie mir bei jedem Bild, ob es mehr nach einer Katze oder einem Hund aussieht. Nehmen Sie sich so viel Zeit, wie Sie brauchen. Das ist kein Test, es gibt keine richtigen oder falschen Antworten.« Ergebnis: Je länger Menschen an dem zuerst gezeigten Tier bei den weiteren, mehrdeutigen Zeichnungen festhielten, umso geringer war ihre Ambiguitätstoleranz ausgebildet.

Die nachfolgenden Forschungen zeigten dann, dass Menschen mit wenig Ambiguitätstoleranz zu schnellen und übertrieben selbstbewussten Urteilen tendieren, oftmals unter Vernachlässigung der Realität. Sie lehnen mehrdeutige Situationen ab, weil der Mangel an Informationen es schwierig macht, Risiken einzuschätzen und eine richtige Entscheidung zu treffen. Dementsprechend werden solche Situationen als Bedrohung und als unkomfortabel wahrgenommen. Die Folge sind Stress, Vermeidungsverhalten, Verzögerung, Unterdrückung oder Leugnung. Wenn wir aber Ambiguität mögen, dann haben wir auch eine hohe Offenheit für Erfahrungen, haben hohes Verlangen nach Sensationen und neigen zu risikoreichem Verhalten.

Der Grund erschließt sich schnell aus einer Studie der rumänischen Sozialwissenschaftlerin Beatrice Balgiu (2014). Sie beobachtete, wie sehr Kreativität und die Fähigkeit, mit Ungewissheit umzugehen, zusammenhängen. Diese Fähigkeit, also die Ambiguitätstoleranz, beschreibt, wie gut wir mit Reizen oder Situationen zurechtkommen, die nicht klar strukturiert sind, die neu und komplex sind. Balgiu kombinierte einen Fragebogen dazu mit einer Kreativaufgabe und ließ die Ergebnisse durch Kreativitätsexperten bewerten. Die Schnelligkeit, mit der die Versuchsteilnehmer ihre Ideen ablieferten, wie auch die Wendigkeit im Kopf hingen nachweislich mit der Toleranz für Ambiguität zusammen. Wir können davon ausgehen, dass unsere Fähigkeit, bei Ungewissheit zu handeln, auch gleich unser kreatives Potenzial stärkt oder schwächt. Aber die Wichtigkeit des Navigierenkönnens im Ungewissen hört nicht bei der Kreativität auf. Je mehr Ungewissheit wir ertragen können, umso eher erleben wir mehrdeutige Situationen sogar als herausfordernd und interessant. In der Folge interpretieren wir diese Situationen angemessener, realistischer und ohne die Komplexität des jeweiligen Problems zu verzerren. In meinen bisherigen Studien konnte ich immer beobachten, wie sehr das mit unserem AQ zusammenhängt.

Diese Fähigkeit hat sogar einen festen Sitz im Hirn. Eine Aktivierung im medialen präfrontalen Kortex korreliert mit dem Ambiguitätslevel und der Ambiguitätsvermeidung. Es gibt auch Zusammenhänge mit dem individuellen Bildungsniveau. Studien zeigen, dass jüngere Menschen mit weniger Ambiguitätstoleranz signifikant seltener ein Universitätsstudium absolvieren. Umgekehrt haben Menschen mit einem Uni-Abschluss auch signifikant mehr Ambiguitätstoleranz. Der AQ hängt auch mit dem Selbstkonzept zusammen, das jeder Mensch von sich hat.

Finden von Menschen mit hohem AQ

Die Arbeitswelt entwickelt sich rasant. Die Anforderungen an die Leistungsträger verändern sich dementsprechend. Zwei Fragen stehen dabei aus Sicht des Unternehmens ganz weit oben: Wie finden wir Menschen mit höherem AQ? Und wie steigere ich den AQ bei meinem Team? Die erste Frage können Unternehmen entweder mit dem bereits vorgestellten Self-Assessment angehen oder sie könnten die Adaptability der Kandidaten auch im Rahmen des persönlichen Gesprächs ausloten. Das gelingt zum Beispiel mit den folgenden Gesprächsbausteinen, die Jill Chapman von der amerikanischen HR-Beratung Insperity vorgelegt hat.[10]

1. Bitten Sie die Interessenten, von einer Kooperation mit einem Kollegen zu berichten, der einen ganz anderen Arbeitsstil hat als sie selbst.
2. Fragen Sie nach Reaktionen auf plötzliche Veränderungen in Projekten, in die der Interessent viel Zeit und Energie investiert hat.
3. Lassen Sie sich erzählen, wie der potenzielle Mitarbeiter mit einer Aufgabe umgegangen ist, die außerhalb seines üblichen Arbeitsbereiches lag.
4. Holen Sie Informationen dazu ein, wie er mit einem Tool-Wechsel umgegangen ist, zum Beispiel mit der Umstellung auf eine neue Software.
5. Fragen Sie danach, worin der Bewerber die größten Herausforderungen sieht, wenn er eine neue Stelle antritt.

Worauf sollten Sie achten, wenn Sie bei einem solchen Gespräch zuhören? Negative Antworten sollten generell die Alarmglocken schrillen lassen. Darüber hinaus sollten Sie die Geschichten, die Sie hören, unter

10 Siehe https://www.fastcompany.com/90482018/adaptability-should-be-your-new-hires-top-soft-skill-heres-how-to-test-for-it?partner=rss&utm_source=rss&utm_medium=feed&utm_campaign=rss+fastcompany&utm_content=rss?cid=search.

dem Gesichtspunkt der Adaptability betrachten, denn hier geht es um ihre Kernelemente – die Sie in den vorherigen Kapiteln kennengelernt haben: mentale Flexibilität, Emotionsmanagement, autonome Kompetenzerweiterung, Umlernen und Entlernen sowie Proaktivität.

Natürlich können Sie, wenn Sie im Bewerbungsgespräch auf der anderen Seite sitzen und also selbst der Bewerber oder die Bewerberin sind, diese Gesprächsbausteine für die eigene Vorbereitung nutzen. Proaktiv solche Erlebnisse anzusprechen zeugt von doppelter Adaptability.

Führen in der Ungewissheit – 5 Adapt-Techniken

2001 kaufte Unilever Ben & Jerry's. Ein ungewöhnliches Paar entstand.[11] Ungewöhnlich war daran, dass Unilever als Weltkonzern sich vornahm, das Unternehmensimage des Premium-Eisherstellers inklusive sozialer Verantwortung und seines linken sozialen Aktivismus zu bewahren – mit einer Spendenquote von 7,5 % der Gesamteinnahmen. Unilever übertrug diese Aufgabe Yves Couette, der zum CEO für die neue, ungewöhnliche Übernahme ausgewählt wurde. Der gebürtige Franzose Couette war bereits viele Jahre international für Unilever tätig gewesen. Doch diese kulturelle Integration war Neuland für ihn. Was machte er? Er passte seinen Führungsstil an die neue Situation an. Manches erschien äußerlich, wie sein ins Legere gewandelter Kleidungsstil. Doch es war nicht oberflächlich, sondern symbolisch. Es zeugte davon, dass er kulturell beweglich war. Bald folgten weitere Handlungen: Er wirkte tatkräftig bei den sozialen Aktivitäten mit und scheute sich nicht davor, sich die Hände schmutzig zu machen. Wie viele CEOs kennen Sie, die mit vollem Einsatz Mulch umgraben? Neben diesen sichtbaren Zeichen wurde auch bekannt, dass Couette die Werte und die Vision des Eisherstellers keineswegs an die von Unilever anpassen wollte, sondern

11 Siehe https://www.fastcompany.com/3000398/when-unilever-bought-ben-jerrys-story-ceo-adaptability?cid=search.

lieber die Geschäftspraktiken an das bestehende Wertegerüst annäherte. Die Spendenbereitschaft des Unternehmens wurde mit über einer Million Dollar pro Jahr beibehalten. Doch wahre Adaptability ist eben nicht Assimilation, in keine der beiden Richtungen. Wahre Adaptability in der Führung ist das Verbinden von gegensätzlichen Perspektiven. So kamen durch Couette Philanthropie und finanzielle Rendite (denn die verlangte Unilever natürlich auch) zusammen. Warum gelang Couette all das? Er hatte seine Adaptability zuvor über die Jahre im Konzern schulen und stärken können. – Nachfolgend finden Sie Möglichkeiten, Ihre Adaptability weiter auszubauen, um in Zeiten von Veränderung, Ungewissheit und Herausforderung Menschen handlungsfähig führen zu können.

1. Mentale Flexibilität: Die Sicht auf Ungewissheit ändern

Wie wir eine Situation wahrnehmen, diktiert unsere Reaktion auf sie. Und in der Mehrzahl sehen Menschen mehrdeutige Situationen wahrscheinlich als gefährlich oder bedrohlich an. Diese Sichtweise hilft ihnen allerdings nicht weiter und verstärkt nur die Überzeugung, dass das Tolerieren von Unklarheiten etwas ist, was sie schlecht können oder vermeiden wollen. Man kann aber Menschen dabei unterstützen, ihre Denkweise zu ändern. Beginnen Sie damit, das Narrativ zu ändern und Mehrdeutigkeit neu zu definieren. Sie können beginnen, mithilfe der Adapt-Technik »Mentale Flexibilität« Ungewissheit als Chance zu akzeptieren.

Der Sokrates-Start: Das Nichtwissen einplanen

Mitten im Meeting kam ganz unvorhergesehen die Frage: »Was können Sie dazu sagen, Herr Naughton?« Mein Mund trocknete schneller aus, als ich »Saharawind« denken konnte. Mein Kopf wurde schneller leer, als ich »Vakuum« sagen konnte – mein Mund war ja auch viel zu trocken. Alle Köpfe drehen sich zu mir. Offenbar in Erwartung einer brillanten Antwort. Da kam etwas zwischen meinen Lippen hervor, was ich zum Glück zuvor schon mal gesagt hatte: »Ich weiß es noch nicht.« Ist ein komischer Satz, er klingt nach schlecht vorbereitet und uninformiert. Schließlich gehört es zum Beraterselbstverständnis und auch zur Kundenerwartung, dass Berater Antworten haben. In einem solchen Moment zu formulieren, dass man keine Antwort hat, kann schon sehr beunruhigend sein. Für alle.

Aber: Wenn Sie genau diesen Schritt im Lösungsprozess selbst in die Hand nehmen, werden Sie glaubwürdiger als jemand, der angesichts von Ungewissheit ruhig und gelassen bleibt. Denn seien wir mal ehrlich: Niemand hat alle Antworten, nicht einmal die Experten. Daher ist die klare Formulierung dieser Ausgangshaltung wichtig. Sie positioniert uns positiv in der Mehrdeutigkeit. Wir sehen sie und nehmen Ungewissheit nicht als Ergebnis, sondern als Startpunkt.

Der »Könnte-Schritt«

Viele Führungskräfte machen den Kopf zu, indem sie Sätze wie »Wenn ich eine gute Führungskraft wäre, sollte ich wissen, was ich meinem Team sagen muss« als Türsteher vor das Mögliche setzen. Der »Könnte-Schritt« macht diese Tür auf. Denn »sollte« suggeriert, dass es nur einen Weg nach vorne gibt. Dies führt aber wohl eher zu einem kreativen Blackout – zu einer Situation mit hohem Druck, in der Sie die einzige hell leuchtende Lösung finden müssen. Denn in der Ungewissheit gibt es ja gerade nicht die eine richtige Antwort. Der »Könnte-Schritt« ist ein Sprungbrett für neue Ideen. Er schraubt die mentale Flexibilität eine Ebene höher und erlaubt es, im Konjunktiv Gedanken zu formulieren, die im totalen Gegensatz zum bisherigen Denken stehen. Der Weg vom »Sollte« zum »Könnte« ist der Weg in die Vielfalt, weg vom Diktat einer einzigen richtigen Antwort. Dann entsteht eine Vielfalt von Optionen.

Lösungsaufschub durch Kontext

Sodann gilt es, diese Optionen besser zu beleuchten, tiefer kennenzulernen. Dieser Schritt ist wichtig, weil es etwas kurzschließt, was uns in der Ungewissheit immer wieder im Weg steht: unseren Drang zur schnellen Lösung. Den Kontext zu ändern bedeutet, die Optionen aus dem vorherigen Schritt in verschiedenen Zusammenhängen verstehen zu können. Das hält uns automatisch vom Zustürmen auf die schnelle

Lösung ab. Wie geht das? Mithilfe der »psychologischen Distanz«, um die es schon in Kapitel 6 ging (2. Unterkapitel).

Diese drei Schritte – Sokrates-Start, »Könnte«-Schritt und Lösungsaufschub – setzen einen völlig neuen Rahmen um Ungewissheit. Sie verwandeln sie von einem Zustand, der den Kopf dicht macht, zu einem Ausgangspunkt, der einen weiten Lösungshorizont aufspannt.

2. Realistischer Optimismus: Kontrollieren und Loslassen

Passiv zu bleiben bei Unsicherheit am Arbeitsplatz ist eine Position der Ohnmacht gegenüber Ihrem Chef und Ihren Kollegen. Sie haben am Ende das Gefühl, dass die Situationen Ihnen zustoßen. Deshalb ist Durchsetzungsvermögen ein zentraler Aspekt des Umgangs mit Mehrdeutigkeit. Es hilft Ihnen, ein Gefühl von innerer Beherrschung, Kompetenz und Selbstwirksamkeit angesichts sich schnell verändernder äußerer Umstände zu erlangen.

Das knappste Tool für den Umgang mit Ungewissheit dreht sich um das, was wir »Locus of Control« nennen. Der fasst unsere Kontrollüberzeugungen zusammen: die Art, wie wir darüber denken, ob die Kontrolle einer Situation in unseren Händen liegt oder ob wir nichts machen können. Da ich es im eigenen Umfeld erlebe, weiß ich, wie sehr es uns helfen kann: Meine Frau leitet ein Theater. Das ist infolge eines Lockdowns zu. Geschlossene Theater machen keinen Umsatz. Es gibt eine Menge unkontrollierter Umstände. Was passiert, wenn wir das nachfolgende Tool einsetzen?

Die eigene Handlungsfähigkeit zu bewahren, ihre Grenzen zu kennen und innerhalb dieser Grenzen das Beste daraus zu machen, ist der Kern vieler Hilfen für unser mentales Wohlbefinden. Natürlich gibt es immer Grenzen unserer Wirksamkeit; zum Beispiel können wir die Reaktionen anderer oder deren Gedanken über uns nicht völlig kontrollieren. Wir haben nicht immer im Griff, welcher Gedanke genau in dem Moment in unserem Kopf auftaucht, wenn wir schläfrig wegdämmern. Nicht nur in solchen Momenten besteht die zentrale Chance, um die Kontrolle über die Dinge in unserem Kopf zu behalten, darin, ebendiese Kontrolle loszulassen. Wir nennen es das Paradox der Preisgabe. »Preisgabe« hat nichts mit »Aufgabe« zu tun. Preisgabe bedeutet das Loslassen von unproduktiven Versuchen, das Unkontrollierbare zu kontrollieren.

Fokus

Überlegen Sie, welche konkrete Situation Ihnen das Gefühl gibt, keine Kontrolle zu haben.

Klarheit

Unterscheiden Sie: Sind Sie dieser Situation gegenüber machtlos oder ratlos? Als machtlos empfinden wir uns, wenn wir das Gefühl haben, wir können machen, was wir wollen, es würde nichts ändern. Oft geht dies mit dem Gefühl »Ich habe keine Wahlmöglichkeiten« einher. Dem können wir einen Satz an die Seite stellen, der ein wenig Kontrolle zurück in unsere Hände gibt: »Ich mag meine Wahlmöglichkeiten nicht. Die Möglichkeiten sind da, aber sie gefallen mir nicht.« Wenn Sie nun darüber nachdenken, dass Sie sehr wohl handeln könnten, Sie aber deswegen nichts tun, weil Ihnen die Optionen nicht gefallen, geht es nicht mehr um Machtlosigkeit. Es geht darum, wie viel Ihnen an der Situation liegt, um eine Option zu wählen, die Sie zwar nicht mögen, die Sie aber gezielt aus Ihrer Machtlosigkeit führt. Ratlos hingegen fühlen wir uns, wenn wir den Eindruck haben, uns fällt keine Lösung ein, um die Situation zu verändern. Oft fehlen uns Lösungen, weil wir zum ersten Mal in einer solchen Situation sind. Der Gedanke ist dann häufig: »Ich habe keine Ahnung, wie das gehen soll!« Dem können wir einen Satz an die Seite stellen, der ein wenig Kontrolle zurück in unsere Hände gibt: »Andere Menschen haben diese Situation bewältigt. Ich frage die, die ich kenne.« Dann ist es weniger eine Frage der Ratlosigkeit. Es wird eine Frage des Adressbuches. Wer könnte Ihnen bei der Lösungsfindung helfen, wer kennt jemanden, der eine ähnliche Situation gemeistert hat? Diese ersten Überlegungen zu *Fokus* und *Klarheit* helfen bei der Klärung des Unkontrollierbaren. Die folgenden Schritte – *Ziel, Kreis der Kontrolle, Wirksamkeit festlegen, Preisgeben und den Blick nach vorn richten* – helfen im weiteren Umgang damit.

Ziel

Legen Sie Ihr Maximal- und Ihr Minimalziel für die im *Fokus* beschriebene Situation fest. Oft haben wir nur ein einziges *Ziel* vor Augen. Das engt unsere Handlungsmöglichkeiten extrem ein. Sehen Sie das Ziel nicht als Punkt, sondern als Skala: Was ist das Minimum, das Sie erreichen wollen, was ist das Maximum, das Sie erreichen könnten?

Kreis der Kontrolle

Zeichnen Sie einen Kreis. Schreiben Sie in den Kreis, welche Aspekte, die Ihnen helfen könnten, Ihr Minimal- oder Maximalziel zu erreichen, Sie in dieser Situation kontrollieren können. Konzentrieren Sie sich nun auf den Raum außerhalb des Kreises. Dort notieren Sie alle die Dinge, über die Sie keine komplette Kontrolle haben, die also jenseits Ihrer Einflussmöglichkeiten liegen.

Wirksamkeit festlegen

Im Kreis steht, welche Dinge in der Situation in Ihrer Kontrolle sind. Hier fokussieren Sie nicht auf das Problem, sondern auf pragmatische Lösungen. Es geht darum, die Dinge zu notieren, die wir in dieser Situation kontrollieren und beeinflussen können. Manche erleben einen großen Kreis des Unkontrollierbaren und einen kleinen Kreis der eigenen Kontrolle. Andere nehmen einen sehr viel größeren Kreis der Kontrolle wahr.

Preisgeben und den Blick nach vorn richten

Schauen Sie auf die Dinge, die außerhalb Ihrer Kontrolle liegen, und sagen Sie sich: »Das kannst du sowieso nicht ändern, konzentrier dich auf das, was in deinen Händen liegt.« Dann nehmen Sie sich die Dinge vor, die in Ihrer Kontrolle sind, und planen, was Sie tun können.

Ein solches Kreisdiagramm ist für jede Einflughöhe nutzenstiftend. Egal, ob bei einem Selbstständigen mit einer neuen, großartigen Idee, bei einem Mitarbeiter in der Gestaltung seines Arbeitsumfelds, das ihm Kraft gibt statt nimmt, oder bei einer Führungskraft, die in Zeiten der Unwägbarkeit einen Entscheidungsfokus sucht.

3. Proaktivität: Aktionsräume statt Reaktionsräume schaffen

Mona Mensmann und Michael Frese (2017) sprechen davon, dass proaktives Verhalten auch hervorgerufen und verstärkt werden kann, indem Arbeitsumstände und Arbeitsumfelder geändert werden. Sie sehen Proaktivität angesichts der Art der Arbeit im 21. Jahrhundert als immer wichtiger an, denn Firmen verwandeln sich von stabilen Strukturen zu veränderungsorientierten Organisationen, und dieser Wandel bringt immer auch einen Wechsel in den Anforderungen für die Mitarbeiter mit sich. Sie folgern daraus, dass Menschen, die nicht nur auf das Offensichtliche reagieren, die dazu notwendigen Veränderungen bei sich oder im Unternehmen vorantreiben. Zugleich sind die Organisationen geradezu darauf angewiesen, den Mitarbeitern und Führungskräften mehr Verantwortung zu geben. Im Kern geht es darum, zukunftsgerichtetes Handeln zu erzeugen. Sie erinnern sich: Handlungen sind Verhaltensweisen, die auf ein Ziel ausgerichtet sind. Jede Handlung braucht daher ein Ziel, das festgelegt wird. Im Anschluss erfolgt die Suche nach Informationen, die zum Erreichen des Ziels wichtig sind. Schließlich braucht die Handlung einen Plan, also eine geordnete Abfolge von Teilhandlungen, die auf der Basis der vorliegenden Informationen zum gewählten Ziel führen. Pläne wirken als Handlungsprogramme und strukturieren, wie das gewählte Ziel erreicht werden soll. Proaktives Verhalten ist ein besonderes Verhalten, weil es sich auf bestimmte Ziele fokussiert. Diese Ziele sind immer darauf ausgerichtet, zukünftigen Ereignissen und Erlebnissen entgegenzugehen. Im Business sind diese natürlich auf das berufliche Umfeld konzentriert. Um hierbei als Führungskraft die Proaktivität von Mitarbeitern und Teammitgliedern zu stärken, stehen folgende Chancen bereit: *Reflexion, Freiheit, Teilhabe* und *Sichtbarkeit*.

Reflexion

Keine Führungskraft braucht einen validierten Fragebogen, um herauszufinden, wie hoch die Proaktivität ausgebildet ist. Den nutzt die Forschung, um darauf aufbauend bestimmte Einschätzungen zu ermöglichen. »Normalere« Fragen, die die Reflexion anstoßen, drehen sich darum, herauszufinden, welche Ideen Mitarbeiter oder Teammitglieder in die Verbesserung von Prozessen üblicherweise einbringen und welche Veränderungen sie mit ihren Vorschlägen verbinden. Ferner zahlt sich ein näherer Blick darauf aus, wie die Menschen reagieren, wenn eine ihrer Ideen auf Widerstand stößt.

Freiheit

Freiraum ist der Sauerstoff in der Lunge der Proaktivität. Diesen also aktiv zu geben und dies auch zu kommunizieren gehört zu den entscheidenden Treibern für Proaktivität. Ja, das bedeutet auch einen Vertrauensvorschuss. Aber dessen Dividende folgt oft recht schnell. Denn es geht um die Freiheit bei der Erreichung der vereinbarten Ziele und da wirkt sie kreativitäts- und engagementsteigernd. Ein wichtiger Teil dessen ist, wie Sie mit Erfolgen und Fehlschüssen umgehen. Sie erinnern sich an die Ausführungen zum realistischen Optimismus? Wenn Mitarbeiter und Teammitglieder Ideen von ungewissem Wert vorschlagen, können Sie sehr unterschiedlich reagieren. Sie können die Ideen (und die Leute) auf der Stelle unterdrücken; Sie können aber auch Fragen stellen, um Möglichkeiten zu erkunden. Sie können ein Veto gegen Ideen einlegen, von denen Sie glauben, dass sie nicht funktionieren werden, oder Sie können den Leuten erlauben, es zu versuchen. Entweder strategisch und mit Voraussicht oder eher impulsiv und spontan treffen Manager Entscheidungen über das Ausmaß an Risiko und Unsicherheit, das sie zulassen. In einigen Unternehmen gibt es eine starke Fingerzeigkultur, geprägt davon, dass sich jeder immer absichern will, und entsprechend von Schuldzuweisungen. Im Gegensatz dazu geben einige Führungskräfte und Unternehmen nicht nur ein Lippenbekenntnis zum Lernen aus Fehlern ab, sondern tun es tatsächlich und belohnen die Bemühungen sogar, basierend auf einer offenen Diskussion ohne Stigmatisierung. Die Tadelkultur entmutigt natürlich proaktive Bemühungen, während die Lernkultur sie ermutigt.

Teilhabe

Tatsächlich ist allein schon die Beteiligung der Menschen am Entscheidungsprozess ein weiterer Baustein in der Erhöhung der Proaktivität.

In der Forschung spricht man auch vom »Ikea-Effekt«, weil der Aufbau der Möbel ähnliche Effekte erzielt wie das »Zusammenbauen« von Entscheidungen oder Plänen. Der eigene sichtbare Anteil ist Antrieb. Effektiver proaktiver Wandel erfordert, dass Sie unabhängig, aber auch im besten Interesse des Unternehmens handeln. Nehmen Sie proaktive Initiativen in Angriff, die nicht nur Ihre eigene Produktivität in Ihrem eigenen Job verbessern, sondern die auch anderen zugutekommen – je mehr, desto besser. Denken Sie bei der Entscheidung, welche Initiativen Sie verfolgen wollen, aus einer Systemperspektive: Welche Maßnahmen bringen den größten Nutzen auf höchster Ebene, mit der größten Hebelwirkung und für die größte Anzahl von Menschen? Fehleinschätzungen über egoistische Motive können natürlich immer noch auftreten, aber wenn die Motive rein sind und der Nutzen anderen zugutekommt, sind die Risiken geringer. Aber selbst für die Proaktiven gilt: Wird ihr Verhalten belohnt, wird es gedeihen; wird es bestraft, wird es verkümmern – mit der möglichen Ausnahme von ein paar hartgesottenen Seelen, die es immer wieder versuchen und die am Ende vielleicht die Firma verlassen, wenn ihre Bemühungen konsequent vereitelt werden. Um die Motivation der Mitarbeiter, proaktiv zu arbeiten, aufrechtzuerhalten, kann ein solches Verhalten in das Gratifikationssystem integriert werden. In einem Austausch mit einem führenden Unternehmen in der Produktionsbranche stellte sich heraus, dass neben Boni, Beförderungen oder besonderen Auszeichnungen vermehrt auf soziale Gratifikationen wie gemeinsame Erlebnisse, die der Einzelne nicht ohne Weiteres selbst organisieren kann, beispielsweise Events mit VIPs oder exquisite Konzerte oder Kocherlebnisse, gesetzt werden kann.

Sichtbarkeit

Es klingt trivial, aber erst wenn die Wichtigkeit von Proaktivität kommuniziert wird, bekommt sie selbige auch. Es hat einen klaren verstärkenden Effekt, die drei genannten Aspekte – *Reflexion, Freiheit* und *Teilhabe* – in die Gespräche mit den Mitarbeitern und den Teams immer wieder einzupflegen und vielleicht sogar eine mitarbeiter- oder teamseitige Einschätzung dazu einzufordern, wie diese sich entwickeln. Diese Schleife erzeugt Commitment. Ferner können Führungskräfte ihren

Worten Taten folgen lassen, indem sie innerhalb der breiteren strategischen Parameter eine gewisse Freiheit gewähren und gut gemeinte proaktive Bemühungen, die nicht funktionieren, nicht bestrafen. Sie werden selbst proaktiv sein und anderen den Weg vorleben.

Fazit: Entwickeln Sie die Ziele gemeinsam, legen Sie die Leitplanken für die Erreichung der Ziele fest, aber danach spezifizieren Sie nicht zu sehr, was wie zu tun ist. Durch Aufmerksamkeit und Diskussion können Sie Menschen ermutigen, ihre Ideen und ihre Experimentierfreude zu thematisieren und auszuleben. Die meisten Unternehmen brauchen mehr Menschen, die proaktiv handeln, um sich zu verändern, zu differenzieren, zu überleben und für die Zukunft zu wappnen. Innerhalb strategischer Grenzen und in Verbindung mit politischem Geschick hilft proaktives Handeln den Führungskräften, sich zu differenzieren und einen echten Mehrwert für ihre Unternehmen zu schaffen. Proaktive Personen ergreifen und schaffen solche Gelegenheiten für positive Veränderungen. Proaktiv zu sein bedeutet, neue Probleme zu definieren, neue Lösungen zu finden und eine aktive Führung durch eine ungewisse Zukunft zu übernehmen. In ihrer ultimativen Form beinhaltet Proaktivität große Ambitionen, bahnbrechendes Denken und die Fähigkeit, selbst das Unmögliche möglich zu machen. Sie überholt die Vergangenheit und gestaltet die Zukunft. Sie schafft neue Industrien, ändert die Regeln des Wettbewerbs oder verändert die Welt.

4. Zuversicht: Machen Sie kleine Wetten

Wie können wir in der Ungewissheit Zuversicht erzeugen? Zum Beispiel, indem wir hinter das Grundprinzip der Ungewissheit schauen. Der Blick offenbart, dass die Ungewissheit im Grunde eine multiple Wette ist. Dinge können passieren oder nicht – und alle haben Komponenten in sich, die das Eintreten von so vielen Faktoren abhängig machen, dass wir versucht sein könnten, zu sagen »Das ist ja Zufall«. Und in ganz vielen Fällen ist es das auch, im wahrsten Sinne des Wortes. Verschiedene Entwicklungen sind »zusammengefallen« und haben so das Ergebnis hervorgebracht, mit dem wir dann arbeiten müssen. »Wetten« klingt natürlich im ersten Moment leicht unseriös, nach Glücksspiel und Lotterie. Aber das Ziel ist einwandfrei und anständig. Denn das Ziel ist es, Theorien schnell und rigoros zu testen, die Ergebnisse zu bewerten und sie dann weiterzuentwickeln, zu drehen oder zu verwerfen. Nicht jede Idee ist genial und verdient es, umfassend verfolgt zu werden. Und so können Sie die »Wetten« nutzen: *die Wette bestimmen, die Wahrscheinlichkeit definieren* und *Lernschleifen erzeugen*.

Die Wette bestimmen

Um die Wette zu bestimmen, nehmen Sie die Formulierung des Projektes, das Ziel der Strategie, die Maßgabe für die Produktentwicklung. Dann nutzen Sie die Wenn-nicht-das-was-dann-Methode aus dem 6. Kapitel (Unterkapitel »Mentale Flexibilität: Mehrspurig denken«).

Die Wahrscheinlichkeit definieren

Geben Sie jeder neuen Formulierung eine Prozentzahl, auf die sich das Team einigt: Wie wahrscheinlich ist es, dass das so funktioniert? Dieser Schritt erzeugt neben der offensichtlichen Gamifizierung etwas sehr Wichtiges: eine tiefere Auseinandersetzung mit dem formulierten Lösungsszenario. Es erlöst Teams auf angenehme Art aus der Verpflichtung, alles kritisch zu durchdenken. Dieses kritische Durchdenken findet dennoch statt, aber es verliert den faden Beigeschmack anstrengenden Nachdenkens. Dieser intuitive Prozess, die Wahrscheinlichkeiten und damit so etwas wie die »Wettquoten« festzulegen, aktiviert intuitives Wissen, das diese Entscheidung mit beeinflusst. Sie müssen an die Quoten keine direkte Gratifikation binden, denn das könnte dazu führen, dass Lösungen bevorzugt umgesetzt werden, nur um die Belohnung einzuheimsen. Darum geht es aber hier gar nicht. Es geht darum, sich mit den möglichen Lösungswegen auseinanderzusetzen.

Lernschleifen erzeugen

Klarheit kommt durch Handeln, in diesem Fall durch Probehandeln bzw. Experimentieren. Wenn Sie in Ihrem Unternehmen für das Produktdesign verantwortlich sind, helfen Ihnen Lernschleifen dabei, die guten Ideen zu sortieren, die schlechten auszusortieren und die spektakulären zu fördern. Das Gleiche gilt für Marketingtechniken; manchmal ist die Kampagne, die Sie entwickeln, ein kompletter Flop, aber das Wichtigste ist, dass Sie aus der Erfahrung lernen und Ihr neu erworbenes Wissen in zukünftige Projekte einfließen lassen. Wenn Sie das in Ihrem Team erlauben, kommen Sie von einer reinen Präsentationskultur zu einer lebendigen Diskussionskultur. Die daraus entstehenden Dialoge beeinflussen die späteren Entscheidungen ebenso wie die Konflikte positiv. In diesem Austausch und der mit ihm einhergehenden Dynamik greifen besonders Ihre Fähigkeiten, psychologische Distanz aufzubauen. Denn diese Distanz entschärft Konflikte. Aus der Entfernung auf etwas zu schauen nimmt die emotionale Aufgeregtheit heraus. Ferner hilft Ihnen das Prinzip der ent-engten Wahrnehmung (vgl. Kapitel 6, Unterkapitel »1. Ent-engte Wahrnehmung«). Denn das sorgt dafür, dass die Teammitglieder auf Teilbereiche schauen, die der Diskussion völlig neue, bereichernde Richtungen geben können.

So korrigieren Sie mit dieser Technik aufgrund der vielen »Wege zum Ziel« die Voreingenommenheiten und vermindern den »Group Think«, bei dem sich ein Team auf eine Sicht- bzw. Lösungsweise einigt.

5. Emotionsmanagement: Umarmen Sie das Unvermeidliche

Was beschäftigt uns innerlich mit am stärksten im Umgang mit der Ungewissheit? Es ist sicherlich das Gefühl, das aus der Unplanbarkeit des Unerwarteten entsteht. Das betrifft Führungskräfte ebenso wie Mitarbeiterinnen und Mitarbeiter. Es ist unmöglich, vorherzusehen, wann sich jemand krankmeldet oder wann Ihre Vorgesetzten Sie überraschen werden. Man kann wirklich nur für die Tatsache planen, dass unvorhersehbare Dinge passieren werden. Und das ist schon kein gutes Gefühl. Dennoch muss hier die Ungewissheit nicht zwangsweise in ein beklemmendes Gefühl der Lähmung münden. Die Psychologie hält für Führungskräfte und ihre Teams die Technik der »negativen Visualisierung« bereit. Der Name ist kein gutes Marketing, aber die Technik ist sehr vielversprechend. Denn sie zahlt auf die emotionale Stabilität von Menschen in ungewissen Situationen ein. Negative Visualisierung funktioniert, weil sie Menschen befähigt, die Umstände rational statt reaktiv einzuschätzen und so karriereschädigende übereilte Entscheidungen zu vermeiden. Sie werden oft feststellen, dass das »Schlimmste«, auf das Sie sich vorbereitet haben, nicht annähernd die Realität der Situation widerspiegelt.

Das Grundprinzip bei der negativen Visualisierung: Wir fragen im Voraus, was schiefgehen könnte, etwa bevor wir eine Reise antreten, ein Produkt auf den Markt bringen oder zu einem Vorstellungsgespräch gehen. Die negative Visualisierung schreckt vor dem Worst-Case-Szenario nicht zurück. Die meisten von uns haben eine aktive (und wilde) Vorstellungskraft, sodass ihnen die negative Visualisierung leichtfallen wird. Wenn Sie Schwierigkeiten haben, sich vorzustellen, dass schlimme Dinge passieren, dann können Sie beobachten, wie anderen Menschen schlimme Dinge passieren, und das auf Ihr eigenes Leben übertragen. Das ist in diesem Moment nichts anderes als eine kreative Sammlung all der Dinge, die schiefgehen könnten, auch wenn es unwahrscheinlich ist, dass diese Dinge eintreten (z.B. dass das Internet kaputtgeht). Zur Wahl sollten aber nicht nur solche kuriosen Szenarien stehen, sondern auch etwas näherliegende Bad News.

Mit dem Blick auf diese Liste schlimmer Dinge sollten Sie dann erst mal ruhig bleiben, siehe die SBB-Technik aus dem 6. Prinzip (Kapitel 7, Unterkapitel »6. Emotionen managen«: **S**toppen, **B**enennen der Emotionen, **B**ewertung/Neuinterpretation der Situation), und sich im Anschluss der Frage widmen: Was ist das Beste, das Sie in dieser schlimmen Situation tun können? Konzentrieren Sie sich also auf das, was Sie tun können.

Und dann bereiten Sie die entsprechenden Lösungen vor; überlegen Sie, wie Sie sich auf diese Dinge vorbereiten können. Und tun Sie es. Denken Sie dabei daran, dass Sie sich auf bestimmte Szenarien nur gedanklich vorbereiten können.

Wie oft kann so eine negative Visualisierung verwendet werden? Eigentlich immer dann, wenn die Ungewissheit den emotionalen Haushalt durcheinanderbringt.

#10_Schneller anders: Neue Gewohnheiten dank AQ

Motivation is what gets you started. Habit is what keeps you going. – Jim Ryun

Wenn ich eine Navigations-App wäre, dann würde ich den AQ mit einem meiner Lieblingssätze umschreiben: »Bitte wenden!« Wofür würde ich aber meinen absoluten Favoritensatz »Du hast dein Ziel erreicht!« nutzen? Für eine Kernfähigkeit, die den AQ im Alltag ausmacht: erfolgreich eine neue Gewohnheit auszubilden. Gewohnheiten sind sozusagen der Quellcode unserer Anpassungsfähigkeit. Und nach dem mentalen Zusammenprall mit dem in der Einleitung genannten Hinaufpflanzungsphilosophen kam mir der Gedanke, dass wir eigentlich dankbar dafür sein müssen, dass wir Gewohnheiten ausbilden können. Sie erlauben es uns, schnell und effektiv zu handeln und neues Verhalten zu automatisieren. Denn wenn wir unser neues Verhalten und Handeln anpassen müssen, dann ist es hilfreich, wenn wir über dieses neue Verhalten nicht jedes Mal bewusst nachdenken müssen. Es sollte möglichst schnell möglichst automatisch ablaufen. Dazu müssen wir alte Gewohnheiten ändern und neue herausbilden.

Dieses Drehen an der eigenen Gewohnheitsschraube ist möglich. Die Forschung in ihrer gelassenen Anti-Tschakka-Haltung würde es wie folgt formulieren: »Gewohnheiten zu ändern ist einfach, aber nicht leicht.« Dieser Satz gilt übrigens für alle der üblichen Verdächtigen: In den Bereichen Essen und Trinken, Sport, Umgang mit Geld, Freizeitgestaltung, Aufschieberitis, Partnerschaft oder Karriereplanung wollen wir gerne was ändern und andere Gewohnheiten ausprägen. Ja, *wollen* wollen wir das. Aber *tun* tun wir es eben nicht. Das ist das Ergebnis einer zusammenfassenden Studie von Neal J. Roese und Amy Summerville aus dem Jahr 2005. Die Top Drei ihrer »Reue-Metastudie« waren verpasste Chancen, aus Gewohnheiten auszubrechen. 1. Nicht wahrgenommene Ausbildungschancen: »Wäre ich doch nur aus meiner Jobroutine ausgebrochen!« 2. Die eigene Karriere: »Wäre ich doch nur der Bequemlichkeit meiner beruflichen Routine entronnen.« Und schließlich 3. die eigene Beziehung: »Wäre ich doch aus meinen Partnerschaftsroutinen ausgebrochen.« Lassen wir die Details falscher Gewohnheiten zwischen den Laken mal beiseite, bleibt im Kern die Erkenntnis: Am meisten bereuen Menschen, die ausgetretenen Pfade im eigenen Leben nicht gezielt verlassen zu haben. Die weiteren Plätze wurden übrigens belegt von folgenden Bereichen: 4. »Eltern sein & Kindererziehung«, 5. »Sich um sich selbst kümmern«, 6. »Freizeitgestaltung«, 7. »Finanzen«, 8. »Familie«, 9. »Gesundheit« und 10. »Freunde«. Den Grund für diese Reue-Reihenfolge erfassten die Forscher auch gleich mit. Er liegt darin, dass wir in den Topbereichen greifbare Perspektiven für Wandel, Wachstum und Erneuerung sehen. Es ist uns also nachweislich wichtig, gezielt unsere Gewohnheiten zu ändern. Jeder Jahresanfang legt davon Zeugnis ab. Den Wechsel vom alten zum neuen Jahr nutzen nach wie vor viele, um sich neue Gewohnheiten vorzunehmen. Aber 22 % geben schon nach einer Woche auf, 40 % halten nur einen Monat durch. Diese Minus-Momente der Gewohnheitsbildung berichtet Nigel Hawkes 2016.

Dieser Teil des Buches will bunte Stifte in die Hände der schwarzmalenden Gewohnheitsenttäuschten geben. Dazu bieten die nachfolgenden Unterkapitel Quick Wins: Techniken zur Etablierung neuer Gewohnheiten. Sie machen das auf zweierlei Weise. Zuerst einmal räumen wir mit einigen Mythen und Missverständnissen rund um neue Gewohnheiten auf. Dann erfahren Sie auch gleich, was nachweislich und nachhaltig funktioniert, wenn wir andere Dinge tun wollen und die Dinge anders tun wollen. Dabei werfen wir einen Blick auf Einkaufs-, Ess- und Bürogewohnheiten. Und wir schauen vor allem darauf, welche Technik beim Verlernen von unerwünschten Gewohnheiten hilft und welche beim Neulernen erwünschter Gewohnheiten. Zuerst jedoch lohnt sich ein kurzer Blick auf den Unterschied zwischen Gewohnheit und Routine. Dieser Unterschied ist entscheidend, wenn es darum geht, wie wir unsere Handlungen ändern oder anpassen wollen.

Gewohnheiten: Mythen, Missverständnisse & Merkwürdigkeiten

»Most of the time what we do is what we do most of the time« (Die meiste Zeit machen wir das, was wir meistens machen) – so formulieren es der Kognitionswissenschaftler David Townsend und der Linguist Thomas Bever (2001). Die von ihnen ausgewerteten Tagebuchstudien zeigten, wie sehr wir in unserem alltäglichen Handeln, Denken und Fühlen auf Wiederholung setzen: 45 % unseres Denkens und Handelns wiederholen wir täglich, sogar am selben Ort.

Aber Achtung: Nicht alle Wiederholungen sind gleich. Wir haben Gewohnheiten, wir haben Routinen und wir haben Rituale. Das eine sollten wir nicht mit dem anderen verwechseln.

Was eine Gewohnheit ist und was nicht

Routinen sind Abfolgen von Handlungen, die wir einfach regelmäßig durchführen. Es erfordert bewusste Anstrengung, sie durchzuführen: jeden Montag ins Fitnessstudio zu gehen – ist Ihnen schon mal aufgefallen, dass der Laden montags immer irgendwie voller ist? Ein Ritual ist eine Art aufgebohrte Routine mit einer Extraportion Bedeutung. Es ist eine Abfolge von Handlungen, die eine zusätzliche Bewusstseinsebene mit sich bringt. Denken Sie an das Singen eines bestimmten Liedes an einem besonderen Tag. »Alle Jahre wieder« singen Sie eben nicht auf dem Weg in den Sommerurlaub; und die festliche Stimmung, die der Song verbreitet, ist im Kern ein Sicheinstimmen auf die besondere Bedeutung der besungenen Zeit. Warum ist das wichtig? Rituale und Routinen sind unserem bewussten Denken zugänglich. Wir können sie ausführen oder es eben lassen. Weihnachtslieder singen ist ja kein Reflex, den wir nur mit zugeklebten Mündern verhindern könnten. Ganz anders verhält es sich mit den Gewohnheiten. Da ist das mit der willentlichen Unterlassung eben so eine Sache. Das liegt an ihrer evolutionären Aufgabe. Gewohnheiten sind eine Form von Lernen. Ihr Ziel ist mentales Energiesparen. Da unser Gehirn immer auf die Optimierung der eigenen Ressourcen und das Aufsparen von Energie aus ist, nutzt es diese effektive Methode, wann immer es sich anbietet. Es ist das Prinzip »Endlich Nichtdenker«. Wann immer uns diese Energie fehlt, wir müde oder nicht ausreichend motiviert zum Nachdenken sind, ist dieses Prinzip Gold wert. Durch die Bildung einer Gewohnheit erleichtert sich das Gehirn so manches, denn das bewusste Denken kann sich dann um andere Dinge kümmern. Wir haben mit den Worten der Kognitionspsychologen Jonathan Evans und Keith Stanovich (2013) ein regelrechtes Zwei-Wege-System im Kopf. Eines für das bewusste Nachdenken und eines für das freudvolle Nichtdenken. Allerdings sind die beiden Wege nicht gleich beliebt im Kopf, die beiden spielen so etwas wie »Good Cop, Bad Cop«. Denn der Großteil unserer Reaktionen basiert auf Gewohnheiten, bis das bewusste Denken einschreitet und Handlungsalternativen erkundet. Die Neuromediziner Bernard Balleine und John O'Doherty würden sagen: Gewohnheit first!

Und wenn es stressig wird, gilt dieser Ausspruch sogar noch eher. Lars Schwabe vom Bochumer Institut für kognitive Neurowissenschaft und sein Kollege Oliver Wolf konnten 2013 berichten, dass akuter wie auch chronischer Stress zu einer stärkeren Nutzung von Gewohnheiten führen. Im unterhaltsamsten Experiment dazu ließen die Stressforscher Menschen eine Hand in eiskaltes Wasser tauchen, während ihnen ein Fremder dabei zuschaute und zugleich eine Videoaufnahme gemacht wurde. Diese Mischung aus körperlichem und psychischem Stress führte dazu, dass die Menschen sich bei anspruchsvolleren Entscheidungsaufgaben sehr viel stärker auf zuvor erlernte Gewohnheiten verließen als diejenigen, deren Hand nicht im Eiswasser war. Der Grund dafür ist, dass der Stress die bewusste Handlungskontrolle behindert. Das Denken bricht ein. Die Verlagerung auf die Gewohnheit verhindert dabei, dass unsere Handlungsfähigkeit vollends ausgehebelt wird.

Genau dieser Umstand, dass der Verstand nicht mehr mitspielt, macht es so schwer, Gewohnheiten mir nichts, dir nichts zu ändern. Klingt alles ein wenig akademisch, nicht wahr? Aber diese Unterscheidung hilft verstehen, worum es geht. Wenn wir gezielt eine neue Gewohnheit ausbilden müssen, ist es sehr hilfreich, zuerst eine Routine dazu zu entwickeln. Diese Routine können wir dann in eine Gewohnheit überführen, indem wir ihr die Ingredienzen der nachfolgenden Kapitel hinzufügen.

Wie eine Gewohnheit entsteht

Je stärker unsere Gewohnheiten sind, umso sicherer sind wir uns über die Gründe unseres Verhaltens und desto eher glauben wir, dass unsere Gewohnheitshandlungen durch unsere tatsächlichen Ziele gelenkt werden. Tatsächlich aber trifft das Gegenteil zu. Unsere Absichten und unsere Ziele sind ziemlich miserable Informationsquellen, wenn es darum geht, unsere Gewohnheitshandlungen vorauszusagen. So haben die Gewohnheitsforscherinnen Mindy Ji und Wendy Wood (2007) zeigen können, dass wir, wenn unsere Gewohnheiten erst einmal stark ausgeprägt sind, uns vornehmen können, was wir wollen; die Gewohnheit siegt. Unsere Absichten prägen unser Verhalten und unser Handeln nur dann, wenn keine starke Gewohnheit im Spiel ist. Die Forscherinnen belegten das für Fast-Food-Konsum, Fernsehen und sogar ÖPVN-Nutzung. Was ja sowohl gut als auch schlecht sein kann; hängt eben davon ab, in welche Richtung die Gewohnheit ausgeprägt ist.

Meine Tochter hat bis zu ihrem siebten Lebensjahr Salamischeiben verschlungen wie ein Rottweiler Kaninchenbabys. Dann aber beschloss sie von einer Sekunde auf die andere: Nie wieder Fleisch. Was war passiert? Sie hatte an einem Kirmesimbissstand ein Spanferkel erspäht. So richtig nett in Szene gesetzt, glänzend, mit Tomate im Mund am Drehspieß kreisend. Das war zu viel für ihr tierliebendes Kinderherz. Mit einem Mal verstand sie: Für meine Salami stirbt so ein Schwein. Die Folge: Sie änderte absichtsvoll und zielgerichtet ihr Essverhalten. Und heute, fünf Jahre später? Sie ist noch immer überzeugte Vegetarierin. Das Entscheidende ist: Heute denkt sie nicht mehr aktiv darüber nach, dass für Wurst und Fleisch Tiere sterben, sondern sie greift wie selbstverständlich zur vegetarischen Alternative. Zugegeben, der Duft von Chicken Wings kommt auch bei ihr an, aber, wie es Wendy Wood und Mindy Ji beschreiben, die Gewohnheit der fleischlosen Alternative siegt.

Gut, dass ist jetzt eine Anekdote. Zum Glück ist es eine, die ein Gewohnheits-Happy-End mitbringt. Gegenteilige Storys von misslungenen Gewohnheitsaneignungen gibt es natürlich auch mehr als genug. Die Frage ist daher: Warum gelingt es so selten? In meinen Augen ist der Kern jeglicher Antwort darauf: weil wir Gewohnheiten im Alltag nicht verstehen. Wir bekommen nicht mit, wie sie sich bilden und was sie am Leben hält. Darum tun wir uns auch so schwer damit, sie zu ändern. Das wiederum möchte ich ändern. Die Erforschung der Gewohnheit ist eine Geschichte voller Missverständnisse. Darum lohnt sich ein Blick auf das Fachwissen. Es hilft uns, zu verstehen, warum so viele verschiedene Vorschläge rund um das Verändern von Gewohnheiten existieren. Mehr noch hilft es Ihnen dabei, die richtigen Schlussfolgerungen für das Ändern Ihrer Gewohnheiten zu ziehen.

Wenn uns eine unserer Handlungen eine Befriedigung verschafft, steigt die Chance, dass wir sie wiederholen. So beschrieb der Psychologe Edward Lee Thorndike 1898 mit dem »Gesetz des Effektes« das Entstehen von Gewohnheiten. Ein Beispiel für die positive Variante: Stellen Sie sich vor, Sie kommen nach Monaten im Homeoffice eines Tages aus Versehen zu früh zur Arbeit. Der Grund waren die freien Straßen. Das zügige Vorankommen gefällt Ihnen. Behalten Sie die frühe Uhrzeit bei? Eventuell. Es ist schöner, durchzubrausen, als im Stau zu versauern. Aber das war es nach diesem Modell auch schon mit der Erklärung. 1938 nahm Behaviorist Frederic Skinner den Ball auf und spielte ihn weiter. Sein upgedateter Lernansatz: Er erklärte, wie wir die Palette an erlernten Verhaltensweisen erwerben, die wir jeden Tag zeigen. Das Ganze folgt dabei einer recht einfachen Logik: Handlungen, auf die eine Verstärkung folgt, werden verstärkt und treten in der Zukunft mit größerer Wahrscheinlichkeit wieder auf. Wenn Sie im Zoom-Call eine lustige Geschichte erzählen und alle lachen, ist es wahrscheinlicher, dass Sie diese Geschichte in der Zukunft noch einmal erzählen oder dass Sie generell eher lustige als ernste Geschichten zum Besten geben. Umgekehrt werden Handlungen, die eine Bestrafung oder unerwünschte Konsequenzen nach sich ziehen, geschwächt und werden in Zukunft mit geringerer Wahrscheinlichkeit wieder auftreten. Wenn Sie dieselbe Geschichte in einem anderen Zoom-Call noch einmal erzählen, aber dieses Mal niemand lacht, ist es weniger wahrscheinlich, dass Sie die Geschichte in Zukunft noch einmal wiederholen. Die Konsequenzen unserer Handlungen machen also einen wichtigen Teil des Gewohnheits-Lernprozesses aus.

Was daran jetzt wirklich spannend ist, ist Skinners Idee von den Verstärkerplänen. Sie sind eine Art Veränderungs-Glaskugel und folgen dem Muster: Reiz – Reaktion – Konsequenz. Skinner erfand während seiner Jugend verschiedene Geräte und setzte sie für seine Studien ein, darunter auch seine operante Konditionierungskammer. Diese Skinner-Box hatte eine Kammer, die ein kleines Tier, wie zum Beispiel eine Ratte oder eine Taube, aufnehmen konnte. Die Box enthielt auch eine Stange oder einen Schlüssel, den das Tier drücken konnte, um eine Belohnung zu erhalten. Um die Reaktionen zu verfolgen, entwickelte Skinner ein Gerät, das als kumulativer Rekorder bekannt ist. Das Gerät zeichnete die Reaktionen als Aufwärtsbewegung einer Linie auf, sodass die Reaktionsraten anhand der Steigung der Linie abgelesen werden konnten.

Damit fand Skinner heraus, dass der Zeitpunkt und die Häufigkeit der Verstärkung von Verhaltensweisen eine Rolle bei der Geschwindigkeit und Stärke des Lernens spielen. Mit anderen Worten, der Zeitpunkt und die Häufigkeit der Verstärkung beeinflussen, wie neue Verhaltensweisen gelernt und wie alte Verhaltensweisen verändert werden. Zwei dieser Verstärkerpläne sind für unsere Gewohnheitsbildung absolut zentral: der Quotenplan und der Intervallplan.

Quotenplan: Reaktionen werden nur verstärkt, nachdem eine bestimmte Anzahl von Reaktionen stattgefunden hat. Incentives und Fließbänder wollen über diesen Mechanismus wiederkehrendes Verhalten oder Handeln erzeugen. Wenn wir gar nicht genau wissen, wann wir die Quote erreichen, dann zeigen wir immer häufiger das Verhalten oder das Handeln, denn wir glauben, es müsste ja bald mal wieder so weit sein. Im Alltag schaffen das Glücksspielautomaten ebenso wie

Chefs, die willkürlich mal Lob aussprechen und dann wieder nicht, denn das wirkt auf uns wie eine Feedbacklotterie. Das trägt zur Routinebildung bei, nicht zur Gewohnheitsbildung.

Intervallplan: Die Belohnung erfolgt nur, nachdem ein bestimmtes Zeitintervall verstrichen ist. Die Reaktionsraten bleiben ziemlich konstant und beginnen zu steigen, wenn der Verstärkungszeitpunkt näher rückt, aber sie verlangsamen sich, unmittelbar nachdem die Verstärkung erfolgt ist. Wenn wir hier nicht genau wissen, wann die Zeit um ist, führt das bei Tauben wie bei Menschen fast zu einem permanenten Ausführen des zuvor belohnten Verhaltens oder der Handlungen. Die Tauben picken, wir Menschen zücken das Handy – könnte ja schon wieder 'ne Nachricht da sein. Unsichere Belohnungszeiträume schaffen Gewohnheiten.

Die 4 Schritte der Gewohnheitsbildung

Die 1960er-Jahre brachten den Computer in den Alltag und in die Forschung. Letztere vollzog durch die ihm zuwachsende Vormachtstellung sogar eine komplette Trendwende. Vom Blick auf das Verhalten schwenkte sie um zum Blick auf das, was wohl im Gehirn für unser Verhalten sorgte. Gewohnheiten wurden nun dementsprechend dadurch erklärt, wie wir Informationen im Gehirn verarbeiten und welche Ziele wir uns dabei setzen (George Miller et al., 1960). Die Psychologen Richard Shiffrin und Walter Schneider (1977) unterschieden dabei zwischen zwei Ebenen: einer, die unsere Aufmerksamkeit und Entscheidungsfindung prägt, aber nur wenig Power hat und schnell erschöpft ist, und einer mit sehr wenig Aufmerksamkeit, die aber schneller und von größerer Kapazität ist. Dieses Zwei-Ebenen-Modell war damals das neue Salz in der Suppe der Psychologie. Aber sie war eben auch in erster Linie ein Modell.

Und das trennt die damalige Forschung von der heutigen. Die Jahrzehnte der Gewohnheitsforschung haben Modelle hervorgebracht, die zumeist in Laborexperimenten belegt wurden. Das ist der heutigen Forschung nicht mehr genug. Sie will raus ins echte Leben. Eine der prominentesten Gewohnheitsforscherinnen, Philippa Lally, lässt Menschen in ihrem Alltag Tagebuch führen, um dem Entstehen und Vergehen von Gewohnheiten wissenschaftlich auf die Spur zu kommen. Diese Daten verknüpft sie dann mit dem gesammelten Wissen von Skinner, Miller und Co. Ihre Ergebnisse sind wirklich hilfreich, wenn wir verstehen wollen, in welchen Schritten eine Gewohnheit entsteht. So berichtet sie 2013 mit ihrem Kollegen Benjamin Gardner von der vier Stufen der Gewohnheitsbildung.

Stufe 1: Zuerst einmal müssen wir eine Entscheidung treffen, etwas zu unternehmen. Der Beginn ist also sehr gezielt gewählt.

Stufe 2: Wir müssen von der Absicht zur Handlung gelangen. Das verlangt von uns Planung und Selbstregulation.

Stufe 3: Wir müssen dranbleiben. Denn nur die Wiederholung der Handlung führt zu deren gewohnheitlicher Ausprägung. Das wiederum verlangt Motivation und noch mehr Selbstregulation von uns. Sie merken schon, dass das Ausprägen von Gewohnheiten ein anstrengender Mechanismus ist. Das gilt sowohl für positive Gewohnheiten wie Sport, gesunde Ernährung oder Nachrichten schauen als auch für weniger positive wie rauchen, Messages auf dem Handy checken, Chips essen. Jede Gewohnheit folgt diesen allgemeinen Grundsätzen der Verhaltensänderung.

Stufe 4: Diese Stufe hängt eng mit der dritten zusammen. Hier endlich geht es nur noch um die Gewohnheitsbildung: Die neue Handlung muss in einer Weise wiederholt werden, die der Entwicklung eines Automatismus förderlich ist. In ihrer Studie von 2010 zeigte Lally, dass Menschen, die die gewünschten Handlungen regelmäßig und in gleichbleibenden Kontexten ausführten, über eine Zunahme der gewohnheitsmäßigen Automatik berichteten.

Bevor es losging, fragten die Forscher nach, wie oft diese Menschen in bestimmten vergangenen Zeiträumen dieses Verhalten und diese Handlungen an den Tag gelegt hatten und ob diese Verhaltensweisen bzw. Handlungen stabil immer am gleichen Ort, immer zur gleichen Tageszeit, immer im Zusammensein mit denselben Menschen und immer in der gleichen Stimmung stattfanden. Damit will Lally eine Frage beantworten, die Skinner & Co. noch gar nicht auf dem Schirm hatten: *Können unsere Gewohnheiten unterschiedlich stark ausgeprägt sein?*

Die Antwort darauf ist wichtig, um die richtige Intensität für die Maßnahmen zur Ausbildung oder Änderung zu wählen. Gemessen werden kann dank Lallys Arbeit u.a. die »Gewohnheitsstärke«. Sie ergibt sich aus einer Art Matheaufgabe unseres Handelns. Sie setzt sich zusammen aus der Häufigkeit und Stabilität eines Verhaltens oder einer Handlung. Deren Ergebnis ist die »Gewohnheitsstärke«. Und noch zwei weitere entscheidende Fragen wurden den Teilnehmern gestellt: welche Absichten sie zu den drei vorgenannten Verhaltensweisen über die Woche des Versuchszeitraums verfolgten und wie sicher sie sich bezüglich dieser waren. So konnten die Forscher deutlich herausarbeiten, was die untersuchten Gewohnheiten am besten voraussagt.

Das Ergebnis: Wenn es darum ging, vorherzusagen, welches tatsächliche Verhalten oder welche Handlung in der fraglichen Woche an den Tag gelegt wurde, schnitten die drei Erklärungsansätze »Gewohnheitsstärke«, »Absicht« und der Zusammenhang »Gewohnheit + Absicht« sehr unterschiedlich ab. Beim Fast-Food-Konsum hing das Verhalten oder die Handlung von Letzterem ab, also davon, ob ein Mensch häufiger und gewohnheitsmäßig Fast Food kauft und dies auch explizit für die Woche geplant hatte. So weit, so gähn. Aber nun wird es spannend: Es zeigte sich nämlich auch, dass die bewusste Absicht nahezu irrelevant für das Verhalten oder die Handlung war, wenn es eine starke Gewohnheit gab – nicht einmal die Stimmung hatte Einfluss darauf. Selbst der Plan, sich für den überschaubaren Zeitraum von sieben Tagen etwas anderes vorzunehmen, als wir üblicherweise tun, verläuft also offenbar im Sande, wenn wir starke örtliche Auslöser für unser gewöhnliches Verhalten und die jeweilige Handlung haben. Beim TV-Nachrichten-Konsum hingegen spielt es durchaus eine Rolle, was wir uns vornehmen. Aber auch hier waren alle vier Dimensionen der Gewohnheitsstärke relevant: Ort, Zeitpunkt, Stimmung und die Anwesenheit anderer. Wenn die starke Gewohnheit und eine explizite Absicht zusammengerechnet wurden, ließ sich das Verhalten voraussagen. Und beim Busfahren? Wie wichtig ist die Absicht gegenüber der Gewohnheit, wenn es um die Nachhaltigkeit geht – die ja eine direkte Folge der Nutzung öffentlicher Verkehrsmittel ist? Hier spielen Ort, Zeit und die Anwesenheit typischerweise dort anzutreffender Personen eine zentrale Rolle, während die Stimmung nicht und die Absicht kaum ins Gewicht fällt. Fazit: Je ausgeprägter die Gewohnheit, umso nebensächlicher die Frage danach, was wir uns eigentlich vorgenommen haben. Fazit Nummer 2: Da Gewohnheiten von unterschiedlichen Mischungen auslöst werden, ist es wichtig, herauszuarbeiten, welche Mischung für eine Verhaltensänderung ausschlaggebend ist. Denn die Tatsache, wie oft wir etwas in der Vergangenheit gemacht haben, ist nicht der alleinige und selten der wichtigste Auslöser für eine Gewohnheit.

Daher stützen sich die nachfolgende Erkenntnisse auf Studien und Experimente der kognitiven, motivationalen und behavioristischen Forschung.

Ein Beispiel zum Warmwerden mit dieser Forschungsmischung sind Einkaufsgewohnheiten. Kaufen und Konsumieren folgen in unserem Alltag oft einem repetitiven Muster. Wir kaufen und konsumieren an gewohnten Orten und bilden so als Konsumenten Gewohnheiten aus. Wenn diese sich erst einmal gebildet haben, können auch hier Umgebungsreize die eingeübten Reaktionen ohne unser bewusstes Entscheiden auslösen. Egal, welche bewussten Absichten Konsumenten formulieren, sie folgen beim Kauf von Fast Food, TV-Nachrichten-Programmen bis hin zur Buswahl nicht diesen Absichten, sondern ihren Gewohnheiten; selbst wenn sie sich explizit etwas anderes vorgenommen hatten. Die Absicht setzte sich nur durch, wenn die Gewohnheit nicht stark genug war.

Das Tempo der Gewohnheitsbildung

Nehmen wir an, ich merke, dass ich für gewisse Dinge eine Routine benötige, um Stabilität in mein Leben zu bringen. Zum Beispiel esse ich zu unregelmäßig oder konsumiere zu viel Social Media ohne klaren Fokus etc. Wie lange dauert es dann, eine neue Gewohnheit zu etablieren? Die meisten Menschen, die etwas mit Gewohnheiten zu tun haben, würden sagen: 21 Tage. Das ist nur leider völliger Quatsch. Es gibt dazu bisher auch nur ein echtes Alltagsexperiment in freier Wildbahn: von 2010. Da ging es den Forschern Phillippa Lally, Cornelia H. M. van Jaarsveld, Henry W. W. Potts und Jane Wardle darum, Menschen eine selbst gewählte gesundheitsförderliche Aktion einmal am Tag, zum Beispiel nach dem Frühstück spazieren gehen, zur Gewohnheit werden zu lassen. Hier ergab sich eine ganz klare, wissenschaftlich belegte Zahl: 66. Im Schnitt dauert es 66 Tage, bis eine neue Handlung zur Gewohnheit wird. Das klingt erträglich. Aber wenn man genauer hinschaut, wird eine unglaubliche Spanne sichtbar. Manche hatten die Gewohnheit nach 18 Tagen verankert. Andere brauchten etwas länger: 254 Tage. So, und das ist mal lange. Und noch eines zeigt der genauere Blick auf die Forschung: Tatsächlich ist Veränderung keine Gerade. Sie ist eine Kurve, die zunächst extrem steil ansteigt, doch dann deutlich abflacht. Großen Einfluss auf ihren Verlauf hat, wie umfangreich und komplex das neue Verhaltensmuster ist. Es gilt: Je komplexer, desto länger.

Die nächste Frage ist dann: Was passiert, wenn es in der Kurve mal nicht weiter aufwärtsgeht, wenn wir in das alte Verhalten zurückfallen? Für William James käme das einer Katastrophe gleich. Er war der Überzeugung, dass die ununterbrochene Ausführung notwendige Bedingung sei und dass schon eine einzige verpasste Gelegenheit uns zurück auf Los schicke.

Christopher Armitage (2005) schaute für zwölf Wochen darauf, wie Menschen ihre neuen Fitnessaktivitäten durchhielten, um daraus eine neue Gewohnheit zu machen. Und so sicher, wie ein Eiweißriegel im Regal eines Fitnessstudios zu finden ist, so sicher war es, dass die Teilnehmer es verabsäumten, ihrem neuen Handlungsmuster treu zu bleiben. Ein Versäumnis wurde übrigens so definiert, dass eine ganze Woche nichts gemacht wurde. Klar, so etwas kann einen Rückschlag bedeuten. Ganz besonders sensibel ist unsere neue Handlung, wenn dieses Versäumnis innerhalb der ersten fünf Wochen unserer Gewohnheitsbildung passiert. Allerdings zeigte Armitage auch, dass es kein Weltuntergang ist, wenn wir mal einen Tag in der Woche die neue Handlung nicht hinbekommen. Das hat kaum Einfluss auf den Erfolg. Und da das sogar bei fast 70 % aller Menschen, die dabei wissenschaftlich begleitet wurden, passiert, ist es auch für uns eine Beruhigung. Phillippa Lally et al. (2010) beobachteten, dass eine einzige verpasste Gelegenheit einen vernachlässigbaren Einfluss auf die Gewohnheitsbildung hatte. Ein kurzer Ausfall ist also offenbar okay, echtes Versäumnis killt den Erfolg.

Was gar nicht funktioniert

Wenn kleine Versäumnisse okay sind und wir auch bei der Zielmarke eine große Streubreite haben, scheint es kaum etwas zu geben, was der Ausbildung neuer Gewohnheiten im Weg steht. Eines allerdings können wir selbst tun, um es uns besonders schwer zu machen: Informationen geben! Reden hilft nicht, zumindest nicht, wenn das alles ist. Ein schönes Beispiel ist die 5-A-Day-For-Better-Health-Kampagne. Jede Menge pfiffige Werbung und Kommunikation rund um Obst und Gemüse. Klare Pros und Kontras, ansprechend visualisiert. Was geschah? Die Verhaltensforscherin Gloria Stables et al. (2002) berichten, dass die Menschen im Versuch sich in der Tat gut informiert fühlten. Aber ihr Essverhalten haben sie nicht geändert.

Aber was ist mit Geld? Macht Geld das Ausführen und Beibehalten neuer Handlungen leichter? Die Gesundheitspsychologin Eleni Mantzari et al. veröffentlichten dazu 2015 ein Metastudienergebnis. Sie trugen die bis dato zu dieser Frage erschienenen relevanten Artikel zusammen und verglichen deren Ergebnisse. Die Erkenntnis war ernüchternd. Incentives wirken, nur ihre Wirkdauer ist begrenzt. Sie sind das, was wir im 21. Jahrhundert als nicht nachhaltig bezeichnen würden. Denn ihre Wirkung auf langfristige Veränderungen ist gleich null. Sobald die Incentives eingestellt werden – in den meisten Versuchen nach drei Monaten –, ist es vorbei mit dem neuen Handlungsmuster.

Was wir uns in diesem Zusammenhang oft vorwerfen, was aber gar nicht so entscheidend ist, ist der Mangel an Willenskraft. Etwas einfach nur mit aller Kraft zu wollen hat nichts mit der tatsächlichen Umsetzung zu tun. Dementsprechend ist eine misslingende Gewohnheitsänderung auch kein Loserprädikat oder die peinliche Offenlegung, dass der Mensch doch viel lieber so bleiben würde, wie er gerade ist. Der Kern des krachenden Scheiterns sind vielmehr wiederkehrende Umweltreize. Der US-amerikanische Psychologe Mark Bouton et al. (2011) haben Belege dafür veröffentlicht, dass alte Gedächtnisspuren durch neue Gewohnheiten nicht unbedingt ersetzt werden. Ein Rückfall kann auftreten, wenn alte Gewohnheitserinnerungen durch frühere Routinen und andere Kontexthinweise aktiviert werden.

Aber Obacht, es gibt kein One-Size-Fits-All-Modell, nicht alles funktioniert immer für jeden. Darum folgt hier auch eine Auswahl an belegten Techniken, aus denen sich jeder die herausnehmen kann, die für ihn am besten funktionieren. Welche Wege Sie dann ausprobieren, ist Ihnen und Ihren Bedürfnissen überlassen. Funktionieren tun sie alle, nur eben nicht in jedem Zusammenhang. Darum gilt es, zu testen und für sich die richtige Mischung zu finden.

Denn die Forschung kann einiges Konkretes berichten, das wir in unserem Veränderungsalltag so gar nicht auf dem Schirm haben. Damit eine Handlung oder ein Verhalten eine Gewohnheit wird, müssen einige Aspekte zusammenkommen: Ziele, Wiederholungen, Belohnungen, Auslöser und Reibungslosigkeit. Dazu gibt es auch einige Belege.

Phillippa Lally et al. (2008) berichten beispielsweise über eine Gesundheitsförderungsintervention, die auf einem Gewohnheitsbildungsmodell basiert. Eine Broschüre mit »Ten Top Tips for Weight Loss« empfahl eine Reihe von täglich auszuführenden Verhaltensweisen und forderte dazu auf, die Verhaltensweisen jeden Tag auf ähnliche Weise und in einem ähnlichen Kontext auszuführen. Ein kleines Selbstkontroll-Tagebuch war auch dabei. Die begleitende Studie ließ einen gemittelten Gewichtsverlust von zwei Kilogramm nach acht Wochen beobachten. Mit der Nachfolgestudie von 2011 hatte die Verhaltensforscherin bei einer weiteren Interventionsgruppe den Verlust von 3,8 Kilogramm in einer 32-wöchigen Studie beobachtet. Es funktioniert.

Dann stellt sich natürlich als Nächstes die Frage: Wenn uns unsere Gewohnheiten so prägen, wie prägen wir dann unsere Gewohnheiten?

Bausteine zur Etablierung neuer Gewohnheiten

1. Erkenne dich selbst

Dass Willenskraft während der Veränderung bei Weitem nicht ausreicht, aber im Vorfeld extrem hilfreich ist, scheint ein lustiger Widerspruch zu sein. Warum ist das so? Die Kontrolle über bestehende Gewohnheiten könnte unterstützt werden, indem das Bewusstsein über die Auslöser, die diese ungewollten Reaktionen hervorrufen, gestärkt werden. Der Blick auf die Auslöser jedoch ist nicht einfach. Manche Modelle streben an, dieses Manko zu beheben. Sie propagieren Tagebücher, die dabei helfen, sich der Auslöser bewusst zu werden. Denn deren Wichtigkeit kann gar nicht genug betont werden.

Wendy Wood, Melissa Guerrero Witt und Leona Tam (2005) berichten, dass die Gewohnheiten des Sporttreibens, des Zeitunglesens und des Fernsehens von Studierenden, die an eine neue Universität wechselten, den Wechsel nur dann überlebten, wenn sich Aspekte des Ausführungskontextes nicht änderten (etwa wenn die Teilnehmer weiterhin die Zeitung mit anderen lasen). Dieser Wechsel bot, wenn er bewusst wurde, die Chance zur gezielten Kontrolle. Der Wegfall des Routineauslösers führte bei den Studierenden zur Reflexion ihres Handlungsmusters und im Anschluss dazu, dass sie verstärkt nach ihren aktuellen Absichten handelten und nicht mehr auf »Autopilot« liefen. Wer weiß, warum etwas (Automatisches) passiert, kann sich besser im richtigen Moment im Zaum halten und so die ungewollte Gewohnheit stoppen.

Tatsächlich ist unser Wissen darüber, wie wir ticken, mit entscheidend dabei, Gewohnheiten zu ändern. Wirklich herausfinden zu wollen, was um uns herum passiert und was unsere Gewohnheiten auslöst, ist also ein zentraler Aspekt. Aber ein Tagebuch über die Auslöser von Gewohnheiten? Das klingt für manche Menschen nach richtig wenig Spaß. So gerne, wie wir andere beobachten und ihnen das Brett vor ihrem Kopf detailliert beschreiben, so ungern schauen wir bei uns selbst hin. Diese Erkenntnis formulierte schon Aaron Beck, der Begründer der kognitiven Verhaltenstherapie. Diese Selbstvermessung erscheint uns leider als uncoole Detektivarbeit. Allerdings müssen wir gar nicht unser Leben vermessen. Es geht in erster Linie darum, mehr Aufmerksamkeit auf unsere Gewohnheiten zu richten, damit wir deren Auslöser finden. Das ist zwar auch nicht gerade wenig. Aber es ist auch schon alles. Denn nur wer weiß, in welcher Reihenfolge etwas passiert, kann schauen, was der Auslöser und was die Reaktion war. Aber dieses Überwachen selbst klitzekleiner Teile in unserem Alltag hat Konsequenzen. Allein die Tatsache, dass wir aufschreiben, was wir über die Woche essen, führt dazu, dass wir weniger Kalorien zu uns nehmen als eine Kontrollgruppe, die nichts aufschreibt.

Die Selbstbeobachtung beinhaltet das Aufzeichnen bestimmter Handlungsweisen (oder Handlungsergebnisse) und ist seit Langem ein zentraler Bestandteil von verhaltensorientierten Gewichtsreduktionsprogrammen. Die Selbstbeobachtung kann dabei helfen, anhaltende unerwünschte Handlungsweisen zu identifizieren, und ist somit potenziell förderlich für die Mobilisierung und Umsetzung von Strategien zur Reduzierung von Diskrepanzen zwischen aktuellem und gewünschtem Handlungsmuster. Sie kann auch dabei helfen, Gelegenheiten zur Ausführung eines neuen Verhaltens zu identifizieren, für die Umsetzungsabsichten getroffen werden können. Susan Michie et al. (2009) berichten davon, dass Menschen Situationen in ihrem Alltag identifizieren können, in denen sie sich körperlich betätigen könnten. Eine Metaanalyse von Benjamin Gardner, Gert-Jan de Bruijn und Phillippa Lally zu Interventionen zur Veränderung von körperlicher Aktivität und Essverhalten zeigt, dass Interventionen, die eine Selbstüberwachung beinhalteten, signifikant effektiver waren als Interventionen ohne Überwachung. Also, Schritt eins: Hinschauen und Auslöser aufschreiben. Und dann?

2. Kläre die Ziele

Gewohnheiten entstehen, während wir unsere (Lebens-)Ziele verfolgen. Bewusste Ziele und Gewohnheitsausbildung sind daher stark miteinander verbunden. Doch je stärker die Gewohnheit wird, umso weniger spielen Ziele und Planung im jeweiligen Moment eine Rolle. Von diesen Gewohnheiten erleben wir über den Tag jede Menge. Die Persönlichkeitspsychologin Wendy Wood (2002) hält fest, dass rund 43 % unserer Handlungen täglich gleich sind und in gleichen Kontexten ausgeführt werden. Das Lernen der Auslöser-Reaktions-Kette ist eine unabsichtliche Konsequenz der Wiederholung.

Gewohnheiten entstehen also, wenn Menschen ihre Ziele verfolgen. Ja, aber. Sie entstehen leider auch, wenn wir gar keine Ziele verfolgen, wie etwa Elisabeth Tricomi et al. (2009) verdeutlichen. Sie zeigten den Menschen im Versuch Bilder. Bei manchen Bildern bekamen die Teilnehmer zur Belohnung etwas zu essen. Sie konnten sogar so viel essen, wie sie wollten, bis zur maximalen Dehnbarkeit ihres Magens, wenn ihnen danach war. Eigentlich hätte ein Sättigungseffekt eintreten müssen, so wie wenn wir zu viel Sahnetorte verputzen. Das Gegenteil aber trat ein. Lars Schwabe und Oliver Wolf (2010) berichten nämlich: Wenn die Maxi-Futterer einige Zeit später zu einer weiteren Versuchsreihe kamen, griffen sie zum Essen, sobald das bekannte Bild auftauchte. Wir folgen unseren Gewohnheiten, selbst wenn wir es eigentlich ganz anders geplant haben. Es ist ein Paradoxon. Mark Weaver (1981) spricht von einem neurotischen Paradoxon. Das erzeugen wir, wenn wir Handlungen erlernen, die zwar kurzfristig positive Konsequenzen nach sich ziehen, langfristig jedoch stärkere negative Konsequenzen haben. Mehr noch, es gelingt uns dabei auch nicht, den Drang zu dieser Handlung, die eigentlich schlecht für uns ist, aufzuschieben. Die Beispiele sind allzu bekannt, man denke nur ans Rauchen.

Gewohnheiten sind wie Darth Vader. Sie dringen tief in unsere mentalen Prozesse ein und spinnen ein reichhaltiges semantisches Netz. Eine Vielzahl von Triggern kann eine gewohnheitsgemäße Handlung auslösen. Dazu gehören Trigger aus der Umgebung, vorhergehende Handlungen oder sogar einfach die tatsächliche oder gedachte Anwesenheit anderer Menschen. Natürlich können wir uns diesen Triggern willentlich aussetzen, wenn wir uns zum Beispiel vor den Computer setzen, um Gedanken an die Arbeit zu aktivieren.

Gute Gewohnheiten sind wesentliche Werkzeuge im Werkzeugkasten für jeden, der erfolgreich mit dem Neuen umgehen will. Sie unterstützen uns dabei, unsere Ziele zu erreichen, ohne unseren Kopf mit bewussten Erinnerungen an die Zielerreichung zuzupflastern. Gewohnheiten sind die Triebfedern beim Erreichen unserer Ziele, egal, ob diese Ziele vorgegeben oder selbst gewählt sind. Wie hängen die beiden genau zusammen? Die Gewohnheit trägt uns auf dem Weg zum Ziel. Das Bestimmen des Ziels hingegen gibt uns den Rahmen für die Auswahl effektiver Gewohnheiten.

Ein Beispiel: Nehmen wir an, Sie wollen mehr Bücher lesen. Das Ziel könnte sein, bis zum Ende des Jahres 40 Bücher zu lesen. Ein Ziel, das einen Zeitpunkt hat, das relevant, messbar und realistisch ist. Dieses Ziel immer vor Augen zu haben, kann einen Teil Ihrer wertvollen Aufmerksamkeit okkupieren. Sie könnten jedoch auch eine Gewohnheit kreieren, indem Sie beispielsweise beschließen, immer ein Buch bei sich zu tragen. Dann müssen Sie nicht immer an das Ziel denken, sondern nur an das eine Buch.

Gute Ziele geben eine Richtung vor, und effektive Gewohnheiten sorgen für die mentale Disziplin, um diese Ziele zu erreichen – und das eine ohne das andere führt oft zu Frustration und Misserfolg. So haben es André Meyer et al. (2019) berichtet. Sie beobachteten 52 Softwareentwickler. Ihr Ziel war es, mehr über die Ziele und Strategien von Entwicklern zu erfahren, um gute Gewohnheiten bei der Arbeit zu verbessern oder beizubehalten. Sie fanden heraus, dass gezielte, kontinuierliche Selbstreflexion nicht nur das Bewusstsein der Entwickler über produktive und unproduktive Arbeitsgewohnheiten erhöht (84,5 %), sondern auch zu positiven Selbstverbesserungen führt, die die Produktivität und das Wohlbefinden der Entwickler steigern (79,6 %). Diese Selbstreflexion war ohne definierte Entwicklungsziele natürlich nicht möglich. Gleichzeitig war die Reflexion der Nährboden für die Wahl und Korrektur der passenden Gewohnheiten.

Was ist eigentlich das Ziel eines Ziels? Was ist sein Zweck? Ein Ziel dient als Fokus. Es spezifiziert einen idealen Endzustand, den wir erreichen wollen. Damit wird deutlich, wie sich Ziel und Gewohnheit unterscheiden und warum beide zentral für den Erfolg sind. Ziele sorgen für Motivation. Gewohnheiten unterstützen die Volition, also die Willenskraft. Gemeinsam helfen sie uns, den Rubikon zu überqueren und anzukommen. Sie erinnern sich? Der Name ist aus der Historie entlehnt. Danke, Cäsar. Denn er hat es getan; er hat den Rubikon überquert, einen kleinen Fluss in der Emilia Romagna. Warum war das so eine besondere Nummer? Weil es ein Grenzfluss war. Im Jahr 49 v. Chr. überschritt Cäsar mit seinem bewaffneten Heer diesen Fluss, anstatt es, wie vom Senat beschlossen, aufzulösen. Diese Überquerung wurde vom römischen Senat als Kriegserklärung verstanden. Dessen war Cäsar sich bewusst: Nach seinem Übertritt gab es kein Zurück mehr. Diesem Moment verdankt sich auch der Name des Rubikonmodells von Heckhausen und Gollwitzer (1987).

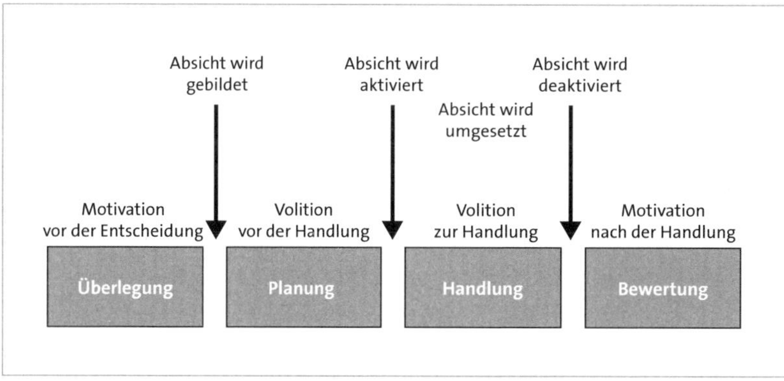

Quelle: nach Heckhausen und Gollwitzer (1987), modifiziert

Auf der einen Seite (des Flusses) steht die Motivation. Sie ist gekennzeichnet durch die Wahl des Ziels und die dafür notwendigen Handlungen. Auf der anderen Seite stehen die Ausführung und das Dranbleiben an diesen Handlungen, bis wir das Ziel erreicht haben. Der Fluss trennt daher zwischen Motivation (Zielauswahl) und Volition (Zielerreichung). Bezogen auf Gewohnheiten heißt das, dass das Ziel der Start ist und die Gewohnheiten die Zielerreichung signifikant erleichtern. Im Gegensatz zu motivationalen Prozessen, die unsere Erwartungen und mögliche Anreize betreffen, brauchen wir volitionale Prozesse, um Widerstände bei der Zielerreichung zu überwinden.

Wenn wir unser Ziel gewählt und die Gewohnheiten definiert haben, kann es losgehen. Der Vorteil der Gewohnheit ist, dass das Ziel »vergessen« werden kann, denn die Auslöser der Gewohnheit sorgen dafür, dass wir die gewünschte Handlung ausführen. Diese Gewohnheitsassoziationen brauchen, wie schon erwähnt, ein wenig Zeit. Wichtig ist hier: Während unsere Ziele unsere Gewohnheiten steuern, indem sie zur Wiederholung motivieren und die Auslöser wählen lassen, können wir Gewohnheiten nicht so schnell ändern wie Ziele. Ein Ziel können Sie definieren oder abwählen, ganz wie Sie wollen. Eine Gewohnheit bleibt recht stabil; das genau macht sie ja aus. Was tun?

Wenn das Ziel sich ändert, dann müssen wir unsere Selbstregulierung einschalten. Das geht kurioserweise nach dem Muster des vorherigen Satzes: Diese Wenn-dann-Formulierungen nennt die Forschung »Implementierungsintentionen«, so etwas wie Umsetzungsabsichten. Die Verhaltensforscher Rob Holland, Henk Aarts und Daan Langendam (2006) haben dies beschrieben. Im Rahmen eines Feldexperiments gingen sie in ein Unternehmen und beobachteten die Recyclinghandlungen von 109 Teilnehmern anhand der tatsächlichen Menge an Papier und der Anzahl an Plastikbechern in ihren persönlichen Papierkörben. Die Messungen ergaben, dass sich das Recyclinghandeln verbesserte, und zwar sowohl während der zwei Wochen dauernden Studie als auch noch zwei Monate nach der Manipulation. Bei allen Teilnehmern verringerte die Bildung von Umsetzungsintentionen zum Recyceln die Menge an Müll, die in die regulären Mülleimer geworfen wurde, sodass offenbar mit Gewohnheiten der Müllentsorgung gebrochen wurde.

3. Nutze die Selbstüberwachung

Es ist nicht so, dass wir mit einem starken Willen alles verändern können. Die Selbstkontrolle ist dabei ein interessantes Konzept. Denn wir glauben, dass sie darüber entscheidet, ob es uns gelingen wird, unsere Handlungen zu ändern oder nicht. Wenn Sie eine gute Selbstbeherrschung haben, eine starke Fähigkeit, Versuchungen zu widerstehen, dann sollten Sie jemand sein, der in der Lage ist, Entscheidungen zu treffen und an ihnen festzuhalten. Wenn Sie eine schlechte Selbstbeherrschung haben, dann werden Sie dazu nicht in der Lage sein. Das ist die Art und Weise, wie die meisten von uns denken. Wenn wir also an unseren Vorsätzen für das neue Jahr scheitern, wenn wir nicht in der Lage sind, unsere Ziele zu erreichen, dann neigen wir zu der Annahme: »Es muss etwas mit meiner Selbstbeherrschung nicht in Ordnung sein. Ich habe es nicht genug gewollt.« Wie die Wissenschaft jedoch gezeigt hat, wissen Menschen, die auf Selbstkontroll-Skalen gut abschneiden, tatsächlich, wie man Gewohnheiten bildet. Sie haben die Erfahrung automatisiert, sodass sie sich nicht auf Selbstkontrolle verlassen müssen. Sie treffen nicht einmal Entscheidungen. Es ist ihre automatische Reaktion.

Die Teilnehmer der Studie von David Neal, Wendy Wood und Aimee

Drolet (2013) erlebten es zehn Wochen lang: Sie betraten die heiligen Hallen der University of California in der entspannten Annahme, es gehe um das bessere Erreichen von Lebenszielen. Also hatten alle mindestens zwei im Gepäck: Ziele rund um die eigene Performance, die Bewegung oder die eigene Gesundheit. Waren die Ziele erst einmal gesteckt, ging es darum, das zu tun, was jemand, der ein Ziel hat, tun sollte: zu überlegen, welche alltäglichen Verhaltensweisen dem Erreichen des Ziels förderlich wären und welche Handlungsmuster dem so ganz und gar abträglich wären. Zwei bis drei Handlungsweisen wurden jeweils notiert. Und es waren typische Dinge, die wir alle wohl aufschreiben würden. Wenn es um die eigene Leistung ging, stand in den Selbstberichten »Lektüre auch wirklich lesen«, wenn es um die Bewegung ging, tauchte »Fitnessstudio besuchen« auf. Statistisch lustig war, dass nahezu jeder Teilnehmer »fernsehen« und »im Bett bleiben« als wenig förderlich für die Zielerreichung ansah. Das war löblich, aber war es auch hilfreich? Denn dann ging es im Versuch zur Sache: Immerhin wollten die Kollegen ja herausfinden, was wie sehr hilft und wie gut unsere Gewohnheiten auf das Erreichen von Zielen einwirken. Deswegen wurde das eingeführt, was die Forschung sehr unsexy eine »Ressourcenerschöpfungs-Manipulation« nennt. Und diese war nicht nur unsexy, sie war eben auch anstrengend.

Die Teilnehmer mussten für zwei Tage in Folge alle Handlungen mit ihrer nichtdominanten Hand ausführen. Rechtshänder mussten so viel wie irgend möglich mit der linken Hand ausführen und umgekehrt. Ausgenommen waren lediglich Tätigkeiten, bei denen sie sich hätten verletzen können, oder solche, deren suboptimale Erledigung zu Unannehmlichkeiten führen könnte, zum Beispiel im Meeting Notizen machen. Am dritten Tag tanzten sie wieder im Labor an. Warum überhaupt diese »Nicht-dominante-Hand-Aufgabe«, könnten Sie jetzt fragen. Haben Sie es selbst einmal versucht? Dinge mit der »anderen« Hand zu machen? Eben. Solche Aufgaben bringen es mit sich, dass wir unseren Impuls, unsere normale, sprich dominante Hand zu benutzen, unterdrücken müssen. Dieser permanente Fokus ist nachweislich eine anhaltende Belastung für unsere Selbstkontrollressourcen. Es geht uns an die Substanz. Willenskraft ist eine endliche Ressource. Und weil wir das in der Forschung so genau wissen, wagten die Kollegen im Experiment auch eine Vorhersage. Sie sagten voraus, dass man die mentale Erschöpfung direkt an der Häufigkeit ablesen konnte, mit der die Versuchspersonen ihren starken Gewohnheiten folgen würden. Was geschah? Genau das. Die zuvor beschriebene Ich-Erschöpfung führte dazu, dass die starken Gewohnheiten häufiger ausgeführt wurden. Aber eines überraschte: Sowohl die negativen starken Gewohnheiten als auch die positiven starken Gewohnheiten traten bei mental erschöpften Menschen häufiger auf. Was dann auch noch sichtbar wurde, war Folgendes: Bei den zielförderlichen Handlungsweisen waren die Teilnehmer insgesamt fast gleich erfolgreich, egal, ob sie mental erschöpft waren oder nicht. Learning: Wir profitieren von unseren guten Gewohnheiten, auch wenn wir mental platt sind. Obwohl uns unsere schlechten Gewohnheiten plagen, führen uns zeitgleich unsere guten Gewohnheiten näher zu unseren gewünschten Ergebnissen. Wir halten fest: Nicht die Frage, ob wir Nichtdenker oder Nachdenker sind, ist entscheidend dafür, dass wir unsere Ziele erreichen, sondern die Tatsache, dass wir uns sehr klar darüber werden, welches Handlungsmuster, das wir mit Leichtigkeit täglich ausführen können, uns unseren Zielen näher bringt. Das Ergebnis ist vor allem deshalb so wertvoll, weil der Großteil des Experimentes ja in freier Wildbahn vollzogen wurde, bei den Teilnehmern in deren Alltag. Es ist also praxisrelevant und kein reiner Laborbefund!

Tatsächlich zeigen Studien des Sozialpsychologen Bas Verplanken, dass starke Gewohnheiten dazu führen, dass wir weniger über Alternativen nachdenken. Wenn gewohnheitsmäßige Fahrradfahrer über Fortbewegungsmittel nachdenken, strengen sie sich weniger an, über Alternativen nachzudenken, als Menschen ohne spezifische Präferenzen der Fortbewegung – dasselbe gilt natürlich auch für passionierte Autofahrer. Die Folge ist, dass die starke Gewohnheit nach und nach immer mehr die Chance reduziert, Alternativen zu wählen. Eine Gewohnheit bestärkt sich selbst. Das ist ein Handlungsmuster in der Filterblase, selbst gemacht. Um eine ungeliebte Gewohnheit loszuwerden, müssen wir also die Filterblase durchstechen. Und das ist alles andere als einfach. Je öfter wir etwas gemacht haben, umso dicker ist die Blase. Eine übergreifende Analyse von 47 Forschungsergebnissen von Thomas Webb und Paschal Sheeran (2006) zeigte, dass das Ändern von Verhaltens- oder Handlungsmustern durch das Überzeugen und andere Interventionen nur dann wirkliche Ergebnisse zeigte, wenn die Teilnehmer das Handeln nur ab und zu ausführten: Veränderungen beim Anmelden für einen Workshop gelingen, Veränderungen beim Nutzen des Sicherheitsgurtes im Auto misslingen.

Was wäre denn, wenn ich es mir einfach zur Gewohnheit mache, etwas ab jetzt nicht mehr zu tun? Es gibt tatsächlich Forschung dazu. Jeffrey Quinn et al. (2010) schildern, was passiert, wenn Menschen »vigilant monitoring« nutzen und so etwas wie »Tue es nicht« denken. Der Fokus, mögliche Fehltritte zu vermeiden, hilft zwar dabei, sich endlich bewusst zu werden, was eigentlich die Gewohnheit auslöst. Denn wir werden sensibler für die der Gewohnheit zugrunde liegenden Reiz-Reaktions-Muster, aber das permanent zu tun ist so, als wenn wir beim Laufen permanent denken: »Nicht fallen, so, jetzt hebe ich den linken Fuß vor, dann den rechten, wieder den linken, den rechten etwas mehr belasten, es kommt eine Kurve, ich werde meinen Körper um circa zwölf Grad nach links neigen und gleichzeitig meine Beine weiterbewegen.« Das hilft nun gar nicht. Damit sich etwas ändert, braucht der alte Auslöser eine Kopplung an ein neues, alternatives und gewünschtes Handeln. Man kann keinen Auslöser mit einem Nichthandeln koppeln. Wer so viel Willenskraft hat, dass er Zwiebeln zum Weinen bringen kann und dass ihn Chuck Norris um Hilfe bei der Weltrettung anfleht, für den ist das vielleicht etwas. Alle anderen schlagen sich »Nicht an X denken« besser aus dem Kopf. Selbst Kant musste das einsehen, als er seinen von ihm entlassenen Diener aus seinem Bewusstsein verbannen wollte: Er hatte sich selbst einen Zettel geschrieben: »Der Name Lampe muss nun völlig vergessen werden!«[12] Geholfen hat ihm erst die Einstellung eines neuen Dieners. Denn derartige Kontrollstrategien erhöhen nur die kognitive Kontrolle, sie verändern nicht die Stärke der Gewohnheit.

---

12 Vgl. https://www.wissenschaft.de/gesellschaft-psychologie/vergiss-nicht-zu-vergessen/.

Selbstkontrolle bedeutet nichts anderes als: Ein Teil von uns versucht, einen anderen Teil von uns davon abzuhalten, etwas zu tun. Darum dachte man lange, es ginge darum, etwas zu unterdrücken. Tatsächlich aber verhält es sich gerade umgekehrt: Menschen, die starke Gewohnheiten ausgeprägt haben, empfinden mehr Selbstkontrolle. Das heißt: Ob wir es schaffen oder nicht, hängt kaum von unserer Willenskraft, unserer Selbstkontrolle ab. Was viel mehr hilft, ist Voraussicht. Man muss sich Gedanken machen darüber, welche Dinge oder Situationen es einem schwer machen könnten. Ein Beispiel: Wenn sich Studenten fragen, wie sie es schaffen, dass ihr Handy sie nicht mehr so ablenkt beim Lernen, lautet ein naheliegender und ebenso falscher Tipp: Du musst diesen Impuls unterdrücken. Besser und nachhaltig wirkender Tipp: Schalt es auf »stumm« und leg es in den Küchenschrank. Dann fang an zu lernen. Hat es gewirkt? Klar. Der Grund scheint trivial, ist aber zentral: Was nicht da ist, kann nix auslösen. Das gilt sogar fürs Essen: Dass wir Chips in uns reinstopfen, ist nicht ein Mangel an Wissen oder Willenskraft. Es ist die Tatsache, dass sie greifbar sind. Wenn Menschen die Chips im Versuch einfach nur so weit wegstellten, dass sie nicht in Griffweite waren, aßen sie gesünder. Menschen, die Junkfood im Kühlschrank nach hinten stellen und das gesunde Zeugs direkt vorne haben, essen automatisch gesünder.

4. Definiere die Auslöser

Einen Weltmeister der Aufschieberitis zu fragen, ob er an einem Projekt mitarbeitet, ist immer ein heikles Unterfangen. In der Kommunikation gibt es Logikketten wie: »Ich kann heute leider erst um 10.10 Uhr anfangen mit der Projektarbeit, aber ich bin nur gut, wenn ich zur vollen Stunde beginnen kann.« – »Ja, äh, dann wird das wohl heute nichts, oder?« – »Leider. Ich würde ja so gerne, aber irgendwie kommt immer etwas dazwischen!« – »Wie ist es mit morgen?« – »Ja, morgen auch!« Aller Anfang ist immer schwer, nicht nur für Profi-Prokrastinierer. Darum dreht sich auch kaum ein seriöses Werk zur Verhaltensänderung um den Anfang. Es dreht sich vielmehr um etwas, das viel wichtiger ist als der Anfang des neuen Handlungsmusters, nämlich den oder die Auslöser des Handlungsmusters. Wenn diese ausgetauscht werden, ist das neue Verhalten fast unabdingbar, egal, wann jemand »anfangen« will. Warum so eine Ode auf die Auslöser? Weil wir so lernen. Auslöser und Verhalten oder Handlungen werden verbunden, denken Sie an Pawlow und seine Experimente mit den Hunden. Auf die Glocke (Auslöser) folgt der Speichelfluss (Verhalten). Das ist einer der Kernmechanismen für Gewohnheiten, sowohl für die alten, die wir ändern wollen, als auch für die neuen, die wir bei uns installieren wollen.

Auslöser müssen wir dementsprechend aus zwei Perspektiven bestimmen: Zuerst müssen wir die Auslöser für das bisherige Handeln finden, damit wir sie ändern oder umgehen können. Dann müssen wir neue Auslöser für das neue Handeln definieren. Diese Auslöser sind beispielsweise Orte, Objekte oder Situationen, die immer wieder eine bestimmte Gewohnheit auslösen. Bei mir waren es früher Sätze wie: »Nach einem guten Essen und einem schönen Glas Wein hab ich so richtig Lust auf eine Zigarette« oder »Wenn ich aus der Dusche komme, brauche ich immer erst einen Kaffee« oder »Karneval und Kölsch gehören einfach zusammen«. Unsere Leben sind voller »Pawlow-Momente« und manche dieser Momente wollen wir ändern. Dafür müssen wir eben die Auslöser dingfest machen. Denn dann haben wir Einfluss auf unsere Gewohnheiten. Wir können unsere Umgebung und die Objekte darin verändern oder unsere Reaktionen auf diese Dinge. Einfach gesagt: Wir können auch unser Leben so organisieren, dass wir nicht auf der Couch sitzen. Warum ist der Blick auf das Drumherum so wichtig? Gewohnheiten werden im prozeduralen Gedächtnis gespeichert. Da wirken sie unbehelligt von unseren bewussten Zielen und Absichten und warten nur auf die passenden Umgebungsreize, um ordnungsgemäß loszulegen. Da haben selbst frisch als richtig erachtete gute Absichten keine Chance. Es geht also im Kern bei dieser Technik darum, genau das auszunutzen und dafür zu sorgen, dass wir am Anfang viele Gelegenheiten zur Wiederholung erzeugen, also immer wieder den gleichen Auslöser, das gleiche Umfeld herstellen. So weit die Theorie.

Die Praxis zeigen uns Pei-Ying Lin, Wendy Wood und John Monterosso (2016). In ihrer Studie demonstrieren sie, wie wir ungewollten Essgewohnheiten entgehen können. Die Teilnehmer beider Studien erhielten ein Training zur Entwicklung gesunder oder ungesunder Gewohnheiten bei der Lebensmittelauswahl. In Studie eins geschah das auf ungewöhnliche Art, nämlich durch »Stellvertretung«. Das bedeutete, dass die Teilnehmer einen Joystick wiederholt näher an Bilder von Menschen zogen, die Schokolade aßen (d. h. stellvertretender Verzehr), oder diese Bilder wiederholt wegdrückten (d. h. stellvertretende Ablehnung, also gesunde Gewohnheit).

Um sicherzustellen, dass die Teilnehmenden bei der Entscheidung, ob sie ihre Gesundheitsziele verfolgen oder mehr Schokolade konsumieren sollten, in ein Dilemma der Selbstkontrolle gerieten, wurden Teilnehmerinnen und Teilnehmer gewählt, die zum Studienzeitpunkt keine Diät machten, sich durchaus um ihre Gesundheit kümmerten, Schokolade sehr gerne mochten, aber auch Schokolade eindeutig für sehr ungesund hielten. Ein Teilnehmer, der angab, eine unrealistische Menge an Schokolade pro Woche zu konsumieren, wurde aus den Analysen ausgeschlossen.

Dann kam es zum Experiment. Die Teilnehmer wurden zufällig in Gruppe eins (Schokolade essen) oder Gruppe zwei (keine Schokolade essen) eingeteilt. Dann bekamen sie eine ungewöhnliche Aufgabe, die jeweils eine der beiden Handlungen in eine Gewohnheit wandeln sollte. In einer Simulationsaufgabe, die sich um den wiederholten Verzehr von Schokolade drehte, sollte die Gewohnheit entstehen. Gruppe zwei bekam eine Simulationsaufgabe, die genau die gegenteilige Gewohnheit auszubilden helfen sollte.

Was war das nun für eine kuriose Simulation? Allen Teilnehmern wurden wiederholt drei Bilder von Personen gezeigt, die die in der Studie zu probierenden Pralinen aßen, und drei von Personen, die Streichinstrumente spielten. Jedes Bild wurde 20-mal in zufälliger Reihenfolge gezeigt, was insgesamt 60 Versuche zum Gewohnheitstraining ergab. Die Mitglieder der Schoki-Gruppe wurden angewiesen, den Joystick nahe an sich heranzuziehen, wenn das Bild eine Handlung zeigte, die eine Gesichtsmuskelbewegung erforderte (wie das Essen von Pralinen), und den Joystick von sich wegzuschieben, wenn die Handlung auf dem Bild keine Gesichtsmuskelbewegung erforderte (wie das Spielen von Streichinstrumenten). Die Mitglieder der anderen Gruppe, die auf die gesunde Gewohnheit bzw. Vermeidung von Schokolade ausgerichtet waren, taten das Gegenteil und schoben den Joystick von sich weg, wenn sie Bilder vom Schokoladenessen sahen.

Jetzt musste erst einmal festgestellt werden, ob nicht nur stellvertretend auf Bilder reagiert wurde, sondern ob sich auch die impliziten Bewertungen des Schokoladenverzehrs verändert hatten. Dazu wurde die sog. Manikin-Aufgabe von Krieglmeyer und Deutsch genutzt, bei der die Reaktionszeiten beim Bewegen einer Puppe auf einem Bildschirm in Richtung oder weg von der Phrase »Schokolade essen« als implizite positive oder negative Bewertung des Schokoladenkonsums gemessen werden.

Im Anschluss an diese Phase absolvierte die Hälfte der Teilnehmenden eine Aufgabe, die darauf abzielte, die Willenskontrolle zu erschöpfen. Schließlich maßen die Forscher, wie viel der auf dem Tisch stehenden Schokolade die Menschen aßen.

Nun ging es um die Wurst, also um die Schokolade. In einer angeblich völlig unabhängigen Marketingstudie sollten die Teilnehmer nun zehn Minuten lang drei Sorten zuckerfreier Schokolade von drei Tellern, auf denen jeweils fünf Stück einer Sorte lagen, probieren. Dabei wurde auf das Etikett für zuckerfreie Schokolade verzichtet. Warum aber zuckerfreie Pralinen? Frühere Studien hatten tatsächlich ergeben, dass Zucker die Entscheidungsfindung und die Zurückhaltung beeinflusst. Die Teilnehmenden hatten jede Sorte der Schokoladenpralinen auf Skalen zur Süße, zur Milchigkeit, zum Geschmack und zum Geruch zu bewerten. Und natürlich wurde die Anzahl der verzehrten Pralinen gezählt, nachdem die Probandinnen und Probanden das Labor verlassen hatten. Wie lautete das Ergebnis? Das wichtigste zuerst: Die Männer aßen signifikant mehr Schokolade als die Frauen. Bei allen Analysen zum Schokoladenkonsum wurde also nach dem Geschlecht der Teilnehmenden differenziert. Was aber noch wichtiger war: Nach dem Stellvertreter-Training mit dem Joystick aß die Gruppe mit den ungesunden Konsumgewohnheiten mehr Schokolade, wenn sie erschöpft war, als wenn sie nicht erschöpft war. Dagegen hatte die Erschöpfung keinen signifikanten Effekt auf die konsumierte Menge in der Gruppe der Teilnehmenden mit gesunden Gewohnheiten. Es zeigte sich also:

Nicht nur ungesunde Schokoladengewohnheiten lassen sich gezielt antrainieren, auch die gesunden Gewohnheiten lassen sich fokussiert stärken.

Aber wie steht es mit dem Ergebnis in freier Wildbahn, dort, wo die Verlockungen an jeder Straßenecke warten? Es ist bekannt, dass Gewohnheiten bei der Lebensmittelauswahl im Alltag durch eine Vielzahl von Faktoren aktiviert werden; dazu zählen der Ort des Essens, die Tageszeit, frühere Handlungen sowie die Eigenschaften des Lebensmittels selbst. Mehr noch: Es sollte beobachtet werden, ob die Aktivierung gewohnheitsmäßiger Reaktionen durch solche Anhaltspunkte das Verhalten zusätzlich beeinflussen würde, sodass nicht nur wie in Studie eins die Auswahl ungesunder Lebensmittel reduziert, sondern auch die Auswahl gesunder Lebensmittel erhöht würde.

Für Studie zwei wurde die Joystick-Aufgabe noch einmal verändert. Die Bewegungsrichtung des Joysticks wurde zwischen den Teilnehmenden randomisiert, sodass einige durch wiederholtes Ziehen des Joysticks und andere durch Schieben des Joysticks Nahrung gewannen.

Während des Gewohnheitstrainings wählten die Probandinnen und Probanden wiederholt Babykarotten auf einen bildlichen Hinweis hin und Kartoffelchips auf einen anderen Hinweis hin. Da diese Hinweise die mögliche Verfügbarkeit eines bestimmten Lebensmittels signalisierten, dienten die Hinweise hier als Gewohnheitsstimuli. In einer anschließenden Aufgabe wählten die Teilnehmenden eines dieser Lebensmittel aus. Dazu wurden Karotten immer mit M&Ms gepaart, um ein Selbstkontrolldilemma zu schaffen, da zuvor wissenschaftlich festgehalten wurde, dass die Teilnehmer M&Ms sehr mochten, aber auch gesund sein wollten und glaubten, dass Karotten extrem gesund und M&Ms extrem ungesund seien. Kartoffelchips hingegen wurden immer mit Popcorn gepaart, was natürlich kein Dilemma hervorbringt, da keines der beiden Lebensmittel besonders gesund ist. Die Teilnehmer wählten zwischen Lebensmittelpaaren in Gegenwart der zuvor erlernten Gewohnheitsbildhinweise oder neuer Bilder. Das Ergebnis: Die zweite Studie lieferte direkte Belege dafür, dass die anfänglichen Trainingsversuche Gewohnheiten bei der Lebensmittelauswahl etablierten. Als Indikator für einen Automatismus nutzten die Forscher die Entscheidungsgeschwindigkeit der Teilnehmer. Dem liegt die Annahme zugrunde, dass gewohnheitsmäßige Entscheidungen schneller ausgeführt werden als nicht gewohnheitsmäßige. Insbesondere sollten die Teilnehmer die gewohnte Wahl schneller treffen, wenn sie durch den entsprechenden bildlichen Hinweis aktiviert werden. Es zeigte sich deutlich, dass Kontexthinweise die gewohnheitsmäßige Wahl unter den Lebensmittelpaaren aktivierten.

Dies deutet darauf hin, dass das Gewohnheitstraining die Lebensmittelauswahl direkt beeinflusste. Warum ist das so? Die Verbindung zwischen den auslösenden Situationen und der Wahl des Snacks war automatisch geworden. Der Neuropsychologe David Neal nennt diese Verbindung »direct cuing«.

Die Stärke dieser Verknüpfung geht so weit, dass er in den gemeinsamen Forschungen mit Wendy Wood regelrecht Handlungsmuster von Menschen vorhersagen kann. Zum Beispiel können sie zeigen, dass selbst ein alltäglicher Ort die Gewohnheit auslösen kann. Fragen Sie sich also zuerst einmal: Was sind die Auslöser für meine ungewollte Gewohnheit?

Die Wirtschaftswissenschaftler Shaun Larcom, Ferdinand Rauch und Tim Willems (2017) haben ein großes Labor gehabt: Es hieß London. Zwei Millionen Menschen fahren dort täglich mit der U-Bahn. Jeder mindestens zweimal. Fünfmal in der Woche. Ihr ganzes Arbeitsleben lang. Man kann sagen, für viele ist die U-Bahn-Fahrt zur Arbeit und zurück nach Hause eine Gewohnheit. Das Kuriose ist: Sehr viele Menschen fahren recht umständliche Wege zur Arbeit. Entweder weil sie auf dem Weg zu einer früheren Arbeit so gefahren sind und den Weg einfach beibehalten haben oder weil sie durch die grafische Darstellung der Londoner U-Bahn-Verbindungen auf eine falsche, aber optimal aussehende Fahrstrecke gelockt werden (siehe hierzu auch Walker et al. [2015]). Dann kam der Februar 2014. Ein Riesenstreik. 48 Stunden lang. 171 von 270 Stationen wurden geschlossen. Chaos. Da so ein Streik durchaus ja mit Ankündigung kommt, hat das Forschertrio ein bisschen Arbeit investiert und gemessen, wie viele Karten an den Eingängen durchgezogen wurden und welche Reise diese U-Bahn-Tickets machten. Sie verglichen die Daten mit Informationen aus der Zeit vor dem Streik und schauten auch nach dem Streik auf die Daten. Kurios war: Nach dem Streik haben 5% der Reisenden plötzlich eine andere Route zum Ziel genommen. Die war nachweislich besser: schneller, direkter, pünktlicher. Die Passagiere wurden positive Opfer des »Gewohnheitsstopp-Effektes«. Der besagt, dass Verhaltensveränderungen immer dann am effektivsten sind, wenn größere Veränderungen im Umfeld geschehen: Streik, Umzug, neuer Job, Kinderkriegen. Eine ansprechende Lösung ist dabei, dass wir den Auslösekontext komplett meiden, denn der hat eine große Wirkung. Das macht gleichzeitig das Erlernen der neuen Alternative um ein messbar Vielfaches einfacher. Ganz geradeaus gedacht: Wenn Menschen auf dem Weg zur Arbeit einen neuen Weg wählen, auf dem schlicht kein Geschäft mit Junkfood ist, verringert sich der entsprechende Konsum. Das heißt auch: Wann immer sich ein solcher Wechsel des Kontextes abzeichnet, Umzug, neuer Job etc., lässt sich diese Gelegenheit gut nutzen, um die alte Gewohnheit loszuwerden. Das sind natürlich entstehende Veränderungschancen. Trotzdem muss man nicht jedes Mal schwanger werden, nur weil man etwa die Handy-Daddel-Gewohnheiten ändern will.

Also, im Kern geht es darum, nicht bewusste Umgebungsreize abzuschalten oder andere einzusetzen. Das ist dementsprechend auch ein großer Fokus in der Erforschung von Verhaltensveränderungen. Wirklich funktionierende Interventionen müssen zum einen das automatische Auslösen verhindern und zum anderen gleichzeitig die Wiederholung des neuen, gewünschten Handlungsmusters bis zum Grad einer Gewohnheit stärken. Leider lassen sich nicht alle Auslöser einfach beseitigen: Wenn der Auslöser für den Hunger auf ein Vier-Gänge-Menü die Wandgestaltung des Lieblingsrestaurants ist, hat unsere Umgestaltungskraft ein jähes Ende. Wir können unser Lieblingsrestaurant nicht umbauen, nur damit wir nicht in Versuchung geraten. Bleiben wir im Restaurant. Die Konsum- und Ernährungsforscher Brian Wansink und Collin Payne (2012) luden gemeinsam Menschen in einen Esstempel mit chinesischem All-you-can-eat-Buffet ein. Sie konnten beobachten, dass Menschen mit einem geringen Body-Mass-Index auch bei einer solchen Konsumverlockung standhaft blieben und nicht der kostengünstigen Völlerei anheimfielen. Sie wählten gezielt Stäbchen zum Essen und nutzten die Dessertteller für die Hauptspeise. Ja, da passt sehr viel weniger drauf, und weil unser Appetit auch durch unsere Augen bestimmt wird, wurden diese kleinen Teller als »voll« wahrgenommen und erzeugten genau das Sättigungsgefühl, das durch den Verzehr eines »vollen« Tellers Speisen eben erzeugt wird. Auslöser für das Essverhalten war also einfach die Tellerwahl, mehr nicht. Die Stäbchen haben ein Übriges getan, indem sie die Nahrungszufuhr weiter begrenzten. Ferner staunten die Forscher darüber, dass diese Menschen sich auch mit dem Rücken zum Buffet setzten – wenn ich kein Buffet (Auslöser) sehe, dann schwindet der Drang hinzugehen (Handeln).

Sie können Mini-Interventionen dieser Art noch weiter maßschneidern. Die Platzierung von Erinnerungshilfen kann wirksame Auslöser schaffen. Zum Beispiel wurde gezeigt, dass Aufforderungen zum Zu-Fuß-Gehen an Aufzügen oder Rolltreppen die Nutzung von Treppen fördern. Robert Tobias (2009) zeigt, dass die Erinnerungen zwar mit der Zeit schwächer wurden, das Handeln aber weiterhin ausgeführt wurde, vermutlich weil sich Gewohnheiten gebildet hatten. Glücklicherweise können solche bewussten Entscheidungen zur Veränderung der Umgebung viel bewirken, also etwa indem Sie Obst und Gemüse auf der Küchentheke einen prominenten Platz einräumen. Das wiederum kann zu einer wahren Kaskade psychologischer Veränderungen führen: Gesundes Essen führt zu Gewichtsverlust und dieser führt zu neuen Identitätszuschreibungen wie »Ich bin ein gesunder Esser«.

Wenn Sie mit digitalen Helfern arbeiten wollen, dann ist dagegen erst einmal nichts einzuwenden. Interaktionsforscherin Katarzyna Stawarz et al. (2015) haben sich das etwas genauer angeschaut. In einer vierwöchigen Studie haben sich die Forscherinnen sage und schreibe 115 Apps zur Gewohnheitsgestaltung angeschaut. Sie fanden heraus, dass die Apps zwar die Wiederholung des gewünschten Handelns pushten, dabei aber nahezu verhinderten, dass die Gewohnheit sich verstetigte. Der Grund dafür sei, dass die Apps zwar das Selbsttracking erleichterten, aber einen entscheidenden Faktor außer Acht ließen. Sie konnten nicht an bestimmte Ereignisse im Verlauf eines Tages angebunden werden, sondern nur an Uhrzeiten. Ereignisse als Gewohnheitsauslöser sind jedoch sehr viel nachhaltiger als »einfach« nur ein Erinnerungssignal. Darum dreht sich der nächste Tipp auch genau um die optimale Auswahl und Gestaltung dieser Ereignisse.

5. Bestimme die Ereignisse

Ein Auslöser sollte, wie gesagt, am besten ein Ereignis sein, nicht eine Uhrzeit. Warum? Weil wir sonst permanent die Zeit im Blick behalten müssten, um den passenden Moment zu treffen. Ein Ereignis braucht das nicht. Wir merken, wenn es eintritt. Solche Auslöser sind klarer und darum leichter für uns wahrzunehmen. Mark McDaniel und Gilles Einstein (1993) zeigen, dass es uns in der Folge auch leichter fällt, das gewünschte Handeln an den Tag zu legen. Die effektivsten Auslöser sind Ereignisse, die wir gar nicht verpassen können. Ein Zuhörer nickte so heftig, als ich dies in einem Vortrag erläuterte, dass ich Sorge um seine Halswirbel hatte. Als ich dann für Gespräche am Büchertisch stand, kam er auf mich zu, Halswirbel noch intakt, und berichtete ungefähr das Folgende: »Ich kenne das Problem nur zu gut. Ich hatte so eine Nachtgewohnheit. Am späten Abend hatte ich so einen Snack-Drang in mir. Kennen Sie das? Dieses Gefühl, es muss jetzt eine Kleinigkeit sein. Und so eine Kleinigkeit ist ja irgendwie nie von der Sorte Selleriestange. Es ist immer ein wenig steinzeitlicher: Fett oder Zucker – oder besser noch Fett und Zucker. Dabei war ich gar nicht hungrig. Ich wollte einfach nur snacken. Mein Hosenbund sagte mir dann irgendwann, dass er das nicht so gut fand mit dieser Gewohnheit. Und anstatt in flexible Hosen zu wechseln, habe ich beschlossen, meine Gewohnheit zu ändern. Ich wollte das nicht mehr tun. Ich hatte gehört, dass man sich nach dem Abendessen die Zähne putzen kann und dass das einen dann davon abhält, gedankenlos Schoko-Nuss-Riegel und vergleichbares Zeugs in sich hineinzumampfen. Erst war ich ein bisschen skeptisch. Ist ja ein bisschen einfach für so eine große Sache wie Nie-wieder-Nacht-Snacken. Aber ich habe es versucht. Anstatt meine Zähne zu putzen, bevor ich ins Bett ging, habe ich sie nach dem Abendessen geputzt. Sehr zu meiner eigenen Überraschung war das ziemlich wirksam. Immer wenn dieser Snack-Drang kam, dachte ich: Och nöööö, ich habe doch schon Zähne geputzt, das will ich nicht noch mal machen. – Und das funktioniert immer noch.«

Das ist jetzt eine Anekdote, denken Sie. Aber es gibt es auch einen überindividuellen Beleg. Die Psychologen Sheina Orbell und Bas Verplanken (2010) beobachteten Menschen in ihrem Versuch beim Zähneputzen. Dann kamen sie auf die Idee, das »neue« Handlungsmuster der Verwendung von Zahnseide nicht an eine Uhrzeit, sondern eben an das Zähneputzen zu koppeln. So konnten sie erfolgreich von der Schaffung einer neuen Gewohnheit berichten, indem sie diese mit einer bestehenden Routine verbanden.

Und es funktioniert auch ohne Zahnbürste: 2011 haben in einem Feldversuch Mitarbeitende an einem Programm zum Gewichtsverlust teilgenommen. Wenn die Forscher rund um Phillippa Lally (2011) den Startpunkt für die neuen Ess- oder Fitnessgewohnheiten zum Beispiel an den Beginn der Mittagspause oder die Ankunft in der Firma koppelten, fiel es den Teilnehmern am leichtesten, den Tipps zu folgen. Immer wieder zeigt die Forschung: Bestimmte regelmäßig stattfindende Handlungen oder Ereignisse über den Tag hinweg funktionieren perfekt als Auslöser für eine neue Gewohnheit. Diese Leuchttürme im Fluss unserer Alltagsroutine machen es uns nachweislich leichter, das neue Handeln zu automatisieren.

Der Vortragsgast hatte das Ende des Abendessens als Auslöser für das Zähneputzen gewählt. Wir nennen das in der Wissenschaft der Gewohnheit eine »Aufgabengrenze«. Die Aufgabe »Abendessen« ist danach ja abgeschlossen. Diese Grenze ist ein auffälliger Hinweis. Und es gilt: Je auffälliger der Hinweis, desto höher ist die Wahrscheinlichkeit, dass wir das neue geplante Handeln ausführen, und desto wahrscheinlicher ist, dass daraus eine Gewohnheit wird.

Obwohl sich nur wenige existierende Apps auf die Wiederholung eines Handelns in einem bestimmten Kontext konzentrieren, sind kontextbewusste Technologien am Horizont zu sehen. Diese Apps und Technologien würden Benutzer daran erinnern, Handlungsweisen in bestimmten Umgebungen auszuführen, vielleicht ausgelöst durch Sensoren in diesen Umgebungen (Beispiel: das Betreten der Küche löst die Erinnerung aus, Wasser zu trinken). Auf diese Weise können Apps zur

Handlungsänderung die Bildung von Gewohnheiten erleichtern, indem sie bestimmte Umgebungshinweise mit gewünschten Reaktionen verbinden.

6. Belohne dich richtig

Die Geschichte der Belohnung ist eine Geschichte voller Missverständnisse. Zumindest, wenn es um Gewohnheiten geht. Klar, Gewohnheiten brauchen immer einen Anreiz, eine Belohnung. Und dasjenige Handeln, das am meisten und einfachsten positive Veränderung mit sich bringt, also am wirksamsten ist, enthält auch die meiste Belohnung. Das habe ich ja bereits im vorherigen Kapitel über die Versuche von Burrhus F. Skinner mit seinen Tauben angerissen. Wo Leistung hoch belohnt wird, steigt die Wahrscheinlichkeit, dass das Verhalten oder Handeln wiederholt wird. Belohnungen sind wirklich wichtig für die Bildung von Gewohnheiten, aber einige Arten von Belohnungen funktionieren besser als andere. Dies gilt etwa für gelegentliche (intermittierende) Belohnungen. Man denke etwa an eine Spielhalle mit ihren Automaten. Wir sehen diese hellen Lichter blinken. Ab und zu sind wir nahe dran, etwas zu gewinnen, und wir bleiben dabei, weil wir manchmal tatsächlich etwas gewinnen. Das hält uns dazu an, immer und immer wieder Geld in den Spielautomaten zu stecken, weil unser Gehirn so verdrahtet ist, dass es auf diese Art von Belohnungen mit einer Dopaminreaktion reagiert.

Die Forschung kann den Zusammenhang von Gewohnheit und Belohnung ziemlich klar bestimmen. Zuerst einmal unterscheidet sie zwischen extrinsischen (materiellen) Belohnungen (z. B. finanzielle Anreize) und intrinsischen Belohnungen (z. B. Freude, Zufriedenheit). Extrinsische Belohnungen können weiter danach unterschieden werden, ob sie vor der Ausführung antizipiert werden, und wenn dies der Fall ist, ob die Belohnung von der bloßen Beteiligung an dem Handeln, dem Erreichen eines Handlungsniveaus oder dem Erreichen eines Ergebnisses nach der Ausführung abhängig ist.

Wenn aber diese externen Belohnungen jedes Mal zur Verfügung stehen, sobald wir das neue Handeln an den Tag legen, können sie durchaus den Gewohnheitsprozess behindern. Ja, richtig gelesen. Und das ist eigentlich auch ein ganz alter Hut. Schon in den 1930er-Jahren beschrieb Edward Tolman in seinem Buch *Purposive Behavior in Animals and Men* (1932), dass eine solche gelernte Verbindung zwischen Verhalten oder Handeln und Belohnung dazu führt, dass wir das Verhalten nur noch um der Belohnung willen zeigen. Dabei verringert die externe Belohnung das Entstehen eines guten Gefühls aus dem Handeln selbst heraus. Nebenbei bemerkt kann es sich auch keiner leisten, jedes Mal eine Belohnung herauszurücken, weder die Eltern noch der Arbeitgeber. Das würde die Ressourcen doch sehr schnell aufzehren.

Bemerkenswert ist, dass in der bereits genannten Studie von Phillippa Lally et al. (2010), die sich um das Verändern von Ernährungs- und Aktivitätsgewohnheiten in der realen Welt dreht, keine externe Verstärkung zum Einsatz kam. Trotzdem bildeten sich Gewohnheiten. Dies könnte daran liegen, dass die Teilnehmenden ein Handeln wählten, für das sie intrinsisch motiviert waren, sodass die Leistung implizit belohnt wurde. Denn eines zeigt sich in der Forschung immer wieder: Unser Denken kann beeinflussen, was wir als belohnend empfinden, aber die Belohnung selbst ist das, was die Gewohnheit erzeugt, nicht die Denkweise. Extrinsische Belohnungen sind daher möglicherweise nicht nur nicht hilfreich, sondern scheinbar auch gar nicht notwendig, damit sich Gewohnheiten bilden. Das klingt plausibel. Doch hier stolpern wir über ein Paradoxon: Um Gewohnheiten aufzubauen, müssen wir unser Handeln belohnen; und die intrinsische Belohnung oder eine solche, die in das Handeln selbst eingebaut ist, ist die beste. Ja, aaaaaber: Wenn ich eine Aktivität als belohnend empfinde, würde ich diese Handlungsweise dann nicht bereits ausführen? Wie fangen Sie an, Belohnungen in Handlungsweisen zu erkennen und zu spüren, die Sie eigentlich nicht mögen, aber die Sie gerne tun würden?

In einer vier Monate dauernden Studie schauten die Gesundheitspsychologin Gaby Judah et al. (2013) den Menschen dabei zu, wie es ihnen gelang, eine Gewohnheit aufzubauen, und was sie dabei am belohnendsten erlebten. Zwei verschiedene Interventionen hatten sie sich dazu ausgedacht, eine drehte sich um die Einnahme von Vitamin C, die andere um die Nutzung von Zahnseide. Die erste wurde zu

Beginn der Studie ausgelöst, die zweite vier Wochen später. Die Teilnehmer hatten also einen Vorrat an Vitamin-C-Tabletten und ein Infoblatt, das den Nutzen der Einnahme von Vitamin C beschrieb. Es gab sogar einen kleinen Test nach ein paar Tagen, bei denen drei Fragen rund um das neue Vitaminwissen zu beantworten waren. Der Zeitpunkt der täglichen Einnahme war den Teilnehmern überlassen, wurde aber protokolliert. Ähnlich ging es vier Wochen später mit der Zahnseide zu. Auch hier gab es das Infoblatt mit der Nutzenerklärung. Die Forscher nahmen sich sogar bis zu 40 Minuten Zeit, um den Nutzen zu diskutieren. Alle anderen Variablen entsprachen dem Versuchsaufbau rund um das Vitamin C. Was berichteten die erfolgreichen Teilnehmer? Sie sagten, sie hätten aus dem inneren Bedürfnis der Gesundheit heraus gehandelt und/oder weil es ihnen Vergnügen bereitete. Das ist wichtig, denn das bedeutet, dass weder der durch den Flyer vermittelte Nutzen noch wahrgenommene Vorteile Einfluss auf das Handeln hatten. Nur die innere Befriedigung und der Spaß am Tun. Fazit hier: Vergnügen und intrinsische Motivation können die Gewohnheitsbildung unterstützen, indem sie eine größere Zunahme der Gewohnheitsstärke pro Handlungswiederholung fördern. Wahrgenommene Belohnung kann daher Gewohnheiten verstärken, über den Einfluss der Belohnung auf die Wiederholung hinaus. Interventionen zur Gewohnheitsbildung können am erfolgreichsten sein, wenn sie mit unseren Motiven in Einklang stehen, denn dann belohnen wir uns mit der neuen Gewohnheit quasi selbst. Motivation schafft Gratifikation.

Seit 2019 unterrichte ich an der FOM Psychologie. Seitdem habe ich mehrere Hundert Studenten für die Psychologie in der Wirtschaft zu begeistern versucht. Mit wechselndem Erfolg, aber mit kuriosen Entwicklungen. Zum Auftakt des Semesters habe ich eine etwas eigenwillige Methode, um die generelle Interessenlage zwischen »Ich will total was lernen hier« und »Katzenvideos bocken mehr« einzukreisen. Dazu male ich eine riesige Skala an die Tafel mit den vorgenannten Eckpunkten, drehe den Studierenden meinen Rücken zu, bewege mich entlang der Skalenlinie und lasse sie klatschen, wenn ich an den Punkt der Skala komme, der ihren »Bocklevel« wiedergibt. Ja, manche klatschen bei »Katzenvideos« und das ist okay. Ich habe dann je ein Semester, um sie zu überraschen. Als ich das mit einem Kurs von 80 Teilnehmenden im größten Hörsaal der Frankfurter Uni machte, gab es einen Klatscher am obersten Ende des Bockskala. Über den Verlauf des Semesters beschlich mich eine Ahnung, wer das gewesen sein könnte. Denn eine Studentin schien auf jeden Termin extrem gut vorbereitet zu sein, diskussionsfähig und reflektiert. Alle Studierenden arbeiten parallel zum Studium, sie musste also wirklich viel tun. Ihre Klausur war die erste, die die gesamte Punktzahl erreichte. Ich habe sie nie nach ihrem Klatschen gefragt, denn ich hatte zuvor Anonymität zugesichert. Aber egal, ob sie die Extrem-Klatscherin war oder nicht, sie war ein klares Beispiel für ein wichtiges Motiv. Die Psychologie nennt es das »Leistungsmotiv«. Wenn Menschen dieses Motiv besitzen, suchen sie Situationen, in denen sie Leistungsbereitschaft und -fähigkeit zeigen können. Das wiederum treibt sie an, gute Leistungen zu erreichen. Und diesen Zusammenhang nennt die Psychologie »Motivation«, weil das Handeln aus einem Motiv entspringt.

Es gibt jede Menge Beispiele, die zeigen, welche Rolle die Motive und die daraus entspringende Motivation bei unserem zielgerichteten Verhalten spielen. Jede dieser Handlungsweisen wird durch ein zugrunde liegendes Motiv verursacht. Handeln ist zielgerichtet. Zielgerichtetes Verhalten neigt dazu, so lange fortzufahren, bis das Ziel erreicht ist. Um ihre Ziele zu erreichen, planen und unternehmen Menschen verschiedene Aktivitäten. Es entsteht ein Kreislauf.

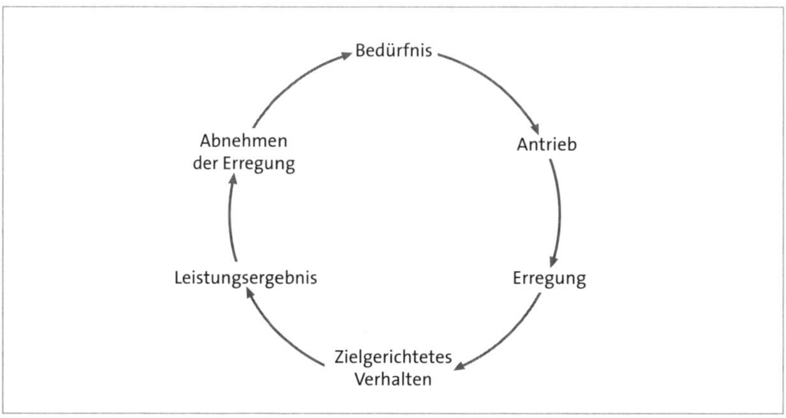

Der Kreislauf zeigt, wie Motivation unser Handeln »bewegt«. Die meisten unserer alltäglichen Erklärungen von Handeln werden in Form von Motiven gegeben. Warum gehen Sie in die Hochschule oder zur Arbeit? Es kann eine beliebige Anzahl von Gründen für dieses Handeln geben, vielleicht wollen Sie lernen oder Freunde finden, Sie brauchen einen Abschluss oder das Geld, vielleicht würden Sie sich ohne Beschäftigung langweilen. Motive helfen auch dabei, Vorhersagen über das Handeln zu treffen. Eine Person wird in der Schule, im Sport, in der Wirtschaft, in der Musik und in vielen anderen Situationen hart arbeiten, wenn sie ein starkes Bedürfnis nach Leistung hat. Motive sind also die beste Ausgangsbasis. Wenn wir die neue Gewohnheit mit einem oder mehreren unserer Motive in Einklang bringen können, entsteht daraus ein positiver Kreislauf. Die neue Gewohnheit befriedigt unser Motiv. Diese Befriedigung erleben wir als belohnend. Das wiederum führt uns dazu, das neue Handeln, das zur Gewohnheit werden soll, wieder auszuführen. Was also sind Ihre Motive? Was treibt Sie an? Wenn Sie Ihre Motive aufgezählt haben, dann fragen Sie sich, welches Motiv das Handeln befriedigt, das zur neuen Gewohnheit werden soll. Diesen Bezug herzustellen und niederzuschreiben, also sichtbar zu machen, ist ein nachweislicher Treiber für das erfolgreiche Entwickeln neuer Gewohnheiten. So schreiben es auch Wendy Wood und Jeffrey Quinn 2005.

Wendy Wood berichtete auf einer Konferenz, auf der ich anwesend war, dass sie, wenn es hart auf hart komme, schon einmal in die Belohnungskiste greife. Wenn die Lust auf Sport bei null oder drunter ist und sie sich doch aufraffen will, auf das Laufband zu gehen, wählt sie einen Zeitpunkt, zu dem mindestens eine ihrer Lieblingsserien läuft. Bewegtes Fernsehen nannte sie es. Das geht im Notfall also auch mal; die Instant-Belohnung an das Handeln koppeln, dass noch nicht ganz zur Gewohnheit geworden ist.

7. Formuliere Umsetzungsabsichten

Wie oben ausgeführt, hängt die Motivation stark von unseren Motiven ab, also von dem, was uns wichtig ist, welche Bedürfnisse wir für uns erfüllen wollen. Nun müssen wir noch einen draufsetzen. Denn zuerst kommt die Motivation, also der Drang, überhaupt etwas zu ändern. »Motivation« erklärt, wie die Handlungsbereitschaft entsteht (der Antrieb). »Volition« erklärt, wie dieser Antrieb in Ergebnisse (Erfolge) umgesetzt wird. Die Motivation ist das Anfangen. Die Volition ist so etwas wie das Dranbleiben. Die nun vorzustellende Technik – das Formulieren von Umsetzungsabsichten – hilft dabei, nicht nur auf die Wirkung der Motivation zu hoffen, sondern gezielt in die Volition zu investieren. Schlechte Gewohnheiten sollen gehen, da sind wir uns schnell einig. Nur was soll an deren Stelle treten? Das Psychologenteam Mark Bouton, Frederick Westbrook, Kevin Corcoran und Stephen Maren (2006) berichten, dass die schlechte alte Gewohnheit nicht geht, wenn die gute neue nicht kommt. Damit diese neue kommt, ist nicht nur ein Antrieb nötig, sondern auch eine Art Schutzmechanismus in Situationen, in denen die alte sich durchzusetzen droht. Und hier kommt die Volition ins Spiel.

Wir können es versäumen, unsere Absichten umzusetzen, wenn sich die Gelegenheit zum Handeln bietet, weil wir vergessen, unsere beabsichtigte Handlung auszuführen. Für solche Momente legt die Psychologie nahe, dass Planung die Wahrscheinlichkeit erhöht, dass das beabsichtigte Handeln ausgeführt wird. Wenn Sie jetzt denken: »Ich kann gar nicht so leise ›Wow‹ sagen, wie mich das unterrascht«, bleiben Sie dran. Denn jetzt kommt der Teil, der Pläne bei Gewohnheiten erst wirksam macht: Denn Sie denken wahrscheinlich gerade an einfache »Handlungspläne«. Mit denen planen wir unser Handeln, das wir in einer bestimmten Situation ausführen wollen. Hier geht es aber um »Umsetzungsabsichten«. Die sind schon etwas spezieller. Sie sind ein Untertyp von Handlungsplänen, die eine detaillierte Spezifikation von Merkmalen der Situation und der beabsichtigten Reaktion auf diese Situation erfordern. Sie verknüpfen vorhersehbare situative Hinweise mit zielgerichteten Reaktionen und sind von der Form »Wenn Situation Y auftritt, werde ich Handeln Z initiieren (um Ziel X zu erreichen)«. Im Gegensatz zu realen Handlungsplänen sind Umsetzungsabsichten starr strukturierte Wenn-dann-Regeln, die das Handeln an einen bestimmten antizipierten Kontext binden, und werden daher eher von Forschern als Teil einer zielgerichteten Intervention oder eines experimentellen Verfahrens bereitgestellt, als dass sie selbst generiert werden. Damit werden sie ein potenzielles Mittel, um die Kombi aus dem Auslöser und der neuen, gewünschten Gewohnheit zu stärken. Der Grund, warum diese Umsetzungsabsichten so gute Kandidaten für den »Gewohnheitsschutzschild« sind, ist, dass sie, wenn wir uns einmal für sie entschieden haben, nahezu automatisch funktionieren.

Neuroimaging-Studien von Matthew Botvinick et al. (2004) haben diese Schutzschildfunktion gezeigt, da bei der Aktivierung mehrerer potenzieller automatischer Reaktionen der anteriore cinguläre Kortex aktiviert wird. Der wird mit der Fehlererkennung und Initiierung von passenden Maßnahmen im Hirn ebenso verbunden wie mit der belohnungsbasierten Entscheidungsfindung und mit Lernprozessen. Die Aktivierung dieses Areals wiederum führt zur Aktivierung des präfrontalen Kortex, dem Hirn hinter der Stirn, der an der eher willentlichen Steuerung von Handlungen beteiligt ist. Wir erleben das so, dass unsere bewussten Motive und Einstellungen in das Handeln eingreifen und es korrigieren helfen. Der Erfurter Psychologe Tilman Betsch et al. konnten dies bereits 2004 beobachten. Die Teilnehmer in der Studie bildeten Umsetzungsabsichten, um eine alternative Handlung zu derjenigen durchzuführen, die sie routiniert ausgeführt hatten. Unter Zeitdruck waren die Teilnehmer in 30 % der Fälle in der Lage, Routinehandlungen außer Kraft zu setzen, im Vergleich zu 70 %, wenn sie nicht unter Druck standen. Dies deutet darauf hin, dass die Teilnehmer selbstregulierende Ressourcen benötigten, um ihre Routinereaktionen zu überschreiben, sobald die Implementierungsabsichten die Wahl unter bewusste Kontrolle gebracht hatten. Diese Schlussfolgerung wird jedoch durch das Fehlen einer Kontrollgruppe eingeschränkt, die keine Umsetzungsintentionen gebildet hat. Nichtsdestotrotz deuten diese Ergebnisse darauf hin, dass Implementierungsabsichten die Ausführung eines neuen gewünschten Handelns und die Hemmung einer alten unerwünschten

Gewohnheit unterstützen können, indem sie die Entscheidung zwischen den beiden Optionen zum geeigneten Entscheidungszeitpunkt ins Bewusstsein bringen. Achtung, wichtig: Ihre Absichten zur Ausführung eines neuen Handelns müssen stabil bleiben und gegenüber konkurrierenden Zielintentionen priorisiert werden, damit das neue Handeln am Entscheidungspunkt wünschenswert bleibt.

Und wie genau funktionieren nun Umsetzungsabsichten? Umsetzungsabsichten formulieren wir willentlich. Wir entscheiden uns dafür, etwas zu machen, und überlegen, wann und wie wir dies machen wollen. Umsetzungsabsichten lassen sich immer als Wann-dann-Satz formulieren. Das »Wenn« formuliert den Auslöser für die Gewohnheit. Das »dann« ist der eigentliche Schutzschild, nämlich das Handeln, das wir zur Sicherung unserer neuen Gewohnheit in diesen Satz mit einbauen. Ein Beispiel: »Wenn im Haus Treppen sind, dann werde ich direkt mit Schwung die erste Stufe nehmen.« So machen wir uns bewusst klar, was wir in einer kritischen Situation in der Wenn-Komponente der Umsetzungsintention tun wollen, um die Aktivierung der mentalen Repräsentation zu erhöhen (z. B. mehr körperliche Bewegung und Fitness). So banal das klingt, so deutlich zeigt die Forschung der letzten 20 Jahre, dass wir so die kritische Situation leichter erkennen, eher beachten und effektiver gestalten können.

Aber Umsetzungsabsichten können noch mehr. Sie helfen uns dabei, das Ziel und die vielen Wege, auf denen wir unser Ziel erreichen können, im Blick zu behalten. Sie erzeugen Zuversicht. Hier hilft der Automatismus: Sobald eine Verbindung zwischen der antizipierten kritischen Situation und der zielgerichteten Reaktion in Form einer Wenn-dann-Anweisung hergestellt ist, ist das Individuum in der entsprechenden Situation in der Lage, die Reaktion sofort, effizient und ohne einen zweiten Akt des bewussten Willens auszuführen. Konkret: Wenn wir in den Hauseingang eines mehrstöckigen Hauses treten, denken wir: »Ich gehe zur Treppe und nehme die erste Stufe mit Schwung« – sofort, ohne Anstrengung und ohne erneut entscheiden zu müssen, was wir in einem Hauseingang tun sollen, um unser Ziel, mehr Bewegung in den Alltag einzubauen, zu erreichen. Übrigens habe ich das auch mehrfach immer wieder ausprobiert. Der Frankfurter Flughafen eignet sich dafür sehr gut. Es gab ja mal eine Zeit, in der wir alle deutlich mehr Auto gefahren und geflogen sind. Und in der Zeit habe ich mein Auto am Flughafen geparkt und kam dann auf dem weiteren Weg zu einer klassischen Rolltreppen-Treppen-Kombi. Links die Rolltreppe aufwärts, rechts daneben die Treppenstufen. Und der Höhenunterschied ist nicht trivial. Jedes Mal wenn ich um die Ecke bog und die vielen Mitreisenden die Rolltreppe nahmen, griff mein »Wenn-dann«: »Wenn es Treppen gibt, dann nutze ich die Treppe.« Hat geklappt, egal, wie verpennt oder verpeilt ich war.

Peter Gollwitzer und Paschal Sheeran (2006) zeigen in ihrer Metaanalyse von 94 Einzelstudien, dass ich kein Einzelfall bin. Die Gründe für das Funktionieren sind klar nachvollziehbar: Die »Wenn-danns« erzeugen Unmittelbarkeit (d.h. schnelleres Reagieren), Effizienz (d.h. weniger kognitive Ressourcen werden benötigt) und Redundanz des Bewusstseins (d.h., die Initiierung erfolgt auch ohne bewusstes Erkennen der Anwesenheit der kritischen Situation). Indem sie eine starke mentale Verbindung zwischen einer antizipierten Situation und einer geplanten Reaktion herstellen, ermöglichen es Umsetzungsintentionen den Menschen, automatisch auf ihre Ziele hinzuarbeiten, wie eine Gewohnheit, die sich durch die wiederholte Paarung von Situationen und Reaktionen im täglichen Leben bildet. Aus diesem Grund wird von Umsetzungsabsichten gesagt, dass sie sofortige Gewohnheiten oder strategische Automatismen schaffen.

Wie können wir Umsetzungsabsichten für einen maximalen Effekt formulieren? Erstens sind sie maximal wirksam, wenn der Hinweis auf die Handlung ein Ereignis und nicht ein zeitbasierter Hinweis ist – das kennen Sie. Zweitens werden sie extrem wirksam, wenn wir sie zur Bewältigungsplanung einsetzen. Mit der Bewältigungsplanung überwinden wir Hindernisse, die uns davon abhalten könnten, das neue Handeln zur Gewohnheit werden zu lassen. Laut Studien von Falko Sniehotta, Urte Scholz und Ralf Schwarzer (2007) beinhaltet diese »Bewältigungsplanung«, dass wir Schwierigkeiten, die unserem neuen Handeln im Wege stehen könnten, mental vorwegnehmen und basierend auf dieser Zukunftsschau konkrete Pläne bilden, um mit diesen Situationen umzugehen, beispielsweise bei einer Diät die Planung, wie man mit einer sozialen Situation umgeht, in der hochkalorische Lebensmittel angeboten werden. Solche Umsetzungsabsichten können auch wirksam sein, um die Zielverfolgung vor dem Einfluss widersprüchlicher Gedanken oder Gefühle abzuschirmen. Anja Achtziger, Peter Gollwitzer und Paschal Sheeran (2008) zeigten, dass Teilnehmer, die motiviert waren, den Konsum eines selbst gewählten fettreichen Snacks zu halbieren, dies besser schafften, wenn sie Implementierungsabsichten zur Bewältigung von Heißhungerattacken gebildet hatten. Implementierungsabsichten können also dazu dienen, entweder eine bestimmte Handlung oder die Hemmung unerwünschter Handlungen umzusetzen.

Umgekehrt geht es übrigens auch, mit sog. »Verhinderungsplänen«. Marieke Adriaanse et al. (2010) ließen für ihre Studie Menschen solche Verhinderungspläne wie »Nach dem Essen überspringe ich das Dessert wie üblich und ersetze es durch Früchte« formulieren. Das Ergebnis: Die Menschen waren nicht nur viel klarer in Bezug auf ihre Gewohnheiten, sie konnten ihre ungesunden Snackgewohnheiten auch signifikant besser verändern. Aber eines muss auch hier aus der Forschung berichtet werden: Bei sehr starken Gewohnheiten oder gar Süchten kommen selbst Wenn-dann-Pläne an ihre Grenzen. Gesundheitsforscherin Liesbeth van Osch et al. (2008) untersuchten den Nutzen von Bewältigungsplänen zur Reduktion eines unerwünschten Handelns. Teilnehmer, die Bewältigungspläne zum Verzicht auf das Rauchen aufstellten, erhöhten ihre 7-Monats-Abstinenzrate auf 13,4 % im Vergleich zu 10,5 % in der Kontrollgruppe.

8. Erhöhe deine Wirksamkeit

Herausfinden zu wollen, wie wir neue Gewohnheiten möglichst schnell und solide aufbauen können, eint uns mit der Forschung. Die schaut dabei über den Gewohnheitstellerrand hinaus und entdeckt die Selbstwirksamkeit. Kristin Wäschle et al. (2014) konnten beobachten, dass die Selbstwirksamkeit mit dem Erreichen von Studienzielen in einer wechselseitigen Beziehung steht.

Auch Marco Stojanovic et al. (2021) sehen Selbstwirksamkeit als starken und formbaren Vorhersager für erwünschtes Handeln und belegen, dass unsere Selbstwirksamkeitsüberzeugungen tatsächlich eine erfolgreiche Gewohnheitsbildung vorhersagen. Das Forscherteam arbeitete dafür bei seinen beiden Studien mit einer eigens erstellten App, dem »Grow – Habit Builder«. Diese App führte die Teilnehmenden zu einer Selbsteinschätzung ihrer Selbstwirksamkeit mit einem wissenschaftlich gestützten Fragebogen. Danach definierten die Teilnehmenden in der App, was ihre Gewohnheit sein würde (es musste eine neue Lerngewohnheit für die Universität sein), wann sie planten, diese auszuführen (z. B. nach dem Zähneputzen am Abend), wie lange die Gewohnheit dauern würde (vorgegeben war eine Spanne zwischen 10 und 30 Minuten) und was ihr Ziel für eine Gewohnheitswiederholung war (z. B. eine Vorlesung zusammenfassen oder fünf Seiten lesen). Sechs Wochen lang begleitete die App die Versuche der Teilnehmenden. Ihre Wiederholungserfolge und der geschätzte Grad der Zielerreichung in Prozent wurden nach jeder Gewohnheitswiederholung gemessen. Alles wurde apart in einem Liniendiagramm in der App dargestellt und machte die Gewohnheitsentwicklung über die Zeit sichtbar. Die Ergebnisse nach den sechs Wochen der ersten Studie und den 23 Monaten der zweiten Studie waren eindeutig: Es gibt eine positive Spirale zwischen Gewohnheitsbildung und der auf die Gewohnheit bezogenen Selbstwirksamkeit. Einfach gesagt: Je eher wir davon überzeugt sind, dass wir es hinbekommen, umso eher bekommen wir es hin. Was klingt wie ein wachsweiches Durchhalte-Mantra, ist nachweislich mehr. Die Überzeugungen zu unserer Selbstwirksamkeit sind, das belegen die Studienergebnisse, wie ein »An-aus-Schalter« für das Bilden neuer Gewohnheiten.

Damit stellt sich jetzt die Frage: Wie checken und erhöhen wir unsere gewohnheitsspezifischen Selbstwirksamkeitserwartungen? Zum Beispiel, indem wir uns vor Augen führen, dass die eigenen Qualitäten nicht in Stein gemeißelt sind. In der Studie von Qin Zhao, Aaron Wichman und Eva Frishberg (2019) wurde die eine Hälfte der Probanden mithilfe eines Artikels zunächst darüber belehrt, dass man an seinen Fähigkeiten kaum etwas ändern könne. Die andere Hälfte las eine Version des Textes, die die Möglichkeiten anpries, das eigene Können durch Lernen und Anstrengung zu verbessern. Anschließend füllten alle Versuchspersonen einen Fragebogen zur Selbsteinschätzung aus und erledigten mehrere kleine Aufgaben. Versuchsteilnehmer, die zuvor gelernt hatten, dass die eigenen Fähigkeiten veränderbar seien, ließen sich durch Selbstzweifel weniger stark aus der Ruhe bringen und absolvierten die Aufgaben besser. »Glaubt jemand daran, dass Kompetenz keine feststehende Größe ist, dann wirken sich Zweifel nicht so negativ auf das Wohlbefinden aus«, fasst Zhao die Ergebnisse der Studie zusammen.

Sie könnten auch an Ihren Zielen schrauben. Denn sich Ziele zu setzen ist entscheidend für den Aufbau von Selbstwirksamkeit. Wenn Sie bei der Formulierung Ihrer Ziele merken: »Oh, dafür muss ich mich aber ein wenig anstrengen«, dann haben Sie sog. Stretch-Goals, Streckziele, für deren Erreichen Sie sich ein wenig strecken müssen. Für solche Ziele sind wir eher bereit, vernünftige Risiken einzugehen, und wir sind widerstandsfähiger gegenüber Misserfolgen und Rückschlägen. Hinzu kommt, dass der Blick auf das große Ganze die Selbstwirksamkeit erhöht. Dieser Fokus hilft uns, über kurzfristige Verluste hinwegzusehen und uns von ihnen nicht das Selbstvertrauen nehmen zu lassen. Schließlich zählt, wie wir Hindernisse auf dem Weg zum Ziel wahrnehmen und interpretieren. Das Umgestalten der Art und Weise, wie wir Misserfolge betrachten und wie wir uns dabei fühlen, hilft sehr dabei, die Art und Weise zu ändern, wie wir über uns selbst denken. Zum Beispiel wird eine Person mit hoher Selbstwirksamkeit Verluste nicht als persönliche Unzulänglichkeiten wahrnehmen. Sie würde stattdessen versuchen, damit umzugehen und Wege zu finden, sie positiv zu bewältigen. Alexander Rothman et al. (2009) argumentieren, dass wir uns je nach Zielsetzung auf unterschiedliche Ergebnisse unseres Handelns konzentrieren und dass diejenigen, die über ein hohes Selbstwertgefühl und Optimismus verfügen, in der Lage sein könnten, ihren Fokus bei Bedarf auf andere Bereiche des Erfolgs zu verlagern. Das Hervorheben von angehäuften Erfolgen und Errungenschaften in einer Reihe von Bereichen, die von Handlungsänderungen abhängen, kann Menschen helfen, ihren Fokus bei Bedarf zu ändern und somit die Zufriedenheit zu erhöhen.

Und es lohnt sich, wie eine Studie von Austin Baldwin et al. (2006) zeigt: Das Maß an Selbstwirksamkeit konnte zur Vorhersage herangezogen werden, wie erfolgreich Aufhörversuche bei 591 Raucherinnen und Rauchern, die noch keinen Versuch unternommen hatten, sein würden. Bei denjenigen, die bereits aufgehört hatten, sagte es die Zufriedenheit mit der Erfahrung des Aufhörens und den längerfristigen Erfolg voraus. Dafür beobachtete das Team die willigen zukünftigen Nichtraucher über 15 Monate. Zu jedem Zeitpunkt wurden die Teilnehmenden auf der Grundlage ihres Aufhörverhaltens entweder als »Initiatoren« oder als »Beibehalter« kategorisiert. Über die Zeit hinweg sagte die Selbstwirksamkeit das zukünftige Nichtrauchen der »Initiatoren« voraus, während die Zufriedenheit im Allgemeinen das zukünftige Nichtrauchen der »Beibehalter« vorhersagte.

Generell kratzt es an unserem Ego, wenn wir uns etwas vornehmen und es nicht hinbekommen. Wenn Ärzte uns auffordern: »Essen Sie gesünder, kaufen Sie in Ihrem Supermarkt Obst und Gemüse statt Zuckerwatte«, meinen sie es gut. Aber sie machen den ersten Schritt zu groß. Es gibt die aparte Story, bei der der Psychologe zum Diätopfer sagte: Essen Sie doch erst einmal weiter, was Sie essen. Aber steigen Sie entweder eine Haltestelle früher aus und gehen die Extraschritte zum Supermarkt, oder nehmen Sie, wenn Sie eh zu Fuß gehen, nicht den nächsten, sondern einfach den übernächsten Supermarkt. Dann verbrennen Sie mit einer einfachen Veränderung automatisch mehr Kalorien. Um die Speisekarte kümmern wir uns dann später. Bekommt man das hin? Steigert es das Gefühl, etwas tun zu können? Ja und ja!

9. Schaffe Wiederholungen

Das Gewohnheitssystem ist ein Traditionalist. Es hängt davon ab, was wir in der Vergangenheit getan haben, und nicht von unseren Entscheidungen darüber, was wir planen zu tun. Sehr rückwärtsgewandt, aber das ist die Realität, mit der wir arbeiten müssen. Es richtet sich nach dem, was wir in der Vergangenheit als Belohnung erlebt haben, und es erkennt nicht so gut, was wir heute als Belohnung bekommen wollen. Wenn wir also entscheiden, dass Kaffee nicht gut für unsere Gesundheit ist, werden wir vielleicht trotzdem sofort an Kaffee denken, sobald wir morgens aufstehen, weil wir das typischerweise getan haben und unser Gehirn so organisiert ist, dass es sich als Erstes am Morgen darauf konzentriert.

Damit das anders wird und es mit der neuen Gewohnheit klappt, brauchen wir gleichbleibende Auslöser. Wenn wir das neue Handeln ausführen, erzeugen wir eine mentale Assoziation zwischen Situation und Handlung, und die Wiederholung verstärkt und etabliert diese Assoziation im Gedächtnis.

Die Bedeutung der Wiederholung wurde in einem Feldexperiment von Phillippa Lally et al. (2010) veranschaulicht. Die Teilnehmerinnen und Teilnehmer in ihrem Experiment haben ein einfaches Gesundheitsverhalten, nämlich »spazieren gehen«, mit dem stets gleichen Auslöser »Abendessen« verbunden. Jeden Tag. Bei manchen führte es dazu, dass bereits nach 24 Tagen, sprich 24 Wiederholungen, die Gewohnheit einsetzte und sie gar nicht mehr darüber nachdachten. Andere brauchten allerdings bis zu 100 Tage. Geben Sie sich also Zeit. Es gibt keine feste Regel, schon gar nicht à la »Mach es 21 Tage und es ist eine Gewohnheit«. Woher kommt diese Zahl eigentlich? Nicht von der Wissenschaft. Vielmehr stammt sie aus einem Selbsthilfebuch von Maxwell Maltz aus den 1960er-Jahren. In diesem Bestseller ging es darum, wie lange es dauert, sich an eine Schönheitsoperation im Gesicht zu gewöhnen. Es hat nicht viel mit Gewohnheitsbildung oder Veränderung zu tun. Eine Gewohnheit zu bilden dauert länger. Wenn Ihnen gefällt, was Sie tun, und Sie es in Zukunft wahrscheinlich wieder tun werden, dann sind zwei bis drei Monate wohl die beste Schätzung. Für Bewegung berichten Navin Kaushal und Ryan Rhodes (2015), dass der Besuch des Fitnessstudios innerhalb von sechs Wochen zur Gewohnheit werde, wobei sie von vier Besuchen pro Woche ausgehen.

2017 erklärten uns Guy Madison und Gunilla Schiölde aus Schweden, dass wir als Folge der Wiederholung die wiederholten Dinge auch mehr mögen. Die Psychologie geht davon aus, dass wir Dinge, egal, ob Musik, Menschen oder Mathe, mit denen wir vertrauter sind, besser verarbeiten. Die eine Erklärung dafür stammt aus der Sozialpsychologie und nennt den Grund für dieses »Mehr-Mögen« den Mere-Exposure-

Effekt. Robert Zajonc hat ihn in den 1960er-Jahren das erste Mal belegt. Er konnte beobachten, dass Menschen diejenigen chinesischen Schriftzeichen positiver bewerteten, die sie öfter gesehen hatten. Das ist also die unbewusste Seite. Die bewusste Seite, den sog. Wiedererkennungseffekt, haben nun Madison und Schiölde unter die Lupe genommen. Sie ließen die Versuchsteilnehmer 40 verschiedene Musikbeispiele hören. Alle unterschiedlich komplex. Die gewählten Stücke wurden auf maximal 75 Sekunden gekürzt und abrupte Anfänge oder Enden wurden mit Ein- oder Ausblendungen abgemildert. Dann startete der wissenschaftlich begleitete Hörgenuss. Die Musikstücke wurden jeweils 28-mal über einen Zeitraum von etwa vier Wochen dargeboten, und die individuellen Bewertungen wurden während des gesamten Experiments erhoben. Die positiven Bewertungen stiegen mit wiederholtem Hören auf allen Komplexitätsstufen. Die Moral von der Geschichte? Vertrautheit ist die wichtigste Einzelvariable zur Erklärung von Unterschieden im Mögen von Musik, unabhängig von der Komplexität der Musik. Und das könnte für viele Zusammenhänge gelten, wie Rocco Palumbo et al. (2021) schreiben.

10. Mach es reibungslos

Wenn etwas leichter zu tun ist, machen wir es tendenziell häufiger. Das Prinzip des »Leichtermachens« kennen wir alle, es ist die Basis intuitiver Smartphone-Bedienungen, des One-Click-Shoppings, der »frictionless economy«, der vielen Abos, die wir alle gerne angenommen haben, aber irgendwie nie kündigen. Dass wir sie nicht kündigen, hängt auch mit der Reibung zusammen. Denn wenn etwas schwieriger zu tun ist, neigen wir dazu, es seltener zu tun. Reibung ist der Teil des Kontexts, der es schwieriger macht, etwas zu tun. Wir sind uns nicht bewusst, wie viel Einfluss der Kontext auf unser Leben hat. Der Kontext ist einfach alles. Es sind die Situationen, in denen wir uns befinden. Es ist die Tageszeit. Es sind die anderen Menschen um uns herum. Es ist die Nähe: wie nah die Dinge bei uns sind. Lassen Sie mich Ihnen ein Beispiel geben. In einer Studie von 2021 haben Wei Peng et al. über mehrere Monate hinweg Hunderttausende von Menschen getrackt, um festzustellen, wie weit diese Menschen bis zu ihrem Fitnessstudio gingen. Das Ergebnis: Wenn die Leute dreieinhalb Meilen zurücklegten, gingen sie im Durchschnitt fünfmal pro Monat, wenn sie mehr als fünf Meilen zurücklegten, gingen sie im Durchschnitt nur einmal pro Monat. Für unser rational denkendes, bewusstes Selbst sollte von dieser Differenz nicht viel abhängen. Wenn Sie ins Fitnessstudio gehen wollen, dann gehen Sie ins Fitnessstudio. Es spielt keine Rolle, wie weit es entfernt ist. Aber ein längerer Weg macht es schwieriger. Man braucht ein bisschen mehr Zeit. Man muss mehr darüber nachdenken, wie man dorthin kommt. All das erhöht die Reibung. Sie machen es sich selbst schwerer, wenn Sie ein Fitnessstudio wählen, das weit von Ihrem Haus oder Ihrem Arbeitsplatz entfernt ist. Die Wahrscheinlichkeit, dorthin zu gehen, ist dann viel geringer. Das ist der Unterschied zwischen einer Übungsgewohnheit und dem Fehlen einer solchen.

Wie minimieren wir Reibung, um die Handlung zur Gewohnheit zu machen? Nähe ist ein entscheidender Faktor, sprichwörtliche Nähe. Die Hinweise auf Verhaltensweisen, die wir neu »installieren« wollen, sollten in der Nähe sein, und die Hinweise auf Dinge, die wir nicht tun wollen, sollten weiter weg sein. Angeblich überprüfen wir alle unsere Mobiltelefone über 50-mal am Tag, und es ist schwer vorstellbar, dass die meisten von uns das tun müssen. Ich denke, wir tun es, wenn uns langweilig ist. Wenn wir uns in gesellschaftlichen Situationen befinden, in denen wir nicht sein wollen, beispielsweise im Aufzug; dort gibt es Leute, mit denen wir nicht wirklich reden wollen, also überprüfen wir unser Handy. Einer der Hauptgründe, warum wir überhaupt damit begonnen haben, die kleinen Dinger immer wieder hervorzukramen, ist, Sie ahnen es, Nähe. Wir haben sie immer bei uns. Das führt extrem zur Gewohnheitsbildung. Wenn Sie, nur mal theoretisch, Obst immer so nah bei sich hätten wie Ihr Smartphone, würden Sie wohl mehr Obst essen. Doof, nicht, wenn es so einfach scheint?! Sie denken: »Oh, normalerweise esse ich abends Kekse auf dem Sofa, aber ich werde das ändern«? Sie wollen stattdessen Hampelmänner oder Liegestütze machen? Und all das überlegen Sie, während Sie genau wissen, wie leicht Sie an die Kekse kommen. So funktioniert das nicht. Gut, die Kekse wandern hinten in den Schrank, und das, so zeigen Tracy Cheung et al. (2019), geht für alles, was wir in Schränken aufbewahren. Wenn wir es weiter nach hinten stellen, greifen wir automatisch weniger dazu; es macht einfach zu viel Arbeit. Das ist Reibung. Die Fachleute nennen es auch »Choice Architecture«, eine Art »Auswahlarchitektur«.

Also, die Entfernung zum Fitnessstudio ist das eine. Die Nähe zum Popcorn das andere. Gregory Privitera und Farus Zuraikat (2014) berichten, wie sie den Nähe-Effekt mit Äpfeln und Popcorn erforschten. Hier ging es nicht um Kilometer. Bei diesem Experiment hatten einige Leute eine Schale mit Apfelscheiben vor sich und eine Schale mit Popcorn ganz am Ende des Tisches. Sie konnten es sehen, sie konnten es riechen und sie konnten es erreichen, wenn sie sich nur ein wenig streckten. Oder sie hatten das Popcorn direkt vor sich und die Äpfel in einem kleinen Abstand. Wenn sie die Äpfel vor sich haben, nehmen sie nur ein Drittel der Kalorien zu sich, die sie sich einverleiben, wenn sie das Popcorn vor sich haben. Sie können beide Schalen sehen, sie können sie beide erreichen. Aber sie nehmen dreimal so viel zu sich, wenn das Popcorn in der Nähe ist. Wir denken, wenn wir eine Diät machen, dann essen wir die Äpfel, egal, wo sie sind, aber so funktioniert es nicht. Denn es geht um Nähe und Reibung.

Das können wir uns zunutze machen. Nachfolgend ein paar Ideen, die die *New York Times* am 9. Januar 2021 vorschlug:

1. *Schlafen Sie in Ihren Trainingssachen.* Wenn Sie eine morgendliche Trainingsroutine entwickeln wollen, machen Sie es sich leicht, sich für einen morgendlichen Lauf oder ein Training anzuziehen. Schlafen Sie in Ihrer Trainingskleidung oder in einem Teil davon. Legen Sie die Sportschuhe und Socken neben das Bett. Das ist ein Hindernis weniger, das Sie morgens ausbremst.

2. *Legen Sie Hanteln neben Ihren Schreibtisch.* Deponieren Sie leichte Gewichte in der Nähe und machen Sie ein paar Wiederholungen, während Sie an einer Telefonkonferenz teilnehmen.

3. *Hängen Sie Haken an Ihre Tür.* Egal, ob Sie immer Ihre Schlüssel verlieren oder Ihre Maske vergessen, eine Station mit Haken an der Tür

für Masken, Schlüssel oder andere wichtige Dinge, die Sie brauchen, wenn Sie das Haus verlassen, wird Ihnen helfen, das Mitnehmen zur Gewohnheit zu machen.

4. *Stellen Sie sich beim Zähneputzen auf ein Bein.* Auf einem Bein zu stehen, während man sich die Zähne putzt, ist eine Möglichkeit, das Gleichgewicht zu trainieren. (Wechseln Sie nach einer Minute des Zähneputzens das Bein.) Oder nutzen Sie die Zeit des Zähneputzens, um Achtsamkeit zu üben. Wenn Sie eine neue Gewohnheit (wie Meditation oder eine Gleichgewichtsübung) zu einer alten Gewohnheit (wie Zähneputzen) hinzufügen, nennt man das »Stapeln«. Wenn Sie Ihre Gewohnheiten stapeln, können Sie sich leichter an sie erinnern.

Eine weitere Art, um Nähe zu erzeugen und somit Reibung zu verringern, habe ich im Theater meiner Frau kennengelernt. Es handelt sich um ein schwarzes Theater. Licht ist also Mangelware, denn die Darsteller sollen nicht zu sehen sein, nur die Gegenstände, die sie in das (Schwarz-)Licht halten. Dementsprechend ist der Bereich hinter der Bühne auch, ähm, schwarz. Die Wände sind schwarz, die Kostüme der Darsteller sind schwarz, die Zwischenvorhänge sind schwarz, das Licht ist auf ein Minimum reduziert. Wie kann da ein Schauspieler sicher sein, all seine Requisiten zum richtigen Zeitpunkt zu finden? Indem er alles im Voraus bereitlegt. Es ist eine Art Ritual, das jeder Darsteller vor der Vorführung durchläuft – und wenn einer mal einen Kollegen so richtig in die Bredouille bringen will, läuft er ihm nach und tauscht die Dinge aus. Soll schon passiert sein. Doch diese Idee der »Platzierung«, des sauberen Zurechtlegens, ist genau das, was Friktion mindert und Handlungen auch im Leben außerhalb des Theaters leichter macht. Damit reorganisieren Sie Ihr Umfeld auch im Alltag so, dass die Handlung, die zur neuen Gewohnheit werden soll, einfacher gemacht wird. Und das ist eine gute Metapher für uns Menschen, die ihr Handeln ändern wollen. Es braucht eine gewisse Anfangsplanung, um unsere Zusammenhänge zu ändern und herauszufinden: Okay, was würde es mir leichter machen, Geld zu sparen? Was würde es mir leichter machen, mich gesund zu ernähren oder ins Fitnessstudio zu gehen?

Kurioserweise geht es auch andersherum. Sie können auch Friktion erzeugen, um eine Handlung abzulegen. Denn das Geheimnis, die Kontrolle wiederzuerlangen, besteht darin, etwas von dieser Reibung wieder einzubauen. Menschen, die sich entschieden, ihr Popcorn mit chinesischen Essstäbchen zu sich zu nehmen, aßen signifikant weniger davon. Das berichten die Verhaltens- und Wirtschaftswissenschaftler Robert Smith und Ed O'Brian (2019). Es geht auch in ernsteren Kontexten. Die USA waren weltweit das erste Land, das Warnhinweise auf Zigarettenpackungen durchsetzte. Das war in den 1960er-Jahren. Die USA begannen zudem, den Kauf von Zigaretten zu besteuern. Und verbannten sie sogar aus den Regalen der Geschäfte. Die Amerikaner konnten von da an keine Zigaretten mehr kaufen, indem sie sich einfach eine Packung nahmen. Jemand musste das Alter überprüfen und sie aktiv rausgeben. All diese Dinge haben das Rauchen erschwert, und so wurde der Anteil der Raucher in der Bevölkerung von fast 50 auf heute nur noch 15 % reduziert. Das zeigt die Macht der Reibung. Was die Handlung änderte, war, dass etwas, was zuvor leicht war, nun nicht mehr so einfach zu bekommen war. Das brach die Gewohnheit. Es unterbrach sie und bei nicht wenigen brachte sie sie zum Versiegen. Daher noch zwei Beispiele zum Nachmachen: Ron Van Houten von der Saint Vincent University und seine Kollegen veranlassten die Verlangsamung der Aufzugstüren um 26 Sekunden. In der Folge reduzierte sich die Menge der Aufzugfahrer um ein Drittel. Sie nahmen die Treppe. Verkaufsautomaten aus Schulen zu entfernen, so zeigte die Studie von Alisha Rovner et al. (2011), macht es Jugendlichen schwerer, Junkfood zu naschen oder zuckerhaltige Limonaden zu trinken. Friktion bringt Veränderung.

11. Stups dich an

Jens Spahns Waterloo hieß »Organspendeausweis«. Der deutsche Ge sundheitsminister zog mit diesem Thema im Januar 2020 in die Ab stimmungsschlacht. Im Kern wollte er nur Gutes: mehr Mensche mehr Chancen auf Leben geben. Dazu, so argumentierte er, kann e nur hilfreich sein, wenn wir aus der Organspende eine Art Gewohn heit machen. Spahn und sein Team wussten: Wenn man Menschen i

Deutschland fragt, ob sie bereit sind, ihre Organe zu spenden, ist die Bereitschaft hoch. Sie liegt laut den Forschungsergebnissen von Mark Whitehead et al. bei 78 %. Aber die Anzahl der Menschen, die tatsächlich einen Spenderausweis besitzen, liegt in Deutschland weit darunter. Der Grund ist die Opt-in-Regel. Sie verlangt, dass die Menschen sich explizit dafür aussprechen, Organspender zu sein. In den Ländern mit einer Quote von nahezu 100 % gibt es eine Opt-out-Regel: Jeder ist per se erst mal Spender und kann das aber jederzeit widerrufen. Dieses Prinzip der Opt-out-Regel findet sich auch in den Überlegungen des Nudgings. Cass Sunstein und Richard Thaler (2009) zeigen, dass Menschen zu einem neuen – besseren – Handeln hingestupst werden können. Nudging ist im Kern das Schaffen von Umgebungsreizen, die es Menschen nachweislich leichter machen, ein gewinnbringendes, zielgerichtetes Verhalten an den Tag zu legen und nach Möglichkeit zu automatisieren. Ansätze für gute Ernährungsautomatismen, Treppensteigautomatismen, Altersvorsorgeautomatismen, Nachhaltigkeitsautomatismen wurden kolportiert und untersucht.

Im Jahr 2015, ein paar Jahre vor dem öffentlichen Vorstoß des Gesundheitsministers, hat sich auch unser Team von Braincheck der Frage gestellt: Funktioniert dieses Stupsen zur neuen Handlung eigentlich so niedrigschwellig und überindividuell, wie es in der Literatur den Anschein hat? Denn wenn ein Mensch zum Neuen gestupst werden kann, kann damit auch die Basis für eine neue Gewohnheit gelegt werden? Der Rahmen war denkbar günstig: Wir hatten einen Workshop zu planen, in dem wir Ärzten Mittel und Wege an die Hand geben sollten, um Diabetes-Typ-2-Patienten die Änderung ihres Ernährungs- und Fitnessverhaltens zu erleichtern. In diesem Bereich gab es 2015 schon einiges an Erkenntnissen. Theresa Marteau et al. (2011) fassen es zusammen: »Nudging certainly works«. Allein das Einsetzen eines gelben Schilds mit der Aufschrift »Bis hierhin Früchte und Obst« über die Breite eines Einkaufswagens verdoppelte in den Versuchen von Collin Payne et al. (2014) den Verkauf des gesunden Essens.

Während in der Folge alle Blogs das »Stupsen« feierten und die mahnenden Worte von Marteau und Co. angesichts der wenigen belastbaren guten Ergebnisse in den Wind schlugen, schaute ich, ob es noch mehr Erkenntnis gebe. Und siehe da, eine Veröffentlichung von Jeff French, ebenfalls von 2011, zeigte: »Why nudging is not enough«. Nugding wirkt nicht immer, oft braucht es »Shoving« (dt.: starkes Schubsen) oder »Hugging« (dt.: »Umarmen«) oder gar »Smacking« (dt.: Klaps). All diese Formen überführte French in eine Matrix.

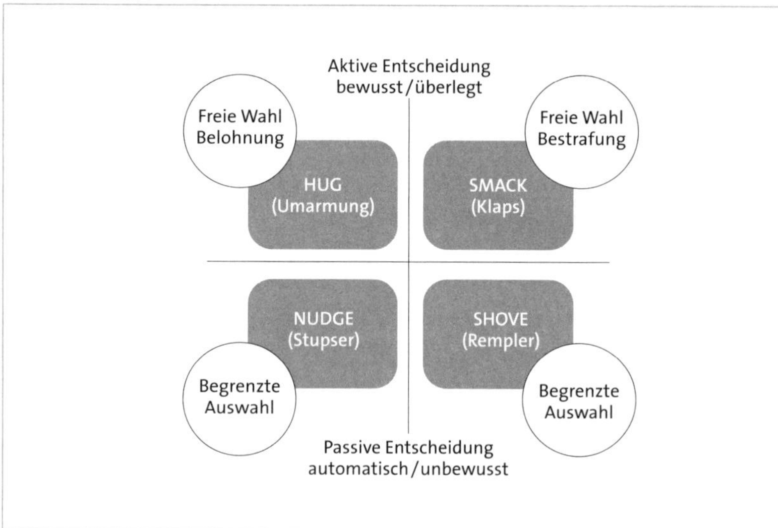

Quelle: nach French (2011), modifiziert

Gemeinsam mit der Therapeutin und Coachin Birgit Fehst entschieden wir uns für den Workshop für einen »Shove«, um den Ärzten selbst den Nutzen einer solchen konsumentenzentrierten (will sagen: patientenzentrierten) Vorgehensweise für die neue Handlung erlebbar zu machen. Was haben wir getan? Wir haben den Workshopraum so gestaltet, dass keine klassische parlamentarische Sitzordnung vorherrschte. Stattdessen fanden die Mediziner eine Mischung aus Stühlen, Gymnastikmatten und Gymnastikbällen. Es ging dabei im 30-minütigen Workshop nicht darum, das zukünftige Sitzverhalten der Ärzte zu ändern, sondern den Effekt von »Shoving« zu überprüfen. Da der Workshop im rollierenden System mehrfach hintereinander mit demselben Trainer, aber jeweils zufällig zugelosten Teilnehmern durchge-

führt wurde, hatten wir unser Quasi-Experiment vor die Füße gelegt bekommen.[13] Es gab drei Gruppen mit je zwölf Teilnehmerinnen und Teilnehmern. Gruppe 1 fand den Raum wie beschrieben vor und sah als Startfolie auf der Leinwand »Herzlich willkommen zum Workshop«. Die Gruppen 2 und 3 fanden den Raum ebenso vor. Wir hatten jedoch die Startfolie geändert. Nun stand dort:

»Wenn Sie Rückenschmerzen vermeiden wollen, dann nutzen Sie die Sitzbälle.«

Das Ergebnis: In Gruppe 1 wurden von den Medizinern zuerst alle Stühle besetzt. Die Anzahl der Stühle (8 Stühle) reichte jedoch nicht für alle. Die unglücklichen Stuhllosen blieben stehen oder lehnten sich an die Wand. In Gruppe 2 und Gruppe 3 nahmen einige ebenfalls auf Stühlen Platz. Aber es gab einmal sechs und einmal fünf Menschen, die entweder den Ball oder die Matte als Sitzgelegenheit annahmen. Entsprechend viele Stühle blieben leer. Als wir die Ball- und Mattensitzer im Rahmen des Workshops befragten, wie sie ihre Wahl getroffen hatten, kam etwas Interessantes raus: In Gruppe 2 hatten nur drei der sechs wirklich die Folie bewusst gelesen und darauf ihr sonst übliches Sitzverhalten geändert, in Gruppe 3 waren es drei von fünf. In beiden Gruppen hatten also Personen das Gefühl, es wäre einfach eine gute Idee,

13 Als Quasi-Experiment bezeichnen wir in der Psychologie eine Versuchsanordnung, die nicht unter optimalen Laborbedingungen erfolgt, bei der auch keine tatsächliche Zufälligkeit in der Zuordnung von Versuchsteilnehmern gegeben ist, die aber wesentliche Bestandteile eines wissenschaftlichen Experimentes enthält und so gewisse Aussagen über die Zusammenhänge von Variablen erlaubt.

sich mal nicht auf den Stuhl zu setzen. Natürlich befragten wir auch die Stuhlwähler in Gruppe 2 und 3 nach ihrer Motivation für die Möbelwahl. Ihre Antworten glichen sich darin, dass sie einfach nicht auf einem Ball oder einer Matte sitzen wollten, egal, wie hilfreich diese für die Gesundheit seien. Sie fühlten sich eher bevormundet als in einer guten Entscheidung unterstützt.

Allen Ding Tian et al. (2018) brachten Rituale als ungemein effektiven Stups ins Spiel. Die Forscherinnen und Forscher wollten damit die Selbstdisziplin der Teilnehmenden steigern. Rituale sind vordefinierte Abfolgen von Handlungen, die sich durch Starrheit und Wiederholung auszeichnen. Ihre Ergebnisse sind echte Stups-Klassiker. So zeigte ein Feldexperiment, dass die Durchführung eines Rituals vor dem Essen über einen Zeitraum von fünf Tagen den Teilnehmern half, die Kalorienaufnahme zu reduzieren, und dass die Verbindung eines Rituals mit gesundem Essverhalten die Wahrscheinlichkeit erhöhte, bei einer nachfolgenden Entscheidung gesundes Essen zu wählen. Sie konnten dabei auch erklären, warum Rituale so gut wirken. Es sind die damit verbundenen stärkeren Gefühle der Selbstkontrolle, denn die Teilnehmer fühlten sich nach dem Ritual selbstbeherrschter. Rituale verändern unsere Reaktionen, wenn wir mit unserer Selbstkontrolle hadern.

Das hätten Herr Spahn und sein Beraterteam beim Versuch, die Bereitschaft zur Organspende zu erhöhen, verstärkt im Blick behalten müssen: Neue Gewohnheiten erfordern nicht nur Gelegenheiten. Wir müssen die neue Gewohnheit auch wollen. Mit anderen Worten: Das Ziel, das wir mit der Handlungskette, die automatisiert werden soll, erreichen wollen, muss für uns gewinnbringend sein. Wenn das nicht passt, sträuben wir uns, weil wir unsere Handlungsfreiheit eingeschränkt sehen, und zeigen Reaktanz: Wir versuchen, unsere Handlungsfreiheit auf schnellstem Wege wiederherzustellen. Fazit: Eine geschubste Abkürzung zur neuen Gewohnheit ist ein heikles Unterfangen, dessen Aufwand den Erfolg nicht unbedingt rechtfertigt, selbst wenn ein Nudge per Definition wenig kosten sollte.

Next New: Das Zukunftsfazit

Die neue Welt

Nur die wenigsten von uns sind dorthin gekommen, wo sie sind, indem sie immer das Gleiche getan haben. Tatsächlich suchen die Erfolgreicheren, so zeigt es die Forschung, den Wandel. Sie verstehen, dass man Veränderungen annehmen muss, um wirklich innovativ und den Trends voraus zu sein. Aber anpassungsfähig zu sein bedeutet nicht nur, Veränderungen anzunehmen. Es bedeutet auch, dass wir einen realistischen Optimismus entwickeln und eine Vielfalt an Wegen zum Ziel für möglich halten. Die neun Techniken in diesem Buch und ihre unterschiedlichen Kombinationen für den Führungsalltag zeigen, wie ein höherer AQ im privaten und beruflichen Alltag möglich ist. Sie zeigen auch, dass wir unseren AQ in drei unterschiedlichen Dimensionen stärken können: in unserem Denken, in unserem Umgang mit unseren Gefühlen und in unserem Handeln. Unser AQ ist ein Bündel Fähigkeiten, die keine Grenzen in der Art und Weise haben, wie wir sie am Arbeitsplatz und zu Hause und in allen Schnittmengen dank Work-Life-Blending für uns einsetzen. Und die Situationen, in denen wir diese Skills anwenden können, werden sich nur weiter verdichten.

Anpassungsfähig zu sein bedeutet, offen für vielfältige und unerwartete Lösungen für Probleme und Herausforderungen zu sein. Die neun Techniken helfen, sie als etwas wahrzunehmen, das wir nicht fürchten müssen, sondern das wir anpacken und gerne bewältigen. Menschen mit hohem AQ bauen zudem ein breites Netzwerk von hoch engagierten und fähigen Menschen auf, denn, auch das zeigen die Studien, Anpassungsfähigkeit ist nicht nur eine Ich-Skill, sondern auch eine Wir-Skill.

Führungskräfte bekommen eingebläut, dass Veränderungen unvermeidlich sind. Anpassungsfähige Führungskräfte scheuen sich nicht davor. Sie bleiben auch im Angesicht von Widrigkeiten positiv und halten ihre Teams auch in schwierigen oder glanzlosen Zeiten fokussiert und motiviert. Aufgeschlossenheit ist ihr zentrales Wirkprinzip. Das Denken in Alternativen erlaubt es ihnen, Lösungen und Brillanz an vielen Stellen zu finden. Am Rande des Bekannten nach Möglichkeiten zu schauen ist für sie ebenso selbstverständlich wie die Bereitschaft, Lösungen gegebenenfalls auch schnell zu verwerfen. All diese wichtigen Führungsqualitäten beruhen auf der Fähigkeit, sich an Veränderungen anzupassen und diese anzunehmen.

Konventionelles Vorgehen infrage zu stellen wird in jeder zweiten Stellenanzeige gefordert. Die Fähigkeit, das Bekannte auf den Kopf zu stellen und sich auf das Herannahende einzustellen und dem Unbekannten mit Neugier zu begegnen, bleibt ein ganzes (Arbeits-)Leben lang relevant. Egal, ob Planung, Umsetzung oder Nutzung neuer Strategien, ERP-Systeme, Kundenwünsche, Firmenkulturen – die verschiedenen Tools, Strategien und Techniken in diesem Buch bieten Impulse, um die besten Ergebnisse zu erzielen.

Die neue Gewohnheit

Eines ist allerdings immer wieder wichtig: sich sowohl auf die Unterbrechung bestehender unerwünschter Gewohnheiten als auch auf die Entwicklung neuer erwünschter Gewohnheiten zu konzentrieren. Dieses Buch hat einige Möglichkeiten vorgeschlagen, wie dies erreicht werden kann. Die Forschung plädiert dafür, dass wir uns selbst beobachten und Wenn-dann-Pläne erstellen. Sie lädt uns ein, uns Situationen und Auslöser klar vor Augen zu führen. Aber sie legt uns auch nahe, die Situationen zu identifizieren, die die fortgesetzte Umsetzung neuer Handlungsweisen behindern könnten. Es wird nicht immer möglich sein, in jeder Situation alle Empfehlungen zu berücksichtigen. Doch wenn Sie die Erkenntnisse berücksichtigen, steigern Sie nachweislich Ihre Chance, neues Handeln zu einer Gewohnheit werden zu lassen. Wiederholung, stabiler Kontext, die richtige Belohnung und die Verringerung oder Erhöhung von Reibung sind die Kerntreiber erfolgreicher (neuer) Gewohnheiten.

Der nächste Schritt

Was kann eigentlich noch kommen, wenn so ein übergreifendes Fähigkeitsbündel so vieles an unserem Handeln erklärt? Einiges, denn die Forschung bleibt nicht stehen und mit ihr auch nicht die Erkenntnis. Seit den frühen Jahren meiner Zeit an der Universität zu Köln mit Gertrud Kemper und Hermann Rüppell, von denen ich viel gelernt und mitgenommen habe und verstand, dass das Denken und Problemlösen ein Kern menschlichen Erfolges ist, bis hin zur Erforschung der Neugier, die sich aus dieser Zeit ergab, beschäftigte mich die Frage, wie wir besser lernen könnten. Die Arbeit zum Thema Neugier mit Andreas Steinle von der Zukunftsinstitut Workshop GmbH und Todd Kashdan von der Uni Virginia sowie Christine Blum-Heuser und Aferdita Kastrati vom Technologieunternehmen Merck zeigte, wie wichtig Neugier für das Interesse am Neuen und die Vielfalt der Ideen ist. Doch auch das brachte eine neue Frage mit sich, nämlich wer die guten Ideen eigentlich umsetzt. Die Antwort darauf fand ich mit Thea Zander-Schellenberg. Es ist das psychologische Kapital, das ich ein wenig eingängiger in Zukunftsmut umtaufte. Dann stand im Jahr 2020 die Frage im Raum: Wie ist es mit dieser ganzen mentalen Power, wenn sich plötzlich alles ändert und wieder ändert? Es zeigte sich, dass der AQ im Kern der permanent geforderten Fähigkeiten steht. Und nun? Nun schließt sich der Kreis, denn die Frage ist, welches Denken uns in dieser neuen normalen Welt zu dieser Anpassungsfähigkeit verhilft. Gibt es so etwas wie die »Geheimnisse der Cleverness«? Die Forschung dazu habe ich gerade mit Achim Wortmann und Leon Vahlkamp begonnen. Es bleibt spannend. Cleverness wird sehr apart in einem Zitat eines der frühesten Umweltschützer, Sir Peter Blake, auf den Punkt gebracht: »New technology is common, new thinking is rare.« Diese Rarheit aufzuheben könnte das Ziel der Cleverness sein, eine Art SMART-Faktor für das alte, das neue und das Next Normal. Bis dahin: Bleiben Sie heiter, denken Sie weiter!
Ihr Carl Naughton

#AQ erweitern

Achtziger, A., Gollwitzer, P. M., & Sheeran, P. (2008). Implementation intentions and shielding goal striving from unwanted thoughts and feelings. *Personality and Social Psychology Bulletin,* 34(3), 381–393.

Adriaanse, M. A., Oettingen, G., Gollwitzer, P. M., Hennes, E. P., de Ridder, D. T. D., & de Wit, J. B. F. (2010). When planning is not enough: fighting unhealthy snacking habits by mental contrasting with implementation intentions (MCII). *European Journal of Social Psychology,* 40, 1277–1293.

Armitage, C. (2005). Can the Theory of Planned Behavior Predict the Maintenance of Physical Activity? *Health Psychology,* 24(3), 235–245.

Asendorpf, J. B. (2018). *Persönlichkeit: Was uns ausmacht und warum.* Berlin / Heidelberg: Springer, 323–340.

Baldwin, A. S., Rothman, A. J., Hertel, A. W., Linde, J. A., Jeffery, R. W., Finch, E. A., & Lando, H.A. (2006). Specifying the determinants of the initiation and maintenance of behavior change: an examination of self-efficacy, satisfaction, and smoking cessation. *Health Psychology,* 25(5), 626–634.

Balgiu, B. A. (2014). Ambiguity Tolerance in Productional Creativity. *Logos Universality Mentality Education Novelty: Social Sciences* III(1), 29–40.

Bargh, J. A., Gollwitzer, P. M., Lee-Chai, A., Barndollar, K., & Trötschel, R. (2001). The automated will: nonconscious activation and pursuit of behavioral goals. *Journal of Personality and Social Psychology,* 81(6), 1014–1027.

Balleine, B. W., & O'Doherty, J. P. (2010). Human and rodent homologies in action control: corticostriatal determinants of goal-directed and habitual action. *Neuropsychopharmacology,* 35(1), 48–69.

Bateman, T., & O'Neill, H. (1999). *The Goals of the Top Manager: A General Taxonomy and Customized Hierarchies.* Manuskript, University of North Carolina.

Betsch, T., Haberstroh, S., Molter, B., & Glöckner, A. (2004). Oops, I did it again – relapse errors in routinized decision making. *Organizational behavior and human decision processes,* 93(1), 62–74.

Beverland, M., Farrelly, F., & Woodhatch, Z. (2007). Exploring the dimensions of proactivity within advertising agency-client relationships. *Journal of Advertising*, 36(4), 49–60.

Botvinick, M., Braver, T. S., Yeung, N., Ullsperger, M., Carter, C. S., & Cohen, J. D. (2004). Conflict monitoring: Computational and empirical studies. *Cognitive neuroscience of attention,* 91–102.

Bouton, M. E., Westbrook, R. F., Corcoran, K. A., & Maren, S. (2006). Contextual and temporal modulation of extinction: behavioral and biological mechanisms. *Biological Psychiatry,* 60(4), 352–360.

Bouton, M. E., Todd, T. P., Vurbic, D., & Winterbauer, N. E. (2011). Renewal after the extinction of free operant behavior. *Learning and Behavior,* 39, 57–67.

Bridges, W. (1994). *Job shift: How to prosper in a world without jobs.* Reading, MA: Addison-Wesley.

Brockner, J., Higgins, E. T., & Low, M. B. (2004). Regulatory focus theory and the entrepreneurial process. *Journal of Business Venturing,* 19(2), 203–220.

Brown, S. P., Westbrook, R. A., & Challagalla, G. (2005). Good cope, bad cope: adaptive and maladaptive coping strategies following a critical negative work event. *Journal of applied psychology,* 90(4), 792–798.

Carver, C. S., & Scheier, M. F. (1994). Situational coping and coping dispositions in a stressful transaction. *Journal of Personality and Social Psychology,* 66, 184–195.

Carver, C. S., Scheier, M. F., & Weintraub, J. K. (1989). Assessing Coping Strategies: A Theoretically Based Approach. *Journal of Personality and Social Psychology,* 56(2), 267–283.

Carver, C. S., Reynolds, S. L., & Scheier, M. F. (1994). The possible selves of optimists and pessimists. *Journal of Research in Personality,* 28(2), 133–141.

Cesario, J., Higgins, E. T., & Scholer, A. A. (2008). Regulatory fit and persuasion: Basic principles and remaining questions. *Social and Personality Psychology Compass,* 2(1), 444–463.

Chang, C.-P., & Chiu, J.-M. (2009). Flight Attendants' Emotional Labor and Exhaustion in the Taiwanese Airline Industry. *Journal of Service Science and Management* 02(04), 305–311.

Chapman, B. P., Fiscella, K., Kawachi, I., Duberstein, P., & Muennig, P. (2013). Emotion suppression and mortality risk over a 12-year follow-up. *Journal of psychosomatic research,* 75(4), 381–385.

Cheung, T., Gillebaart, M., Kroese, F. M., Marchiori, D., Fennis, B. M. &

de Ridder, D. T. D. (2019). Cueing healthier alternatives for take-away: a field experiment on the effects of (disclosing) three nudges on food choices. *BMC Public Health* 19(1).
Chun, M. M., & Marois, R. (2002). The dark side of visual attention. *Current opinion in neurobiology,* 12(2), 184–189.
Crant, J. M. (1995). The Proactive Personality Scale and Objective Job Performance Among Real Estate Agents, *Journal of Applied Psychology,* 80, 532–537.
Crant, J. M., & Bateman, T. (1997). Charismatic Leadership Viewed from Above: The Impact of Proactive Personality and Organizational Citizenship Behaviors. *Paper presented at the Academy of Management Meetings, Boston.*
Crant, J. M. (2000). Proactive Behavior in Organizations. *Journal of Management*, 26(3), 435–462.
Crowe, E., & Higgins, E. T. (1997). Regulatory focus and strategic inclinations: Promotion and prevention in decision-making. *Organizational Behavior and Human Decision Processes,* 69(2), 117–132.
Cullen, K. L., Edwards, B. D., Casper, Wm. C., & Gue, K. (2014). Employees' Adaptability and Perceptions of Change-Related Uncertainty: Implications for Perceived Organizational Support, Job Satisfaction, and Performance. *Journal of Business and Psychology,* 29(2), 269–280.
Dajani, D. R., & Uddin, L. (2015). Demystifying cognitive flexibility: Implications for clinical and developmental neuroscience. *Trends in Neurosciences,* 38(9), 571–578.
Dalbert, C. (1999). *Die Ungewißheitstoleranzskala: Skaleneigenschaften und Validierungsbefunde* (Hallesche Berichte zur Pädagogischen Psychologie, Nr. 1). Halle: Martin-Luther-Universität Halle-Wittenberg, FB Erziehungswissenschaften – Pädagogik.
van Dam, K. (2013). Employee adaptability to change at work: A multidimensional, resource-based framework. In: S. Oreg, A. Michel, & R. T. By (Hg.), *The psychology of organizational change: Viewing change from the employee's perspective*, 123–142.
van Dam, K., & Meulders, M. (2021). The Adaptability Scale Development, Internal Consistency, and Initial Validity Evidence. *European Journal of Psychological Assessment,* 37(2), 123–134.
Daniels, K., & Guppy, A. (1994). Occupational stress, social support, job control, and psychological well-being. *Human Relations,* 47(12), 1523–1544.

Davidson, R. J., Jackson, D. C., & Kalin, N. H. (2000). Emotion, plasticity, context, and regulation: Perspectives from affective neuroscience. *Psychological Bulletin,* 126(6), 890–909.

Diener, E., Lucas, R. E., & Scollon, C. N. (2009). Beyond the hedonic treadmill: Revising the adaptation theory of well-being. *The science of well-being, The collected works of Ed Diener*. Dordrecht et al.: Springer, 103–118.

Diener, E., & Diener, C. (1996). Most people are happy. *Psychological Science,* 7, 181–185.

Diener, E., & Seligman, M. E. (2002). Very happy people. *Psychological Science,* 13, 81–84.

Do, B. R., Yeh, P. W., & Madsen, J. (2016). Exploring the relationship among human resource flexibility, organizational innovation and adaptability culture. *Chinese Management Studies,* 10(4), 657–674.

Dolbier, C. L., Webster, J. A., McCalister, K. T., Mallon, M. W., & Steinhardt, M. A. (2005). Reliability and validity of a single-item measure of job satisfaction. *American Journal of Health Promotion,* 19(3), 194–198.

Duckworth, A. L., & Seligman, M. E. P. (2005). Self-discipline outdoes IQ in predicting academic performance of adolescents. *Psychological Science,* 16, 939–944.

Dutton, J. E., & Wrzesniewski, A. (2020). What Job Crafting Looks Like. *Harvard Business Review,* 12.3.2020.

Eger, R. J., & Maridal, J. H. (2015). A statistical meta-analysis of the wellbeing literature. *International Journal of Wellbeing,* 5(2), 287–299.

Engeser, S. (2009). Nonconscious activation of achievement goals: Moderated by word class and the explicit achievement motive? *Swiss Journal of Psychology*, 68, 193–200.

Evans, J. S., & Stanovich, K. E. (2013). Dual-Process Theories of Higher Cognition: Advancing the Debate. *Perspectives on Psychological Science,* 8(3), 223–241.

Förster, J., & Friedman, R. (2003). Kontextabhängige Kreativität. *Zeitschrift für Psychologie,* 211, 346–365.

French, J. (2011). Why nudging is not enough. *Journal of Social Marketing,* 1(2), 154–162.

Gardner, B., de Bruijn, G. J., & Lally, P. (2011). A systematic review and meta-analysis of applications of the Self-Report Habit Index to nutrition and physical activity behaviours. *Annals of Behavioral Medicine*, 42(2), 174–187.

Garcia-Garcia, M., Barceló, F., Clemente, I. C., & Escera, C. (2010). The role of the dopamine transporter DAT1 genotype on the neural correlates of cognitive flexibility. *European Journal of Neuroscience,* 31(4), 754–760.

Gibbs, J. L., Ellison, N. B., & Lai, C. H. (2011). First comes love, then comes Google: An investigation of uncertainty reduction strategies and self-disclosure in online dating. *Communication Research,* 38(1), 70–100.

Gilad, D., & Kliger, D. (2008). Priming the Risk Attitudes of Professionals in Financial Decision Making, *Review of Finance,* 12(3), 567–586.

Gollwitzer, P. M., & Sheeran, P. (2006). Implementation intentions and goal achievement: A meta-analysis of effects and processes. *Advances in experimental social psychology*, 38, 69–119.

Grant, A. M., & Ashford, S. J. (2008). The dynamics of proactivity at work. *Research in Organizational Behavior,* 28, 3–34.

Halin, N. (2016). Distracted while reading? Changing to a hard-to-read font shields against the effects of environmental noise and speech on text memory. *Frontiers in Psychology*, 7, Art. 1196.

Hall, D. T. (2002). *Careers in and out of organizations,* Thousand Oaks: Sage Publishing.

Hall, D. T., & Chandler, D. E. (2005). Psychological Success: When the Career Is a Calling. *Journal of Organizational Behavior,* 26(2), 155–176.

Hawkes, N. (2016). Sixty seconds on ... New Year resolutions. *British Medical Journal* 355.

Heckhausen, H., Gollwitzer, P. M., & Weinert, F. E. (1987). *Jenseits des Rubikon*. Berlin/Heidelberg: Springer.

Hennecke, M., Bleidorn, W., Denissen, J. J. A., & Wood, D. (2014). A three-part framework for self-regulated personality development across adulthood. *European Journal of Personality,* 28(3), 289–299.

Higgins, E. T. (2012). Regulatory Focus Theory. In: P. A. M. van Lange, A. W. Kruglanski & E. T. Higgins (Hg.), *Handbook of theories of social psychology*, Bd. 1, Los Angeles et al.: Sage, 483–504.

Higgins, E. T. (1997). Beyond pleasure and pain. *American Psychologist,* 52(12), 1280–1300.

Hirschi, A. (2009). Career adaptability development in adolescence: Multiple predictors and effect on sense of power and life satisfaction. *Journal of Vocational Behavior,* 74(2), 145–155.

Hirschi, A., Abessolo, M., & Froidevaux, A. (2015). Hope as a resource for career exploration: Examining incremental and cross-lagged effects. *Journal of Vocational Behavior,* 86, 38–47.

Hirschi, A., Freund, P. A., & Herrmann, A. (2014). The career engagement scale: Development and validation of a measure of proactive career behaviors. *Journal of Career Assessment,* 22(4), 575–594.
Holland, R. W., Aarts, H., & Langendam, D. (2006). Breaking and creating habits on the working floor: A field-experiment on the power of implementation intentions. *Journal of Experimental Social Psychology,* 42(6), 776–783.
Holliman, A. J., Waldeck, D., Jay, B., Murphy, S., Atkinson, E., Collie, R. J., & Martin, A. (2021). Adaptability and Social Support: Examining Links With Psychological Wellbeing Among UK Students and Non-students. *Frontiers in Psychology,* 12, 205.
Huang, J. L., Ryan, A. M., Zabel, K. L., & Palmer, A. (2014). Personality and adaptive performance at work: A meta-analytic investigation. *Journal of Applied Psychology,* 99(1), 162–179.
Hudson, N. W., & Fraley, R. C. (2016). Changing for the better? Longitudinal associations between volitional personality change and psychological well-being. *Personality and Social Psychology Bulletin,* 42(5), 603–615.
Hudson, N. W., & Fraley, R. C. (2017). Volitional personality change. In *Personality development across the lifespan* (555–571). Academic Press.
Jackson, J. J., Hill, P. L., Payne, B. R., Roberts, B. W., & Stine-Morrow, E. A. (2012). Can an old dog learn (and want to experience) new tricks? Cognitive training increases openness to experience in older adults. *Psychology and Aging,* 27(2), 286–292.
James, W. (1890). *The Principles of Psychology.* New York/London: Holt and Macmillan.
Ji, M. F., & Wood, W. (2007). Purchase and consumption habits: Not necessarily what you intend. *Journal of Consumer Psychology,* 17(4), 261–276.
Jia, L., Hirt, E. R., & Karpen, S. C. (2009). Lessons from a faraway land: The effect of spatial distance on creative cognition. *Journal of Experimental Social Psychology,* 45(5), 1127–1131.
Judah, G., Gardner, B., & Aunger, R. (2013). Forming a flossing habit: an exploratory study of the psychological determinants of habit formation. *British Journal of Health Psychology,* 18, 338–353.
Karademas, E. C. (2006). Self-efficacy, social support and well-being: The mediating role of optimism. *Personal Individual Differences,* 40, 1281–1290.
Kashdan, T. B., & Rottenberg, J. (2010). Psychological flexibility as a fundamental aspect of health. *Clinical Psychology Review*, 30 (7), 865–878.

Kaushal, N., & Rhodes, R. E. (2015). Exercise habit formation in new gym members: a longitudinal study. *Journal of Behavioral Medicine,* 38(4), 652–663.
Kennis, M., Rademaker, A. R., & Geuze, E. (2013). Neural correlates of personality: an integrative review. *Neuroscience & Biobehavioral Reviews,* 37(1), 73–95.
Kirrane, M., Lennon, M., O'Connor, C., & Fu, N. (2017). Linking perceived management support with employees' readiness for change: the mediating role of psychological capital. *Journal of Change Management*, 17(1), 47–66.
Lally, P., van Jaarsveld, C. H. M., Potts, H. W. W., & Wardle, J. (2010). How are habits formed: modelling habit formation in the real world, *European Journal of Social Psychology,* 40(6), 998–1009.
Lally, P., Chipperfield, A., & Wardle, J. (2008). Healthy habits: efficacy of simple advice on weight control based on a habit-formation model. *International Journal of Obesity,* 32, 700–707.
Lally, P., Wardle, J., & Gardner, B. (2011). Experiences of habit formation: a qualitative study. *Psychology, health & medicine,* 16(4), 484–489.
Lally, P., & Gardner, B. (2013). Promoting habit formation. *Health Psychology Review,* 7, 137–158.
Larcom, S., Rauch, F., & Willems, T. (2017). The London Underground Network. *Quarterly Journal of Economics,* 132(4), 2019–2055.
Lashley, K. S. (1951). The problem of serial order in behavior. In: L. A. Jeffress (Hg.), *Cerebral mechanisms in behavior.* Oxford: Wiley, S. 112–146.
Lazarus, R. S. (1991). Progress on a cognitive-motivational-relational theory of emotion. *American Psychologist,* 46, 819–834.
Lazarus, R. S., & Folkman, S. (1984). *Stress, appraisal, and coping*. New York: Springer.
Lee, D. S., Kim, E., & Schwarz, N. (2015). Something smells fishy: Olfactory suspicion cues improve performance on the Moses illusion and Wason rule-discovery task. *Journal of Experimental Social Psychology,* 59, 47–50.
Liberman, N., Idson, L. C., Camacho, C. J., & Higgins, E. T. (1999). Promotion and prevention choices between stability and change. *Journal of Personality and Social Psychology,* 77(6), 1135–1145.
Lin, P. Y., Wood, W., & Monterosso, J. (2016). Healthy eating habits protect against temptations. *Appetite,* 103, 432–440.
Loersch, C., & Payne, B. K. (2011). The Situated Inference Model: An Integra-

tive Account of the Effects of Primes on Perception, Behavior, and Motivation. *Perspectives on Psychological Science,* 6(3), 234–252.

Lopez, S. (2014). *Making Hope Happen.* New York: Atria Books.

Lyubomirsky, S., King, L., & Diener, E. (2005). The Benefits of Frequent Positive Affect: Does Happiness Lead to Success? *Psychological Bulletin,* 131(6), 803–855.

Madison, G., & Schiölde, G. (2017). Repeated listening increases the liking for music regardless of its complexity: Implications for the appreciation and aesthetics of music. *Frontiers in Neuroscience,* 11, 147 ff.

Maggiori, C., Johnston, C. S., Krings, F., Massoudi, K., & Rossier, J. (2013). The role of career adaptability and work conditions on general and professional well-being. *Journal of Vocational Behavior,* 83(3), 437–440.

Manoj, T., & Tsai, C. I., (2012). Psychological Distance and Subjective Experience: How Distancing Reduces the Feeling of Difficulty. *Journal of Consumer Research,* 39(2), 324–340.

Mantzari, E., Vogt, F., Shemilt, I., Wei, Y., Higgins, J. P., & Marteau, T. M. (2015). Personal financial incentives for changing habitual health-related behaviors: A systematic review and meta-analysis. *Preventive Medicine,* 75, 75–85.

Markus, H., & Ruvolo, A. (1989). Possible Selves: Personalized Representations of Goals. In: L. A. Pervin (Hg.), *Goal Concepts in Personality and Social Psychology.* New York: Psychology Press, 211–241.

Marteau, T. M., Ogilvie, D., Roland, M., & Suhrcke, M. (2011). Judging Nudging: Can Nudging Improve Population Health? *BMJ Clinical Research* 342, d228.

Martin, A. J., Nejad, H., Colmar, S. H., & Liem, G. A. D. (2012). Adaptability: Conceptual and Empirical Perspectives on Responses to Change, Novelty and Uncertainty. *Australian Journal of Guidance and Counselling,* 22(1), 58–81.

Martin, A. J., Nejad, H., Colmar, S. H., & Liem, G. A. D. (2013). Adaptability: How students' responses to uncertainty and novelty predict their academic and non-academic outcomes. *Journal of Educational Psychology,* 105, 728–746.

Masley, S., Roetzheim, R., & Gualtieri, T. (2009). Aerobic exercise enhances cognitive flexibility. *Journal of Clinical Psychology in Medical Settings,* 16(2), 186–193.

Mayer, J., & Mussweiler, T. (2011). Suspicious Spirits, Flexible Minds: When

Distrust Enhances Creativity. *Journal of Personality and Social Psychology,* 101(6), 1262–1277.
McDaniel, M. A., & Einstein, G. O. (1993). The importance of cue familiarity and cue distinctiveness in prospective memory. *Memory*, 1(1), 23–41.
Medlin, B., & Green, K. (2009). Enhancing performance through goal setting, engagement, and optimism. Industrial Management and Data Systems, 109, 943–956.
Mensmann, M., & Frese, M. (2017). Proactive Behavior Training. In: S. K. Parker & U.K. Bindl (Hg.), *Proactivity at Work.* New York: Routledge, 434–468.
Meyer, A. N., Murphy, G. C., Zimmermann, T., & Fritz, T. (2019). Enabling Good Work Habits in Software Developers through Reflective Goal-Setting. *IEEE Transactions on Software Engineering,* 99, 1872–1885.
Michie, S., Abraham, C., Whittington, C., McAteer, J., & Gupta, S. (2009). Effective techniques in healthy eating and physical activity interventions: a meta-regression. *Health psychology,* 28(6), 690–701.
Miller, G. A., Galanter, E., & Pribram, K. H. (1960). *Plans and the Structure of Behavior.* New York: Henry Holt.
Moreno-Jiménez, E. P., Flor-García, M., Terreros Roncal, J., Rábano, A., Cafini, F., Pallas Bazarra, N., Ávila, J., & Llorens-Martín, M. (2019). Adult hippocampal neurogenesis is abundant in neurologically healthy subjects and drops sharply in patients with Alzheimer's disease. *Nature Medicine,* 25(4), 1–7.
Morrison, R. W., & Hall, D. T. (2001). *A proposed model of individual adaptability.* Unveröffentlichtes Manuskript.
Mueller-Hanson, R. A., White, S. S., Dorsey, D. W., & Pulakos, E. D. (2005). *Training Adaptable Leaders: Lessons from Research and Practice.* Alexandria, VA: US Army Research Institute, Report No. 1844.
Naughton, C., & Wortmann, A. (2020). Adapting Adaptability. Vom theoretischen Modell zur angewandten Forschung. *Institut für Human Resource Management und Organisationspsychologie*, 1–3.
Naughton, C., & Steinle, A. (2018). *30 Minuten Zukunftsmut*. Offenbach: GABAL Verlag.
Naughton, C., & Zander-Schellenberg, T. (2019). Heros and Innovations. Empirische Untersuchung der Vorhersagekraft des PsyCap für das Innovationsverhalten. *Wirtschaftspsychologie*, 4, 69–82.
Neal, D. T., Wood, W., & Drolet, A. (2013). How do people adhere to goals when willpower is low? The profits (and pitfalls) of strong habits. *Journal of Personality and Social Psychology,* 104(6), 959–975.

Neal, D. T., Wood, W., Wu, M., & Kurlander, D. (2011). The pull of the past: When do habits persist despite conflict with motives? *Personality and Social Psychology Bulletin,* 37(11), 1428–1437.

Neal, D. T., Wood, W., & Quinn, J. M. (2006). Habits – A repeat performance. *Current Directions in Psychological Science,* 15(4), 198–202.

Niessen, C., Binnewies, C., & Rank, J. (2010). Disengagement in work-role transitions. *Journal of Occupational and Organizational Psychology,* 83(3), 695–715.

O'Brian, E., & Smith, R. W. (2019). Unconventional Consumption Methods and Enjoying Things Consumed: Recapturing the »First-Time« Experience. *Personality and Social Psychology Bulletin,* 45(1), 67–80.

O'Connell, D. J., McNeely, E., & Hall, D. T. (2008). Unpacking personal adaptability at work. *Journal of Leadership & Organizational Studies,* 14(3), 248–259.

Oehler, K.-H. (2014). The Global Talent Index Report: The Outlook to 2015. New York: Heidrick and Struggles.

Olson, M. S., & van Bever, D. (2009). *Stall Points: Most Companies Stop Growing – Yours Doesn't Have To.* Yale University Press.

Orbell, S., & Verplanken, B. (2010). The automatic component of habit in health behavior: habit as cue-contingent automaticity. *Health Psychology,* 29(4), 374–383.

van Osch, L., Reubsaet, A., Lechner, L., & de Vries, H. (2008). The formation of specific action plans can enhance sun protection behavior in motivated parents. *Preventive Medicine,* 47(1), 127–132.

Otto, K., & Dalbert, C. (2012). Willingness to accept occupational change when offered incentives: Comparing full-time and part-time employees. *European Journal of Work and Organizational Psychology,* 21(2), 222–243.

Palumbo, R., Di Domenico, A., Fairfield, B., & Mammarella, N. (2021). When twice is better than once: increased liking of repeated items influences memory in younger and older adults. *BMC Psychology,* 9(1), 1–10.

Parent, J. D. (2006). *Individual adaptation to the changing workplace: Causes, consequences and outcomes.* Doctoral Dissertations Available from Proquest. AAI3242353.

Payne, C. R., Niculescu, M., Just, D. R., & Kelly, M. P. (2014). Shopper marketing nutrition interventions. *Physiology & Behavior,* 136, 111–120.

Peng, W., Li, L., Kononova, A., Cotten, S., Kamp, K., & Bowen. M. (2021). Habit Formation in Wearable Activity Tracker Use Among Older Adults: Qualitative Study. *JMIR mHealth and uHealth,* 9(1).

Petrou, P., Baas, M., & Roskes, M. (2020). From prevention focus to adaptivity and creativity: The role of unfulfilled goals and work engagement. *European Journal of Work and Organizational Psychology,* 29(1), 36–48.

Ployhart, R.E., & Bliese, P.D. (2006). Individual adaptability (I-Adapt) theory: Conceptualizing the antecedents, consequences, and measurements of individual differences in adaptability. *Advances in Human Performance and Cognitive Engineering Research,* 6, 3–39.

Predmore, C.E., & Bonnice, J.G. (1994). Sales Success as Predicted by A Process Measure of Adaptability. *Journal of Personal Selling and Sales Management,* 14(4), 55–65.

Privitera, G.J., & Zuraikat, F.M. (2014). Proximity of foods in a competitive food environment influences consumption of a low calorie and a high calorie food. *Appetite,* 76.

Pulakos, E.D. (2009). *Performance Management: A New Approach for Driving Business Results.* New York: Wiley.

Pulakos, E.D., Arad, S., Donovan, M.A., & Plamondon, K.E. (2000). Adaptability in the workplace: development of a taxonomy of adaptive performance. *Journal of Applied Psychology*, 85(4), 612–624.

Quinn, J.M., Pascoe, A., Wood., W., & Neal, D. (2010). Can't Control Yourself? Monitor Those Bad Habits. *Personality and Social Psychology Bulletin,* 36(4), 499–511.

Quinn, J.M., & Wood, W. (2005). *Habits and social roles in a community sample*. Unveröffentlichtes Manuskript, Duke University.

Quoidbach, J., Gilbert, D.T., & Wilson, T.D. (2013). The End of History Illusion. *Science,* 339, 96–98.

Rank, J., Carsten, J.M., Unger, J.M., & Spector, P.E. (2007). Proactive customer service performance: Relationships with individual, task, and leadership variables. *Human Performance*, 20(4), 363–390.

Redmond, Mark V. (2015). Uncertainty Reduction Theory. *English Technical Reports and White Papers,* 3.

Reeves, B., Ram, N., Robinson, T.N., Cummings, J.J., Giles, C.L., Pan, J., Chiatti, A., Cho, M., Roehrick, K., Yang, X., Gagneja, A., Brinberg, M., Muise, D., Lu, Y., Luo, M., Fitzgerald, A., & Yeykelis, L. (2021). Screenomics: A Framework to Capture and Analyze Personal Life Experiences and the Ways that Technology Shapes Them. *Human-Computer Interaction,* 36(2), 150–201.

Reeves, M., & Deimler, M. (2011). Adaptability: The New Competitive Advantage. *Harvard Business Review*. July-August.

Rego, A., Sousa, F., Marques, C., & Cunha, M. (2012). Retail employees self-efficacy and hope predicting their positive affect and creativity. *European Journal of Work and Organizational Psychology,* 21(6), 923–945.

Roberts, B. W., Luo, J., Briley, D. A., Chow, P. I., Su, R., & Hill, P. L. (2017). A systematic review of personality trait change through intervention. *Psychological Bulletin,* 143(2), 117–141.

Robinson, L. (2012). Changeology. Cambridge/UK: Green Books.

Roese, N. J., & Summerville, A. (2005). What we regret most ... and why. *Personality & social psychology bulletin*, 31(9), 1273–1285.

Rothman, A. J., Sheeran, P., & Wood, W. (2009). Reflective and automatic processes in the initiation and maintenance of dietary change. *Annals of Behavioral Medicine,* 38(1), 4–17.

Rovner, A. J., Nansel, T., Wang, J., & Iannotti, R. J. (2011). Food Sold in School Vending Machines Is Associated With Overall Student Dietary Intake. *Journal of Adolescent Health,* 48(1), 13–19.

Rubinstein, J. S., Meyer, D. E., & Evans, J. E. (2001). Executive control of cognitive processes in task switching. *Journal of Experimental Psychology: Human Perception and Performance,* 27(4), 763–797.

Sander, J., Schmiedek, F., Brose, A., Wagner, G. G., & Specht, J. (2017). Long-Term Effects of an Extensive Cognitive Training on Personality Development. *Journal of Personality,* 85(4), 454–463.

Schwabe, L., & Wolf, O. T. (2013). Stress and multiple memory systems: »thinking« to »doing«. *Trends in Cognitive Sciences,* 17(2), 60–68.

Schwabe, L., & Wolf, O. T. (2010). Socially evaluated cold pressor stress after instrumental learning favors habits over goal-directed action. *Psychoneuroendocrinology,* 35(7), 977–986.

Shields, G. S., Trainor, B. C., Lam, C. W., & Yonelinas, A. P. (2016): Acute stress impairs cognitive flexibility in men, not women. *Stress,* 19(5), 542–546.

Shiffrin, R. M., & Schneider, W. (1977). Controlled and automatic human information processing: II. Perceptual learning, automatic attending and a general theory. *Psychological Review,* 84(2), 127–190.

Škerlavaj, M., Cerne, M., Dysvik, A., Carlsen, A. (2017). *Capitalizing on Creativity at Work: Fostering the Implementation of Creative Ideas in Organizations.* Cheltenham/UK: Edward Elgar Publishing.

Sloterdijk, P. (2009). *Du mußt dein Leben ändern.* Frankfurt am Main: Suhrkamp.

Smith, D. K. (1996). *Taking Charge of Change.* New York: Perseus Press.

Sniehotta, F. F., Scholz, U., & Schwarzer, R. (2005). Bridging the intention-behaviour gap: Planning, self-efficacy, and action control in the adoption and maintenance of physical exercise. *Psychology & health*, 20(2), 143–160.

Sonnentag, S., & Frese, M. (2003). Stress in organizations. In: W. C. Borman, D. R. Ilgen & R. J. Klimoski (Hg.), *Handbook of psychology*. Hoboken/NJ: Wiley, 453–491.

Sony, M., & Mekoth, N. (2016). The relationship between emotional intelligence, frontline employee adaptability, job satisfaction and job performance. *Journal of Retailing and Consumer Services,* 30, 20–32.

Stables, G. J., Subar, A. F., Patterson, B. H., Dodd, K., Heimendinger, J., van Duyn, M. A. S., & Nebeling, L. (2002). Changes in vegetable and fruit consumption and awareness among US adults: results of the 1991 and 1997 5 A Day for Better Health Program surveys. *Journal of the American Dietetic Association,* 102, 809–817.

Stawarz, K., Cox, A. L., & Blandford, A. (2015). Beyond self-tracking and reminders: designing smartphone apps that support habit formation. In: *Proceedings of the 33rd annual ACM conference on human factors in computing systems,* 2653–2662.

Stojanovic, M., Fries, S., & Grund, A. (2021). Self-Efficacy in Habit Building: How General and Habit-Specific Self-Efficacy Influence Behavioral Automatization and Motivational Interference. *Frontiers in Psychology,* https://www.frontiersin.org/articles/10.3389/fpsyg.2021.643753/full.

Taylor, S., Kemeny, M. E., Reed, G. M., Bower, J. E., & Gruenewald, T. L. (2000). Psychological resources, positive illusions, and health. *American Psychologist,* 55, 99–109.

Thaler, R. H., & Sunstein, C. R. (2009). *Nudge: Wie man kluge Entscheidungen anstößt.* Berlin: Econ Verlag.

Tian, A. D., Schroeder, J., Häubl, G., Risen, J. L., Norton, M. I., & Gino, F. (2018). Enacting rituals to improve self-control. *Journal of Personality and Social Psychology,* 114(6), 851–876.

Tobias, R. (2009). Changing behavior by memory aids: A social psychological model of prospective memory and habit development tested with dynamic field data. *Psychological Review,* 116(2), 408–438.

Tolman, E. C. (1948). Cognitive maps in rats and men. *Psychological Review,* 55(4), 189–208.

Tolman, E. C. (1932). *Purposive Behavior in Animals and Men.* New York: Century.

Townsend, D. J., & Bever, T. G. (2001). *Sentence comprehension: The integration of habits and roles.* Cambridge/MA: MIT Press.

Tricomi, E., Balleine, B. W., & O'Doherty, J. P. (2009). A specific role for posterior dorsolateral striatum in human habit learning. *Journal of Neuroscience,* 29(11), 2225–2232.

Tseng, H., & Kang, L. (2008). How does regulatory focus affect uncertainty towards organizational change? *Leadership & Organization Development Journal,* 29(8), 713–731.

Tugade, M. M., Fredrickson, B. L., & Feldman Barrett, L. (2004). Psychological resilience and positive emotional granularity: Examining the benefits of positive emotions on coping and health. *Journal of Personality,* 72, 1161–1190.

Verplanken, B., Aarts, H., & van Knippenberg, A. (1997). Habit, information acquisition, and the process of making travel mode choices. *European Journal of Social Psychology,* 27(5), 539–560.

Vives, M.-L., FeldmanHall, O. (2018). Tolerance to ambiguous uncertainty predicts prosocial behavior. *Nature Communications,* 9, https://doi.org/10.1038/s41467-018-04631-9.

Walker, I., Thomas, G. O., & Verplanken, B. (2015). Old habits die hard: Travel habit formation and decay during an office relocation. *Environment and Behavior,* 47(10), 1089–1106.

Wallace, J. C., Butts, M. M., Johnson, P. D., Stevens, F. G., & Smith, M. B. (2016). A multilevel model of employee innovation: Understanding the effects of regulatory focus, thriving, and employee involvement climate. *Journal of Management,* 42(4), 982–1004.

Wansink, B., & Payne, C. R. (2008). Eating behavior and obesity at Chinese buffets. *Obesity*, 16(8), 1957–1960.

Wäschle, K., Allgaier, A., Lachner, A., Fink, S., & Nückles, M. (2014). Procrastination and self-efficacy: Tracing vicious and virtuous circles in self-regulated learning. *Learning and Instruction,* 29, 103–114.

Weaver, M. J. (1981). *Metaphorical Interpretations of the Neurotic Paradox.* Thesis.

Webb, T. L., & Sheeran, P. (2006). Does Changing Behavioral Intentions Engender Behavior Change? A Meta-Analysis of the Experimental Evidence. *Psychological Bulletin,* 132(2), 249–268.

Whitehead, M., Johns, R., Howell, R., & Lilley, R. (2014). *Nudging all over the World: assessing the global impact of the behavioural sciences on Public Policy.* Economic and social research Council, Swindon (UK).

Wood, W., Quinn, J. M., & Kashy, D. A. (2002). Habits in everyday life: Thought, emotion, and action. *Journal of Personality and Social Psychology,* 83(6), 1281–1297.
Wood, W., Guerrero Witt, M., & Tam, L. (2005). Changing Circumstances, Disrupting Habits. *Journal of Personality and Social Psychology,* 88(6), 918–933.
Wood, W., Labrecque, J. S., Lin, P. Y., & Rünger, D. (2014). Habits in dual-process models. In: J. W. Sherman, B. Gawronski & Y. Trope (Hg.), *Dual-Process Theories of the Social Mind.* New York: Guilford, 371–385.
Wood, W., & Neal, D. T. (2007). A new look at habits and the habit-goal interface. *Psychological Revue,* 114, 843–863.
Wood, W., & Quinn, J. M. (2005). Habits and the structure of motivation in everyday life. In: J. P. Forgas, K. D. Williams & S. M. Laham (Hg.), *Social motivation: Conscious and unconscious processes.* Cambridge University Press, 55–70.
Wortmann, A. (2020). Das MBTI ist ein handgemalter Zollstock. *IHRO,* 1–4.
Yang, X., Feng, Y., Meng, Y., & Qiu, Y. (2019). Career Adaptability, Work Engagement, and Employee Well-Being Among Chinese Employees: The Role of Guanxi. *Frontiers in Psychology,* 10, 1029–1034.
Yeung, N., & Monsell, S. (2003). Switching between tasks of unequal familiarity: the role of stimulus-attribute and response-set selection. *Journal of Experimental Psychology: Human perception and performance,* 29(2), 455.
Zhao, Q., Wichman, A., & Frishberg, E. (2019). Self-Doubt Effects Depend on Beliefs about Ability: Experimental Evidence. *The Journal of General Psychology,* 146(3), 299–324.
Zhou, M., & Lin, W. (2015). Adaptability and Life Satisfaction: The Moderating Role of Social Support. *Frontiers in Psychology,* 7, 1134 ff.

Register

Der Autor

Wie kommt diese Welt in unseren Kopf?
Was macht sie dort?
Wie werden wir eigentlich den Teil wieder los, den wir nicht mehr haben wollen?

Diese drei Fragen haben Dr. Carl Naughton über seine bisherige akademische und professionelle Laufbahn als Linguist und Wirtschaftspsychologe immer begleitet. Er ist Hochschuldozent für Wirtschafts- und Führungspsychologie an der FOM Frankfurt/Main, Research Fellow der NBS und Gründungsmitglied des Merck Curiosity Council. Als Co-Autor mehrerer Studien des Zukunftsinstitutes und Kolumnist der *Frankfurter Rundschau* trägt er wissenschaftliche Erkenntnisse in den Unternehmensalltag.

Zusammen mit dem internationalen Kollegium von Braincheck untersucht er, was uns antreibt: wie Motivation und Emotion unsere Erwartungen an die Zukunft, unsere täglichen Entscheidungen, unser Gedächtnis und unsere Fähigkeiten zu lernen beeinflussen. Seine Projekte reichen von der psychologischen Sicherung des Erfolges eines ERP-Changes über das gezielte Training von Führungskräften bis hin zu Großgruppentrainings zur Ausweitung der Komfortzone mit bis zu 100 Menschen gleichzeitig.

www.carlnaughton.de

Wie Anpassungsfähigkeit individuelle und Teamleistungen verbessert

In Zeiten von New Work und Agilität bedeutet die Entwicklung von Menschen in Unternehmen die Entwicklung ihrer inneren Verfassung. Mentale Modelle bestimmen, wie wir die Welt wahrnehmen, auf sie reagieren und sie gestalten – einzeln, aber auch im Team.
Unser AQ, der die Anpassungsintelligenz beschreibt, hilft uns dabei, verfestigte mentale Modelle aufzubrechen, neue Perspektiven zu gewinnen und innovative Problemlösungs- oder Ideenfindungsstrategien zu entwickeln, um zukunftsfähig zu sein.

Dazu, wie uns dies gelingt, gibt es einige hilfreiche Anregungen in diesem E-Book.

Carl Naughton
We/Me-Power
Wie wir Dinge leichtnehmen,
wenn es schwer wird
30 S.

Als E-Book erhältlich:
ISBN 978-3-96740-152-3 (EPUB)
ISBN 978-3-96740-151-6 (PDF)

Vorhang auf für das GABAL Magazin

Wissen teilen, Menschen vernetzen

Auf unserem Online-Portal bieten wir hochwertige Inhalte, praxisrelevantes Wissen und umsetzbare Impulse. Wir erweitern unsere Community und verleihen unseren Inhalten und AutorInnen noch mehr Sichtbarkeit.